日本語文例集

名文・佳文・美文百選

野内良三

国書刊行会

はじめに

古来、文章術の要諦は多読（多く文を読む）、多作（多く文を作る）、多思（多く文を思う）にあるという。なるほど、この教えの説くところは至極もっともなのだが、惜しむらくは余りにも漠然としていることで、いざ実行の段になると戸惑ってしまうにちがいない。たとえば何をどう読んだらいいのか。この戸惑いは作文指導でよく勧められる「名文を読め」というモットーにも通う。要するに、総論はわかった、各論が欲しいということである。

漫然と書いたり読んだりしていない限り、書くことと読むことは連動している。書くとは読み手を意識して書くことだ。いっぽう、読むとは書き手を意識して読むことだ。読むことは無論であるが、書くことも批評意識のたまものである。要するに読むことと書くことは通底している。というわけで、本書は文例集であるが、作文術の本でもある。

しかし今なぜ、文例集なのか。そこには私の積年の思いがある。現下の「国語・作文」教育にたいする疑問である。教科書から「古典」が消える。作文教育は相変わらず読書感想文やイベント作文の域を超えない。明治末年に出た『作文講話及び文範』の「序」に、「現今諸学校における作文教授は有《あ》れどもほとんどなきがごとし」とあるが、残念ながらこの判定は現在でもほぼそのまま通用するようだ。本当にこんなことでいいのだろうか。「国語・作文」教育はもっと実用的、技術的であるべきではないのか。

と、まあ、こんな胸底にわだかまる日頃の不満を解消すべく、書くときに拠り所となる「読むべき」文章を集めてみた。なるべく多種多様な文章を取りそろえたつもりである。

「名文」は評価の定まった文章である。押さえるものはやはりきちんと押さえておいたほうがいい。

「佳文」は辞書に見えない言葉である。「私が佳《よ》し」とする文章のことだ。佳文は規範から外れていたり、癖があったりで、人によっては判断が分かれるかもしれない。しかしながら、自分の嗜好とは異質な文章と出会うことによって、表現の世界は拡がるのではないだろうか。

「美文」は内容よりは形式を重んずる文章である。ちりばめられた漢語や難語のせいで、昨今は評判がかんばしくない。軟らかい食べ物だけを口にしていると、咀嚼力がつかない。時には歯ごたえのあるものに挑戦してみたいものである。美文は、食わず嫌いを押して食してみると、思いのほか美味である。

文例集の類いは明治このかた数多く出されてきたが、本書の特色は「解説」にある。ただ単に文例を並べるだけでなく（このタイプの文例集がほとんどだが）、その文例にコメントを添えた。「解説」は文例の理解を深めるための補足説明を基本とするが、場合によっては「添えた」ではなく、「超えた」場合もある。文例に触発された「断想」「偶感」である。お気に召さない場合もあるかもしれないが、その時は読み流すか、無視していただいて結構である。

「解説」の指針として主にレトリック（文彩）を採用した。「多思」の方法としてレトリックが万能であるわけではないが、ただし、万人向きとは言えるかもしれない。ある程度の知識（文彩）をマスターすれば、文章を具体的に分析できる。レトリックは重宝な解読格子と考えればよろしい。本書に出てくる文彩を網羅した「レトリック小辞典」を巻末に付したので、ぜひ有効に利用してほしい。レトリックは「書く」ための、また「読む」ための強力な助っ人である。

さて、効能書きはここまで。御用とお急ぎでない向きは名文・佳文・美文の、佳肴珍味の天こ盛りをとっくりとご笑味あれ。

*

本書が成るにあたっては、国書刊行会編集部の清水範之氏のお世話になった。これで五回目の二人三脚である。いつもながらのご尽力、本当にありがとう。

二〇一三年四月吉日

野内良三しるす

目次

詩・小説

科学者の目

文化・社会・歴史

霊異・妖怪

哲学・思想・学問

軽妙・洒脱・辛辣・諷刺

宗教・倫理

言葉・文章・文学

文語文

古典

【凡例】

一　文例は独立して読んでも十分鑑賞に耐えるように長めに引いた。
二　文例はおおむね時代順に配列した。
三　文例には原則として［作者プロフィール］［解説］を添えた。
四　［語注］は煩瑣を厭わずなるべく多くつけるようにした。
五　［レトリック］では［解説］で割愛した文彩について補足した。文彩名を挙げるに留めたものについては、巻末の「レトリック小辞典」を必要に応じて参照してほしい。
六　古典の文例については難しいと判断されるものについては現代語訳を添えた。訳文だけからも原文の味わいが伝わるように配慮したので、原文をパスしても、現代語訳だけは目を通してほしい。
七　文例の出典は引用末に明示した。歴史的仮名遣いと現代仮名遣いの処理（ルビも含む）は、依拠したテキストに従った。
八　旧字体の漢字は原則として新字体に改めた。
九　踊り文字（繰り返し記号）は「々」のみを使用した。
十　ルビに関しては原文のルビは尊重したが、適宜、追加・削除した。
十一　強調は傍線と傍点を原則とした。特に指示がない限り、強調は引用者に依る。
十二　括弧の使い分けはおおむね次の原則によった。
「　」は引用、単行本ではない小説や詩、評論、エッセーなどの作品名、あるいは語句の強調。

『　』は単行本の書名、新聞名、雑誌名など。

〔　〕は文例、引用、本文にかかわらず補足的説明（短いものについては語注の代わり）である。
十三　外国語からの引用で、訳者名の指示のないものはすべて拙訳である（フランス関係に多い）。

身辺雑記・偶感

❖夏目漱石『草枕』より

1

◉山路《やまみち》を登りながら、かう考へた。

智に働けば角《かど》が立つ。情に棹させば流される。意地を通せば窮屈だ。兎《と》角《かく》に人の世は住みにくい。

住みにくさが高じると、安い所へ引き越したくなる。どこへ越しても住みにくいと悟つた時、詩が生れて、画《え》が出来る。

人の世を作つたものは神でもなければ鬼でもない。矢張《やは》り向ふ三軒両隣《りようどな》りにちらちらする唯の人である。唯の人が作つた人の世が住みにくいからとて、越す国はあるまい。あれば人でなしの国へ行く許《ばか》りだ。人でなしの国は人の世よりも猶《なお》住みにくからう。

越す事のならぬ世が住みにくければ、住みにくい所をどれほどか、寛容《くつろげ》て、束の間の命を、束の間でも住みよくせねばならぬ。ここに詩人といふ天職が出来て、ここに画家といふ使命が降《くだ》る。あらゆる芸術の士は人の世を長閑《のどか》にし、人の心を豊かにするが故に尊《たつ》とい。

住みにくき世から、住みにくき煩《わずら》ひを引き抜いて、難有《ありがた》い世界をまのあたりに写すのが詩である、画《え》である。あるは音楽と彫刻である。こまかに云へば写さないでもよい。只《ただ》まのあたりに見れば、そこに詩も生き、歌も湧く。〔中略〕

世に住むこと二十年にして、住むに甲斐《かい》ある世と知つた。二十五年にして明暗は表裏の如く、日のあたる所には屹度《きつと》影がさすと悟つた。三十の今日《こんにち》はかう思ふて居る。——喜びの深きとき憂《うれい》愈《いよいよ》深く、楽《たのし》みの大いなる程《ほど》苦しみも大きい。之《これ》を切り放さうとすると身が持てぬ。片付けやうとすれば世が立たぬ。金は大事だ、大事なものが殖《ふ》えれば寐る間も心配だらう。恋はうれしい、嬉しい恋が積もれば、恋をせぬ昔がかへつて恋しかろ。閣僚の肩は数百万人の足を支へて居る。脊中には重い天下がおぶさつて居る。うまい物も食はねば惜しい。少し食へば飽き足らぬ。存分食へばあとが不愉快だ。……

（『漱石全集　第三巻』岩波書店、一九九四年、傍点原文）

［レトリック］◇住みにくさが高じると、安い所へ引き越したくなる＝対照法◇詩が生れて、画が出来る＝対照法◇ここに詩人といふ天職が出来て、ここに画家といふ使命が降る＝対照法◇人の世を長閑にし、人の心を豊かにする＝対照法◇そこに詩も生き、歌も湧く＝対照法◇喜びの深きとき憂愈深く、楽みの大いなる程苦しみも大きい＝対照法

［作者プロフィール］夏目漱石（一八六七―一九一六）。小説家、英文学者。学生時代に正岡子規と出会い、俳句を学ぶ。東京帝国大学（現東京大学）英文科卒業後、松山、熊本で教鞭を執り、一九〇〇年、英国へ留学。帰国後、一高・東京帝国大学講師として英文学を講じながら、『吾輩は猫である』『坊っちゃん』『草枕』などを発表し文名を挙げ、自然主義文学に対立した。一九〇七年、朝日新聞社に入社して作家活動に専心する。『虞美人草』『三四郎』『それから』『門』『こころ』などを次々と発表し、近代日本の抱える問題や知識人のありかたを執拗に問いかけた。最後には「則天去私《そくてんきよし》」の境地に達したという。未完の長篇『明暗』

が絶筆となった。

［解説］ 文例全体に文彩がちりばめられている。レトリカルな文章の見本である。よく知られた文章であるが、レトリックの観点から文彩を腑分けしてみよう。

対照法（対句）については［レトリック］で拾ったのでそれを参照してほしい。

「詩である、画である。あるは音楽と彫刻である」は列挙法である。「うまい物も食はねば惜しい。少し食へば飽き足らぬ。存分食へばあとが不愉快だ」は二つの文彩の合わせ技である。傍点部は構文の反復、平行法、傍線部は漸層法である。

文例全体を見わたすと、傍線部は反復法と平行法を示している。

ご覧のとおり、反復法と平行法が手を変え品を変えて繰り出されている。対照法も多用されている。全文が反復法と平行法と対照法に綾どられていると言っても過言ではない。ここには漱石の漢文学の素養を指摘できるだろう（特に対照法と平行法については）。まさしくレトリシアン・漱石の面目躍如というところである。

❖薄田泣菫「蔬菜の味」より 2

◎肥《ふと》り肉《じし》の女が、よく汗ばんだ襟首《えりくび》を押しはだける癖があるやうに、大根は身体中の肉がはちきれるほど肥えてくると、息苦しさうに土のなかに爪立ちをして、むつちりした肩のあたりを

一、二寸ばかり畦土《あぜつち》の上へもち上げてくる。そして初冬の冷たい空気がひえびえと膚《はだ》にさはるのを、いかにも気持よささうに娯《たの》しんでゐるやうだ。畑から大根を引くとき、長い根がぢりぢりと土から離れてゆくのを手に感じるのは悪くないものだが、それよりも心をひかれるのは、土を離れた大根が、新鮮な白い素肌のままで、畑の畦に投げ出された刹那《せつな》である。身につけたものを悉《ことごと》く脱ぎすてて、狡《ずる》さうな画家の眼の前に立つたモデル女の上気した肌の羞恥《しうち》を、そのまま大根のむつちりした肉つきに感じるのはこの時で、あの多肉根が持つなだらかな線と、いたいたしいまでの肌の白さと、抽《ひ》き立てのみづみづしさとは、観る人にかうした気持を抱かせないではおかない。ただ大根の葉つぱに小さな刺《とげ》があるのは、ふつくらした女の手首に、粗い毛の生えてゐるのを見つけたやうなもので、どうかすると接触の気味悪さを思はしめないこともない。

（谷沢栄一・山野博史編『泣菫随筆』冨山房百科文庫、一九九三年）

【作者プロフィール】薄田泣菫《すすきだきゅうきん》（一八七七―一九四五）。詩人、随筆家。第一詩集『暮笛集』（一八九九）によって詩壇に認められ、島崎藤村、土井晩翠に代わる世代を代表する詩人となった。以降、『ゆく春』（一九〇一）、『二十五絃』（一九〇五）、『白羊宮』（一九〇六）などの詩集を刊行、古語や雅語を駆使したり、さまざまな詩形を試みたりして文語定型詩の確立に貢献した。蒲原有明と併称され、明治末の詩壇を牽引した。大正にはいるとしだいに詩作を離れ、ジャーナリズムに転じ、新聞記者としてコラムや随筆に健筆をふるった。

【解説】薄田泣菫は明治新体詩運動のパイオニアの一人として文学史に巨歩を残している。しかし、そのあまりに高踏的で蒼古とした作風が災いしてか、今や名のみ高くてほとんど好事《こうず》家《か》の関心しか引かない忘れられた詩人だ。だが、泣菫はなにも韻文だけを書いていたわけではなかった。詩人として活躍したのはせいぜい十年余で、その後は散文を書き続け、名コラムニスト・名エッセイストとして鳴らした。

文例の前（書出し）の部分で泣菫は中国の二人の画家が描いた蔬菜《そさい》画について言及したあと、こんな感慨を洩らしている。「極めてありふれたものをさらに見直して、そのなかに隠れてゐる美に気づき、それに深い愛着をもつのは、誰にとつても極めていいことに相違ない」と。文例はまさしく蔬菜の中に「隠れてゐる美」を見いだしている。

ここには詩人の純な感性が如実に感じられる。エッセイストのなかに相変わらず詩人の魂は生き続けていたのだ。その明澄な眼は自然の微細な美しさもけっして見逃さない。大根は「大根足」や「大根役者」という言い回しにも見てとれるように、あまり芳しくない役割しかあてがわれていない。泣菫はそんな冷遇された野菜に意外な魅力を探し当てる。それは、抜けるように肌の白い、むっちりとした女性の発散する健康なエロチシズムだ。肉叢《ししむら》豊かな女性を大根に見立てる擬人法はまさに絶品だ。対象に嘗めるように肉薄する視線は、そこにさわやかな含羞だけではなくて、葉っぱの棘に淡々しい抵抗感を感知する。このエッセーには濃やかな感性の跳梁が看取されるだろう。

それにしても、である。この肉感的で清新な描写が、あの古色蒼然とした、難解きわまりない詩句をあやつった人間と同一人物の手になるものとはとうてい信じられない。難解な韻文（文語定型詩）と平明・達意の散文（コラム・随筆）。島崎藤村が詩から散文にすんなり

2—薄田泣菫「蔬菜の味」より

と移行したのとは事情が異なる。こちらには目に立つ断層は見られない。だが、泣菫の場合は韻文と散文の齟齬があまりにも大きすぎる。どういうことなのだろうか。同じ思いはざっくばらんな散文となつかしい定型韻文詩を書き残した佐藤春夫についても感じられるのだ。ただ、「通時的に」現象した泣菫とはちがって、佐藤の場合は「共時的に」書き分けたのだけれども。詩を書く人間と散文を書く人間は同一人のなかでどういう関係を取り結び、また、どういう棲み分けがなされているのだろうか。とりわけ、その両者が相容れないほど著しい対照を見せている場合には、この問題は興味の尽きない話柄である。

3

❖三好達治「鮎鷹」より

◉もうそこここには早咲きのダリアの花がまっ赤に咲いている。去年その花のふんだんに咲いていた垣根のあたりを通りすがりに、ふとそう思って眼をとめると、今年もまたそこにその花が一輪二輪はや咲きはじめていて、その庭は丁度去年と同じようなあんばい風《ふう》に準備ができている。さぞかし夏の間じゅうその大輪の火のような花が咲きつづけることであろうと見うけられるのも、何やらなつかしく頼もしいような感じがする。

　何といっても花はまっ赤なのがいい。人は年をとるに従って、自《おのず》から趣味も思想も枯淡に赴くもので、私の友人なども近年は陶器や石仏を愛玩《あいがん》するような仲間が追々《おいおい》とふえてゆくようであるが、そういう年輩になって私はいっそう、深紅《しんく》の燃えるような花がなぜか眼を惹《ひ》き、強く心を捉えるように感ぜられるのを覚える。それは艶美《えんび》なもの派手なものを必ずしも好むからではない。そういうアクセントの強い要素が肉体からも精神からもようやく失われてゆこうとするのは、日頃自《おのずか》ら感ずるところであるが、そんな時分になって、これは何かの反響を聴くように、一種はるかなものに対する気持で、ともすると深紅の花卉《かき》に強く心の惹かれるのを覚える。

（中野孝次編『三好達治随筆集』岩波文庫、一九九〇年）

［作者プロフィール］三好達治（一九〇〇―一九六四）。詩人、エッセイスト。一九三〇年、第一詩集『測量船』で詩人としての地歩を築く。室生犀星、萩原朔太郎の影響を受けて出発し、格調高い詩風と清新な感覚で現代の抒情を歌った。昭和期を代表する詩人。詩のほかに評論『萩原朔太郎』や随筆集『路傍の花』『月の十日』などがある。

［解説］文例は抑制した語り口のなかに細かい仕掛けがいろいろと用意されている。しかし、そうとは思わせないところがさすが文章家である。

　一読して、この文章には独特なテンポが感じられるはずだ。ゆったりとした長めの文章、柔らかい調子――「感ぜられるのを覚える」「惹かれるのを覚える」――、書き言葉というよりはどちらかというと、話し言葉に近い。そう、身振り手振りを交えた仕方ばなしの自由闊達さだ。とはいえ、段落の頭にはトピック・センテンス（傍点強調）がしっかりと打ち込まれていて文章のブレを押さえている。だから自由闊達であるけれども、文章が安定している。

この文章の独特な味わいは接続語と指示語（傍線強調）の多用のせいである。その多くは別になくても差しつかえないものだ。文彩の効果はそれを使わなかった場合と比較してみればいい。人によって判断はとうぜん違ってくるはずだが、達意という観点からいえば半分以上が削除可能だ。削除可能なものを取り除いて読み直すと、意味は確かに通るがギスギスした感じが否めない。特に長い文の場合には無駄なようでも、括ったり受け直しておくと、文意が明瞭になる。要するに、合いの手あるいは埋め草であるが、しかしそのお陰で文章の運びが滑らかになる。

❖吉田健一「英国の落ち着きということ」より　4

◉英国に行っても、椅子も卓子もあり、形は少し違っているがバスも汽車も走っていて、わざわざそんなものを見に英国まで行かなくてもよさそうなものであるが、大して日本と変らないようでいてやはり違っていることの中に、一種の日本では求め難い落ち着きがある。そこがどうも簡単には説明しにくい所なので、ロンドンの喫茶店は大体東京のと同じであっても、ロンドンの喫茶店は確かにロンドンの喫茶店であって、それ以外の何ものでもない。と言っても、それがどういうことなのかは結局は自分で行ってみなければ解らない。ストランドからトラファルガア・スクエアの方に、或いはセント・ポオル寺院の方に歩いて行くことは、その街をその方に歩いて行くことなので、少なくとも、道路が修繕の為に始終掘り返されていたり、店の構えが半年毎に作り変えられて自分がどこにいるのか解らなくなったりすることはないと書けば、少しは実情を伝えることになるだろうか。

しかし、それでは単に変化がないという意味にとられるかもしれないし、英国も人間が多勢《たぜい》集まっている所なのだから絶えず変化はしていて、都市の郊外が田園地帯に向って発展していき、この分では、田園地帯というものがなくなってしまうとか、ジェット機が煩《うる》さいとか言われている。それ故にむしろ、ジェット機を煩さく思うとか、田舎の景色の将来を心配してかけ声だけでなしに、そういう問題とまともに取り組むだけの余裕があり、それが田舎の景色にも、ジェット機の音にまでも反映されているとでも説明すべきだろうか。しかしその落ち着きは、こういうことにも現れているのである。

（吉田健一『英国に就て』ちくま文庫、一九九四年）

［作者プロフィール］吉田健一（一九一二—一九七七）。英文学者、翻訳家、評論家、小説家。父は首相を務めた吉田茂。二十の頃一年ほどケンブリッジ大学に遊学する。ヨーロッパ文学（特に英文学とフランス文学）への深い学識をもとにして、翻訳や評論や小説と幅広い活躍をした。

［解説］文例は長文である。普通の文章術の物差しでは「もたもたした」悪文と決めつけられるタイプの長文だ。たしかに悪文は悪文なのだが、嚙めば嚙むほど味わいが出てくる、なんとかと似ていて独特な風趣が伝わってくる。あるいは斜《しゃ》に構えた、あるいは飄逸とした、あるいは皮肉な、捨てがたい味。最後の部分の、日に日に姿を変える東京への当てこすりも痛

里見弴「椿」より

烈だ。短文に刈り込んでしまったらその独特な魅力は半減どころか完全に失われてしまうだろう。しかし比較の意味で、初めの段落を達意の実用文という観点から書き直してみよう。

《英国に行っても、椅子も卓子もある。形は少し違っているがバスも汽車も走っている。わざわざそんなものを見に英国まで行かなくてもよさそうなものだ。だが、大して日本と変らないようでいてやはり違っていることの中に、一種の日本では求め難い落ち着きがある。そこがどうも簡単には説明しにくい所なのだ。ロンドンの喫茶店は大体東京のと同じであっても、（ロンドンの喫茶店は）確かにロンドンの喫茶店であって、それ以外の何ものでもない。と言っても、それがどういうことなのかは結局は自分で行ってみなければ解らない。ストランドからトラファルガア・スクエアの方に、或いはセント・ポオル寺院の方に歩いて行くことは、その街をその方に歩いて行くことなのだ。少なくとも、道路が修繕の為に始終掘り返されていたり、店の構えが半年毎に作り変えられて自分がどこにいるのか解らなくなったりすることはない。そう書けば、少しは実情を伝えることになるだろうか。》

ご覧のとおり、とても風通しがよくなりすっきりした。しかしながら、元の文章に揺曳していた春風駘蕩とした風情はすっかりなくなってしまった。文体とは恐ろしい。

5

◉暫くそうしていたが、息苦しくって耐《たま》らなくなって来て、姪が、そうっと顔を出して見ると、いつの間にか叔母は、普段のとおり肩をしっかり包んで、こちら向きに、静《しずか》に臥《ね》ていた。(まアいやな姉さん!)と思いながら、左下に臥返った。と、部屋の隅の暗さに、電灯の覆いの紅が滲《にじ》んで、藤紫の隈《くま》となって、しじゅう見馴れた清方《きよかた》の元禄美人が、屏風《びょうぶ》のなかで死相を現わしている……。

「あら、いやだ」

思わず呟《つぶや》いて、すぐまたくるりと向き返える鼻のさきで、だしぬけに叔母が、もうとても耐らない、という風に、ぷッと噴飯《ふきだ》すと、いつもなかなか笑わない人に似げなく、華美《はで》な友禅《ゆうぜん》の夜着を鼻の上まで急いで引きあげ、肩から腰へかけて大波を揺らせながら、目をつぶって、大笑いに笑いぬく、――ちょいと初めの瞬間こそ面喰《めんくら》ったが、すぐにその可笑《おか》しい心持が、鏡にものの映るが如くに、姪の胸へもぴたりと来た。で、これも、ひとたまりもなく笑いだした。笑う、笑う、なんにも言わずに、ただもうくッくと笑い転げる……。それがしんかんと寝静った真夜中だけに、――従って大声がたてられないだけに、なおのこと可笑しかった。可笑しくって、可笑しくって、思えば思えば可笑しくって、どうにもならなく可笑しかった……。

(里見弴『初舞台・彼岸花』講談社文芸文庫、二〇〇三年)

[作者プロフィール] 里見弴(一八八八—一九八三)。小説家。一九一〇年に武者小路実篤、志賀直哉らと『白樺』を創刊。白樺派的人道主義から出発したが、しだいに独自な「まごころ哲学」を確立した。代表作は『多情仏心』。

［解説］文例は、深夜に落下した椿の花が叔母（三十過ぎ）と姪（二十歳）に与えた心理的波紋を描く短篇の最後。並べられた布団の一つで姪はすでにやすんでいる。叔母は寝つかれず講談雑誌を読んでいるが、突然「バサッ」と音がした。すぐ枕もと。姪は目を覚まし、二人はあわてふためく。叔母はさっさと布団にもぐり込んでしまい、仕方なく姪は頭から夜着にくるまってじっと耳をすます。そして……。

音の正体は大輪の赤い椿である。椿の花の落下は昔から首の落ちるイメージを伴い不吉なものとされている。特に赤い椿は。文例のなかの二人の女性は「大山鳴動して鼠一匹」の自分たちの臆病なふるまいに大いに恥じ入り、穴があったらはいりたい切ない思いなのだが、それが阻まれて笑いという生理的なかたちで爆発したのだ。笑いのうねりを、その激しさを、反復法のリズムがみごとに翻訳する。「笑う、笑う、なんにも言わずに、ただもうくックくと笑い転げる……」「可笑しくって、可笑しくって、思えば思えば可笑しくって、どうにもならなく可笑しかった……」

❖向田邦子「ねずみ花火」より　6

◉父の仕事の関係で転勤や引越しが多く、ひとつところに定着しなかったせいか、お彼岸やお盆の行事にはとんと無縁であった。

なすびの馬も送り火も精霊《しようりよう》流しも、俳句の季題として文字の上の知識に過ぎず、自分の身近で手をそえてしたことは一度もない。

ただ何かのはずみに、ふっと記憶の過去帳をめくって、ああ、あの時あんなこともあった、ごく小さな縁だったが、忘れられない何かをもらったことがあったと、亡くなった人達を思い出すことがある。

思い出というのはねずみ花火のようなもので、いったん火をつけると、不意に足許で小さく火を吹き上げ、思いもかけないところへ飛んでいって爆《は》ぜ、人をびっくりさせる。

何十年も忘れていたことをどうして今この瞬間に思い出したのか、そのことに驚きながら、顔も名前も忘れてしまった昔の死者たちに束の間の対面をする。これが私のお盆であり、送り火迎え火なのである。

（向田邦子『父の詫び状』文春文庫、一九八一年）

［作者プロフィール］向田邦子（一九二九―一九八一）。テレビドラマ脚本家、エッセイスト、小説家。脚本やエッセーだけでなく、その後小説にも手を染め、一九八〇年、直木賞を受賞、一層の活躍を期待されたその矢先、旅先の台湾での航空機事故で亡くなった。

［解説］テレビドラマの優秀な脚本家としてはつとに有名であったが、文例の収められた『父の詫び状』（一九七八）は向田邦子の第一エッセー集である。この本が出たとき、毒舌で鳴る山本夏彦が次のように絶賛した。

「向田邦子は突然あらわれてほとんど名人である。」

文章にうるさい名コラムニストのお墨付きをもらった、その文章のうまさはただごとでは

ない。とりわけあざやかなイメージを喚起する描写力は舌を巻くばかりだ。記憶を過去帳にたとえる隠喩もうまいことはうまいが、思い出をねずみ花火にたとえた直喩は秀逸である。思い出の本質を照射して間然するところがない。余計な説明は不要だろう。比喩の見事さをとっくりご賞味あれ。

7 ❖向田邦子「糸の目」より

◉「女の目には鈴を張れ
男の目には糸を引け」

という諺があるという。

舞妓さんのはなしは別として、女は、喜怒哀楽を目に出したところで大勢に影響はない。だが、男はそうではいけないのだという。

何を考えているのか、全くわからないポーカーフェイスが成功のコツだという。

そういえば、現職の刑事さんが、テレビの刑事ものを見て、こう言っているのを聞いたことがあった。

「みんな、目に出し過ぎるよ。何かあると、すぐ、顔に出す。本物はあんなこと、しないよ。

あたしら、あ、こりゃイケるぞ、ピンとくる電話聞いたって、どこでブン屋〔新聞記者〕が見てるかも知れないと思やあ、顔にも目にも出さないね。何でもないあったり前の顔して、電話切ってさ、廊下へ出て人のみてないとこ来てから、ほっとして駆け出すのよ」

その人のいうには、スリ係の刑事のドラマをみたが、あれも嘘だと言う。スリをつかまえたかったら、もちっと目の細いハッキリしない顔の刑事を使わなきゃというのだ。

目の大きい人はどうしても表情が目に出る。顔も印象が強いからすぐ覚えられスリも用心する。

目の細いハッキリしない顔の、スリ係の刑事として一番ピッタリなのは誰でしょうかと伺ったら、その方は、迷うことなく、

「稲尾だね」

といった。野球の稲尾投手である。

そういっては失礼だがあの糸みみずのような細いお目が、刑事のお眼がねにかなっていたのである。

（向田邦子『女の人差し指』文春文庫、一九八五年）

［作者プロフィール］→文例6

［解説］この文章は「権威」論証をうまく使っている。もちろん、本人はそんなことをちっとも意識していないだろうが。

まず諺を引き合いに出している。名言とか格言とか諺とかを引くと文章に品位がただよい、

説得力が高まる。もっともやり過ぎると説教臭くなるので、さりげなくするのがコツである。

問題の諺の意味は「男の目は糸のように細くまっすぐなほうが男らしく、女の目は鈴のように丸く大きなほうが愛嬌がある」（「男の目には糸を張れ」のほうが普通）。諺の元の意味は単なる男女の比較見栄え論なのであるが、向田は微妙にずらし、表情のない顔の「取り柄」を問題にする。この論点の誘導が実にうまい。

この文章の直前に、京都の割烹《かっぽう》で隣り合わせた、「京人形の目」をした舞妓さんの無表情ぶりに感心した話が出ている（四行目の「舞妓さんのはなしは別として」はそれを受けている）。その舞妓さんは高価なアワビをつぎつぎと口に放り込むのだが、「おいしいのかまずいのか」「全く無表情無感動なのだ」。職業によっては、「無表情」は相手に心を読まれないための武器となるということだろう。

そして話は、ドラマの刑事と実際の刑事のギャップに及ぶ。ここでも筆者は「権威」を援用する。現場の腕っこきの刑事の証言を持ち出してくるのだから、説得力はいやでも高まる。刑事は目の表情、顔の表情に注意しなければならないし、さらに、スリ係の刑事は「目の細いハッキリしない顔」でないとだめだという。

そこですかさず、向田は質問する。具体的な人物でいえば誰でしょうか、と。この質問はドラマ作家ならではのものだ。ドラマ作家は具体的なイメージを造形しなければならないからだ。返ってきた答えは意外や意外、あの鉄腕・稲尾和久である。もっとも、この伝説的な名投手を知らない若い読者には、いまいちピンとこない比較かもしれないが。

確か三島由紀夫だったと思うが、映画スターを引き合いに出して登場人物を説明するのは、時代がたつと分からなくなるので避けたほうがよろしいと忠告していた。作品の永続性を願う大作家ならいざ知らず、この妙手を利用しないという法はないだろう。同時代の人には具体的に著名人をあげることは説得力がある。向田もこの手に飛びつく。

「豚もおだてりゃ木に登る――あ、これは少々適切でないかも知れないが、自分で自分をおだて、肌をおだて、その気にさせれば、いつかはカトリーヌ・ドヌーブの白いなめらかな肌も自分のものになるかも知れないのだ。」（「パックの心理学」『眠る盃』）

カトリーヌ・ドヌーブといってもこれまた、若い読者はご存じないかもしれないが、一九四三年生まれの、フランスを代表する美人女優だ。ミュージカル映画『シェルブールの雨傘』が一番ポピュラーだろうか。

ところで、私は少年時代、大の巨人ファンだった（今は野球にまるで興味がない）。日本シリーズ（一九五八年）の奇跡の大逆転の立役者「神様仏様稲尾様」を大投手だとは承知していたが、大嫌いだった。あの無表情の顔がなんともいまいましかったのである。

❖須賀敦子「舗石を敷いた道」より 8

◉ローマでも、ナポリでも、舗石を敷いた道があるのは旧都心で、それもほんの一部にしか残っていない。なつかしい、と書きはしても、じっさいは、とくに⑴女の靴にとっては、かなり歩きにくいものでもある。私のイタリア暮らしの発端となった五〇年代の終りごろいっせいに流《は》行《や》った、細く尖ったヒールでそのうえを歩いて、先端が石と石の隙間に刺さったりして、あぶない思いをしたことだってあるし、いまでも、日本から行ってどういうものか三日ほど経つと、足の裏になにか傷でも隠れているみたいに、一歩あるくごとに、刺すような痛みが靴底に走る。にもかかわらずやはり舗石の道が恋しいのは、ああいった道が伝えてくる、しっかりとした抵抗感のせいではないだろうか。その証拠、というのもすこし変だけれど、⑵路面に足が慣れて痛さを忘れるのとほぼおなじ時期に、私という人間ぜんたい、からだぜんたいが、ヨーロッパの国で生きるときの感覚をとりもどしている。それはまた、こちらから意志を表明しないことには、だれも自分の欲しいものを察してなんかくれない土地柄に向って立つ力のようなものであるかもしれない。もっとも、その裏側には、東京の満員電車でみんなといっしょに⑶藻のように揺れているのではなく、自分がはっきりしないことにはだれも助けてくれないのだという、あの個であることの心細さが、意識の底に、あの舗石の色とおなじどす黒さで澱んでいるのではあるけれど。⑷

（須賀敦子『時のかけらたち』青土社、一九九八年）

［作者プロフィール］ 須賀敦子（一九二九―一九九八）。イタリア文学者、エッセイスト。二十代後半から三十代末までイタリアで生活した。後年、その滞在をもとにしたエッセーを発表し、評判を呼んだ。

［解説］ 須賀の文章はやわらかな、ゆったりとした上品な文体で、語られるイタリアの古雅な風物とよくなじんでいる。そのやわらかさは「ことだってあるし」「ああいった道」「すこし変だけれど」「察してなんかくれない」といった話し言葉の混用から来る。また、そのゆったりとした印象は息の長い文のせいだ。それにまた、さりげないレトリックが文章に彩りを添えている。

傍線部（1）は女性ならではの「迂言法」で「ハイヒール」を遠回しに意味する。迂言法はヨーロッパ語では頻出する文彩だが、外国語・外国文学の影響を受けた作家を除けば、日本語ではあまり出てこないようである（文例61の漱石にも出ている）。傍線部（2）は問答法のバリエーション。傍線部（3）は比喩指標「ように」をもった直喩である。傍線部（4）は追加法だが、もとの文と張り合うほどに膨らんでいる。追加法は日本語の語尾の単調さを回避するための手段として効果的だ。興味深いことにこの文彩も、外国文学に親昵《しんじつ》した作家が多用する傾向が見られる。たとえば芥川龍之介、堀辰雄、丸谷才一、村上春樹などである。

9

❖関川夏央「スキーヤーの後姿」より

◉彼女はスキーを始めたのである。下の子をスキー場に連れて行ったついでに、二十五年ぶりに自分もやってみた。

転びもするが、結構すべれる。スキー教室のグループの脇にたたずんで先生の話を盗み聞いた。いうとおりに試してみたら、スキー板をそろえたままでくるっとまわった。

「なんておもしろいんだろうと思ったの。するとリフトから見あげる空も不思議にきれいに見えるわけよ。灰色の空から無数の雪が降ってくる。あんなに暗くて、あんなに美しい風景はないわ」

昼間の勤めをときどき休んで、ひとりでスキー場に出掛けるようになった。

派手なウェアなんだろうな、というと、当たり前よ、とこたえた。

「四十すぎたら、人生なにごともハデによ」

その底にかすかな悲哀の痕跡を沁みこませた顔を雪焼けさせると、なんともいえない味が出る。つまりは、これがオトナの女というやつだろう。

北国にももうじき桜が咲く。日ごと週ごとに山奥へ山奥へと雪を追いかけつづけたが、今年の冬もとうとう果てた。

「スキーはできなくなるけど、花もきれいよ。どっちに転んでも損はしない、いまはそういう気分」
わたしには見えるようだ。雪煙を巻きあげて谷へくだる、あざやかな彼女の後姿が。わたしの脚などではとてもついて行けない、中年女性のそのすばらしい速さが。

（関川夏央『中年シングル生活』講談社文庫、二〇〇一年）

【作者プロフィール】 関川夏央《せきかわなつお》（一九四九—）。大学中退後、出版社の編集者、エロ漫画雑誌編集長、漫画家などさまざまな職業を経験する。二〇〇八年から神戸女学院大学客員教授。二十代半ばに結婚の経験があるが、そのご独身を通している。

【解説】 関川は中年シングル生活の哀歓をいぶし銀のような文章で綴るエッセイストである。明治時代の作家や古い東京の風景をこよなく愛する、過去に生きる人でもある（一九四九年生まれの作家にしては古風な言い回しが散見する）。斜《しゃ》に構えた視点から、現代の世相のちょっとしたブレが切り取られる。

関川のエッセーには魅力的な「強い」女性がしばしば登場する。そんな彼女らに作者は押されて、「引き」ながらも共感のオマージュを捧げる。文例中の女性もその一人だ。彼女は三人の子供を連れて離婚した女性で北陸の故郷に戻り生活しているが、時々東京に出てくる折があると作者と旧交をあたためる。今では子育ても一段落して生活を謳歌しているが、昔は雪国のつらい生活を綿々と作者にかこっていたものだった。

転機はスキーだった。

レトリックに「活写法」と呼ばれる文彩がある。過去（あるいは未来）の出来事をあたか

も眼の前で起こっているかのように描写するテクニックだ。カメラのアングルでいえばズームインである。

活写法は三つの手だてがある。

（1）人物・状況の絵画的描写

（2）会話形式の採用

（3）現在形の使用

活写法というとなんだか小説や物語に固有の文彩と思われるかもしれないが、そんなことはない。エッセーにもけっこう出て来る。この文彩をうまく使うとまさしく話が「生きてくる」。関川のエッセーは特に（2）の使い方がうまい。文例も話題の女性の会話が生きている。

文例中にはほかにもいくつかの文彩が点綴されている。

「あんなに暗くて、あんなに美しい風景はないわ」――ここには撞着語法が見られる。といってもごくおとなしいものだが。撞着語法は常識的には結合不可能と考えられる語どうしを結びつける文彩だ。矛盾関係あるいは反対関係にある語を結びつけることが多い。和辻哲郎の『風土』のなかに「しめやかな激情」「戦闘的な恬淡」という見事な例がある。

「四十すぎたら、人生なにごともハデによ」「つまりは、これがオトナの女というやつだろう」――このカタカナ表記には独特なニュアンスが込められている。

撞着語法とカタカナ表記はごくおとなしい言葉の綾だが、もっと派手な文彩が控えている。「その底にかすかな悲哀の痕跡を沁みこませた顔を雪焼けさせると、なんともいえない味が出る」には、それこそ「味な」文彩が仕掛けられている。隠喩である。つまり、苦労した中年女性の顔が発散する魅力を上手な料理法のたまものと捉えている。絶妙な見立てである。

そして最後に大向こうをねらった派手な文彩がドカーンと打ち上げられる。文例の最後(このエッセーの最後でもあるが)に仕掛けられた転置法である。この転置法はこのたくましくも颯爽とした女性の後ろ姿をあざやかに刻印している。「わたしには見えるようだ。雪煙を巻きあげて谷へくだる、あざやかな彼女の後姿が。わたしの脚などではとてもついて行けない、中年女性のそのすばらしい速さが。」

関川夏夫はなかなかのレトリシアンである。

9―関川夏央「スキーヤーの後姿」より

詩・小説

❖カアル・ブッセ（上田敏訳）「山のあなた」『海潮音』より 10

◉山のあなたの空遠《そらとほ》く
「幸《さいはひ》」住むと人のいふ。
噫《ああ》、われひとと尋《と》めゆきて、
涙さしぐみかへりきぬ。
山のあなたになほ遠く
「幸《さいはひ》」住むと人のいふ。

（『上田敏全訳詩集』岩波文庫、一九六二年）

［語注］ あなた＝かなた◇尋めゆきて＝訪ねて行って

［作者プロフィール］ カアル・ブッセ（一八七二—一九一八）。ドイツ新ロマン派の詩人、作家。本国での評価はそれほど高くない。上田敏（一八七四—一九一六）。英文学者、詩人、翻訳家。ヨーロッパ文学、特にフランス象徴詩の名訳で知られる。

［解説］ 上田敏の訳は原作を超える、創作の域に達した名訳である。

ここでは擬人法が効果的に使われている。「幸《さいはひ》」を人間になぞらえる。「幸」という未知なる人に会いに遠くまで人と一緒に探しに行ったけれども、ついに会うことが出来なかった、幸せになることが出来なかった、しかしなおもその幸せへのあこがれは今も心に残っている。人間の胸奥に蟠結する消しがたい幸福への願望を静かに歌う。

11 ❖ヴェルレーヌ（上田敏訳）「落葉」『海潮音』より

◉秋の日の
ヰオロンの
ためいきの
身にしみて
ひたぶるに
うら悲し。

鐘のおとに
胸ふたぎ
色かへて
涙ぐむ
過ぎし日の
おもひでや。

げにわれは
うらぶれて
ここかしこ
さだめなく
とび散らふ
落葉《おちば》かな。

(『上田敏全訳詩集』岩波文庫、一九六二年)

[作者プロフィール] ポール・ヴェルレーヌ(一八四四—一八九六)。フランス十九世紀後半の詩人。ステファヌ・マラルメ、アルチュール・ランボーらとともに、象徴派のパイオニアとされる。「なによりも音楽を」と主張し、陰影に富んだ美しい詩篇を書いたが、その人生はデカダンスを地で行く八方破れの退廃的なものであった。上田敏→文例10

[解説] 上田敏の「落葉《らくえふ》」は原詩「秋の歌」の短い四音節詩句を五音に移した、流麗な訳文である。翻訳というよりはむしろ創作というべきか。翻訳王・上田敏の訳業のなかでも白眉だろう。ただ、この翻訳には「日本化のための換骨奪胎」がある。原詩と訳詞のあいだには大きなイメージの落差がある。

まず個人的なことを綴らせてもらうと、私は十代の終わりにこの翻訳を読んだとき、秋の日に落ち葉の舞う街を歩いていると、ふとどこかの家からヴァイオリン(ギオロン)のもの悲しい曲が聞こえてくる、そんなちょっぴりメランコリックな秋(初冬)の情景を思い描いていた。その後、大学に入って原詩も読んだが、最初の印象はそのまま変わらなかった。

ところが、である。フランス語の教師になってまもなくの頃、学生にこの作品を読ませようと下調べをしていたときに誤読に気づいたのだ。わが目を疑った。ほんとうに。

問題はヴァイオリンの音である。ヴァイオリンの音が果たして現実のヴァイオリンの音なのか、あるいはほかの何かをほのめかしているのかということだ。上田敏が「秋の日のギオロンの」と訳したところは、原詩ではただの「秋のヴァイオリン」(violons de l'automne)だ。「日」という言葉はない。だとすれば、上田敏が言葉を補ったのは考えあってのことで、そこに訳者の工夫を見なければならないだろう。ただし、この場合は単なる工夫では済まされないゆゆしい問題をはらんでいる。このちょっとした手直しで喚起されるイメージがまるで別物になってしまうからだ。「秋の日のギオロンの」という訳からはすでに紹介した私の印象のように「秋の日に弾かれている(聞こえてくる)ヴァイオリン」というイメージが結ばれることになるはずだ。そうすると、風にひらひらと舞う日本的な枯葉のイメージが問題になってくる。

この訳は日本語としての出来ばえは申し分のないものだ。しかしながら、実をいえば先ほども触れたが、「日本化のための換骨奪胎」がある。その点を示すために拙訳(直訳)を掲げる。

秋のヴァイオリンの
永く永く続く

すすりなきが
単調な
ものうさで
私の心をかきむしる。

鐘が鳴れば、
息もつまり
青ざめて、
帰らぬ昔を
想い出し、
そぞろ涙ぐむ。

意地の悪い風に
はこばれて、
枯葉のように
あちらこちらと
私はもてあそばれる。

11—ヴェルレーヌ（上田敏訳）「落葉」『海潮音』より

拙訳を上田敏の訳と比べれば、「日本化のための換骨奪胎」があることがお分かりいただけるはずだ。原詩では実際のヴァイオリンの音が問題になっているわけではない。「秋のヴァイオリン」はメタファー（隠喩）で、「秋風」の激しい音がヴァイオリンの音色になぞらえられているのだ。いわゆる「見立て」である。そうだとすると、この詩のイメージは一変することになる。

問題になっているのは足もとをさらさらと舞う枯葉ではない。びゅーびゅーと吹きすさぶ悲痛で単調な秋の風に翻弄される枯葉である。上田敏はなぜか訳さなかったけれども、原詩には「意地の悪い風」という表現がある。「意地の悪い風」とは激しい向かい風（逆風）のことだ。秋風というよりはむしろ初冬の木枯らしを思わせる、激しく吹きまくる風が問題になっている。だからこそ、その風はヴァイオリンの嫋々たる悲痛な音を奏でていると思いなされたのである。

北海道よりも高緯度に位置するパリの秋は物悲しい。フランス（パリ）の四季は実際には秋がなく夏から一足飛びに冬に移るという感じだ。秋は日本人の感覚では冬のように感じられる。高緯度のため秋ともなると陽は非常に早く暮れる。まさしく釣瓶《つるべ》落としの秋の日である。おまけに、吹く風はまるで木枯らしを思わせるように激しい。その悲しげな風の音に詩人は物悲しい思いにとらわれる。ふと風の音を破るように晩鐘があたりに鳴り渡る。物思いにふける身には、時を告げる鐘が、弔鐘とも聞きなされたのであろうか。過ぎ去った昔の事がそぞろ脳裏をかすめて、思わず涙がこみ上げてくる。悲しい想いを胸に、向かい風に歩き悩むわが身を強風に翻弄される枯葉と思いなす。過酷な運命にもてあそばれる人間の不幸（寄る辺なさと儚さ）が枯葉に託して表現されている。ヨーロッパの詩では珍しいが、ここにはわが国古来の「寄物陳思」（物に寄せて思いを陳べる）を思わせる手法が見いだせる。

12 島崎藤村「おくめ」『若菜集』より

◉こひしきままに家を出《い》で
ここの岸よりかの岸へ
越えましものと来て見れば
千鳥《ちどり》鳴くなり夕まぐれ

こひには親も捨てはてて
やむよしもなき胸の火や
鬢《びん》の毛を吹く河風《かはかぜ》よ
せめてあはれと思へかし

河波《かはなみ》暗く瀬を早み

流れて巌《いは》に砕くるも
君を思へば絶間《たえま》なき
恋の火炎《ほのほ》に乾くべし

きのふの雨の小休《をやみ》なく
水《み》嵩《かさ》や高くまさるとも
よひよひになくわがこひの
涙の滝におよばじな

しりたまはずやわがこひは
花鳥《はなとり》の絵にあらじかし
空鏡《かがみ》の印象《かたち》砂の文字
梢《こずゑ》の風の音《ね》にあらじ

しりたまはずやわがこひは
雄々《をを》しき君の手に触れて
嗚呼《ああ》口紅をその口に
君にうつさでやむべきや

恋は吾身《わがみ》の社《やしろ》にて
君は社の神なれば
君の祭壇《つくゑ》の上ならで
なにいのちを捧げまし

砕かば砕け河波よ
われに命はあるものを
河波高く泳ぎ行き
ひとりの神にこがれなむ

心のみかは手も足も
吾身はすべて火炎《ほのほ》なり
思ひ乱れて嗚呼《ああ》恋の
千筋《ちすぢ》の髪の波に流るる

（『日本詩人全集1　島崎藤村』新潮社、一九六七年）

［作者プロフィール］島崎藤村（一八七二―一九四三）。詩人、作家。一八九七年『若菜集』を刊行し、近代詩の確立に貢献した。一九〇六年、『破戒』を発表し自然主義の作品として高く評価され、以後、小説家の道を歩むことになる。

【解説】「おくめ」は『若菜集』第二章「六人の処女《おとめ》」の中の一篇。全篇を引いた。《恋は炎》《君は神》という二つの隠喩を軸に恋する乙女の喜びと苦しみ（火と水）がレトリカルに歌い上げられている。

恋はまず「やむよしもなき胸の火」にたとえられる。あまりの火照りに冷やしてほしいと「河風」へ訴える（呼びかけ法）。そして川の流れがいくら激しくても「絶間なき恋の火炎」に干上がってしまうだろうと、恋の激しさを伝える（誇張法）。ここまでは〈火〉のイメージが導く。

次に〈水〉のイメージ。長雨で水嵩の増した川の流れの烈しさも、恋ゆえに流す「涙の滝」にはとうてい及ばない。ここには「滝は涙である」という隠喩がみられる。しかもこの隠喩は誇張法でもある。

第五節と第六節の「しりたまはずやわがこひは」は反復法（首句反復）で、しかも読者への呼びかけ法にもなっている。この二節は文章法でいう「起承転結」の「転」に相当し、目先をちょっと変えている。

第五節と第六節は修辞的にはなかなか芸が細かい。

第五節は第七節へ連結して換語法を形づくる。換語法は対照法のバリエーションで、「〜ではなくて、〜ではなくて、〜である」というふうに否定的な表現を重ねながら対象の本質に迫る文彩である（「訂正法」と見ても差しつかえないが）。「花鳥の絵」のような平凡なものではないはずだが、と前置きしてから挙げられているものは、「空鏡の印象」（＝鏡像）にせよ「砂の文字」にせよ「梢の風の音」にせよすべてはかないものの代表である。「わがこひ」の切実さ・強さをアピールしている。

第六節は迂言法が仕掛けられている。手に触れるとは言えても「接吻」は口にするのが憚られる。そこで後件でもって前件を暗示する転喩（換喩法のバリエーション）に訴える。接吻すれば唇の迹（口紅）が残る。「口紅を君の口に移す」とは含羞を含んだ迂言法である。

第七節と第八節は《君は神》という隠喩が力強く展開される。神にぬかずく信者のように水火も辞さない献身的な恋。

最終節は〈火〉と〈水〉のイメージが呼び戻される。〈火〉と〈水〉は通常は結びつかないイメージである。それが連結される。撞着語法である。撞着語法とは矛盾関係あるいは反対関係にある語を結びつけることが多い。

炎のように熱く燃える全身。千々にもだえて流す恋の波（涙）。「恋の波」と「髪の波」は「乱れ髪」のイメージを結ぶ。身を焼き尽くし、心を押し流す恋の情念と苦悩ゆえに輾転反側する「乱れ髪」。「恋の／千筋の／髪の／波」の畳み込むようなテンポが印象的である。

一途に燃えあがり、ひとり悶々と悩む処女の「忍ぶ恋」がせつない。まさしく青春の詩《うた》である。

12—島崎藤村「おくめ」『若菜集』より

❖樋口一葉「たけくらべ」より

13

◉龍華寺《りうげじ》の信如《しんによ》、大黒屋の美登利《みどり》、二人ながら学校は育英舎なり、去りし四月の末《すゑ》つかた、桜は散りて青葉のかげに藤の花見といふ頃、春季の大運動会とて水《みづ》の谷《や》の原にせし事ありしが、つな引、鞠なげ、縄とびの遊びに興《きよう》をそへて長き日の暮るるを忘れし、その折の事とや、信如いかにしたるか平常《へいぜい》の沈着に似ず、池のほとりの松が根につまづきて赤土道《あかつちみち》に手をつきたれば、羽織《はおり》の袂《たもと》も泥に成りて見にくかりしを、居あはせたる美登利みかねて我が紅《くれなゐ》の絹はんけちを取《とり》出《いだ》し、これにてお拭きなされと介抱をなしけるに、友達の中なる嫉妬《やきもち》や見つけて、藤本は坊主のくせに女と話をして、嬉しさうに礼を言つたは可笑《をか》しいでは無いか、大方《おおかた》美登利さんは藤本の女房《かみさん》になるのであらう、お寺の女房《かみさん》なら大黒さまと言ふのだなどと取沙汰《とりさた》しける、信如元来《がんらい》かかる事を人の上に聞くも嫌ひにて、苦き顔して横を向く質《たち》なれば、我が事として我慢のなるべきや、それよりは美登利といふ名を聞くごとに恐ろしく、又あの事を言ひ出すかと胸の中もやくやして、何とも言はれぬ厭やな気持なり、さりながら事ごとに怒りつける訳にもゆかねば、なるだけは知らぬ躰《てい》をして、平気をつくりて、むづかしき顔をして遣り過ぎる心なれど、さし向ひて物などを問はれたる時の当惑さ、大方は知りませぬの一ト言《こと》にて済ませど、苦しき汗の身うちに流れて心ぼそき思ひなり、美登利はさる事も心にとまらねば、最初は藤本さん藤本さんと親しく物いひかけ、学校退《ひ》けての帰りがけに、我れは一足はやくて道端に珍《めづ》らしき花などを見つくれば、おくれし信如を待合して、これ此様《こんな》うつくしい花が咲てあるに、枝が高くて私には折れぬ、信さんは背が高ければお手が届きましよ、後生《ごせう》折つて下されと一むれの中にては年長《としかさ》なるを見かけて頼めば、流石《さすが》に信如袖ふり切りて行すぎる事もならず、さりとて人の思はくいよいよ愁《つ》らければ、手近の枝を引寄せて好悪《よしあし》かまはず申訳ばかりに折りて、投《なげ》つけるやうにすたすたと行過《ゆきす》ぎるを、さりとは愛敬《あいけう》の無き人と惘《あき》れし事も有《あり》しが、度《たび》かさなりての末《すゑ》には自《おのづか》ら故意《わざと》の意地悪のやうに思はれて、人にはさもなきに我れにばかり愁《つ》らき処為《しうち》をみせ、物を問へば碌な返事した事なく、傍《そば》へゆけば逃げる、はなしを為《す》れば怒る、陰気らしい気のつまる、どうして好《よ》いやら機嫌の取りやうも無い、彼《あ》のやうな六《む》づかしやは思ひのままに捻《ひね》れて怒つて意地わるが為《し》たいならんに、友達と思はずは口を利《き》くも入《い》らぬ事と美登利少し疳にさはりて、用の無ければ摺れ違ふても物いふた事なく、途中に逢ひたりとて挨拶など思ひもかけず、唯《ただ》いつとなく二人の中に大川一つ横たはりて、舟も筏《いかだ》も此処《ここ》には御法度《ごはつと》、岸に添ふておもひおもひの道をあるきぬ。

（樋口一葉『にごりえ・たけくらべ』岩波文庫、一九六一年）

［語注］◇嫉妬や＝焼き餅屋。「屋」はそのような性質の人をいう。ふつう軽蔑や嘲りの意をこめて使う。たとえばわからず屋◇大黒さま＝「大黒」は僧侶の妻を意味する隠語。美登里が妓楼「大黒屋」の娘であることを踏まえている。

［作者プロフィール］樋口一葉（一八七二―一八九六）。明治時代の小説家。和歌や、古典、小説の書き方を師について勉強した後、生活に苦しみながら、肺結核で没する一年余りの短期間に「たけくらべ」「にごりえ」「十三夜」などの名作を発表した。

【解説】「たけくらべ」は、やがて女郎となるはずの娘、美登利と、寺の跡取り息子の信如、この二人の少年少女のあいだに展開される初恋物語である。ところは色町吉原に接する界隈「大音寺前《だいおんじまへ》」。土地柄で商人や職人の師弟が多いが、そんななかで信如はとびきりの秀才。美登利と信如はお互いに淡い恋心を抱いているが、自分の気持ちをうまく相手に伝えることができない。二人は惹かれあっているのだが、年上の信如の方が人目を気にして美登利を避けようとする。文例はそんな二人の仲を簡潔的確に描いている。

傍線部は同一構文「〜ば」の反復、つまり平行法である。最後に出てくる「大川」の比喩（隠喩《メタファー》）は大きな仕掛けである。幼い男女の心の「ボタンのかけちがい」をみごとに表現している。

「たけくらべ」は二十代半ば、「奇蹟の一年」「奇蹟の十四か月」に書かれた作品である。だが、それにしても、一葉の文章のうまさは尋常ではない。なぜ、こんなに若くして、こんなにすばらしい文章が書けるのか。不思議である。

吉田満『戦艦大和ノ最期』についても同じ疑問を抱くが（文例94）、この二つの疑問は一つの問題につながっている。「伝統の継承」の問題である。一葉や吉田が二十代の半ばにして完成度の高い文章を書くことができたのは、伝統をしっかりと継承しているからだ。山本夏彦の一葉評は文章表現の本質を剔出している。

「一葉は数え二十五で死んでいる。二十四や五でどうして「たけくらべ」以下のような美しい文章が書けるのだろうと怪しむ人があるが、書けるのである。あれは一葉ひとりで書いたのではない。平安以来千年の伝統が尻押しして書かせたのである。
あの時代の女流は年上の田辺花圃（のち三宅雪嶺夫人）でも年下の小山内八千代（のち岡田三郎助夫人）でもみんな一葉みたいな文章を書いたのである。ただ残っていないだけである。」（山本夏彦『完本　文語文』）

山本が名前を挙げた女性たちは文才に恵まれていたのだろう。だが、伝統がその才能を存分に花開かせたとは間違いなく言える。名文を暗唱させること。文章表現における規範・型の問題は作文教育とのからみでもう一度、真剣に考え直したほうがよさそうである。

14 ◈森鷗外『澀江抽斎』より

◉抽斎《ちうさい》の王室に於《お》ける、常に耿々《かうかう》の心を懐いてゐた。そして曾《かつ》て一たびこれがために身命を危《あやふ》くしたことがある。保《たもつ》さんはこれを母五百《いほ》に聞いたが、憾《うら》むらくは其《その》月日を詳《つまびらか》にしない。しかし本所《ほんじよ》に於《おい》ての出来事で、多分安政《あんせい》三年の頃《ころ》であつたらしいと云《い》ふことである。

或日手島良助《てじまりやうすけ》と云ふものが抽斎に一の秘事を語つた。それは江戸にある某貴《ぼうき》人《にん》の窮迫の事であつた。貴人は八百両《りやう》の金《かね》が無いために、将《まさ》に苦境に陥らんとしてをられる。手島はこれを調達せむと欲して奔走してゐるが、これを獲《う》る道が無いと云ふのであつた。抽斎はこれを聞いて慨然《がいぜん》として献金を思ひ立つた。抽斎は自家の窮乏を口実として、八百両を先取《さきどり》することの出来る無《む》尽講《じんかう》を催した。そして親戚故旧を会して金を醵出《きよしゆつ》せしめた。

無尽講の夜《よる》、客が已《すで》に散《さん》じた後《のち》、五百は沐浴してゐた。明朝《みやうてう》金を貴人《きにん》の許《もと》に齎《もたら》さむがためである。此《この》金を上《たてまつ》る日は予《あらかじ》め手島をして貴人に稟《まう》さしめて置いたのである。

抽齋は忽《たちま》ち剝啄《はくたく》の声を聞いた。仲間《ちゆうげん》が誰何《すいか》すると、某貴人《ぼうきにん》の使《つかひ》だと云つた。抽齋は引見《いんけん》した。来たのは三人の侍《さぶらひ》である。内密に旨《むね》を伝へたいから、人払《ひとばらひ》をして貰ひたいと云ふ。抽齋は三人を奥の四畳半に延《ひ》いた。三人の言ふ所によれば、貴人は明朝《みやうてう》を待たずして金を獲《え》ようとして、此使《このつかひ》を発したと云ふことである。

抽齋は応ぜなかつた。此秘事《このひじ》に与《あづか》つてゐる手島は、貴人の許にあつて職を奉じてゐる。金は手島を介して上《たてまつ》ることを約《やく》してある。面《おも》を識らざる三人に交付することは出来ぬと云ふのである。三人は手島の来ぬ事故を語つた。抽齋は信ぜないと云つた。

三人は互に目語《もくご》して身を起し、刀の欛《つか》に手を掛けて抽齋を囲《かこ》んだ。そして云つた。我等の言《こと》を信ぜぬと云ふは無体である。且《かつ》重要の御使《おんつかひ》を承《うけたま》はつてこれを果さずに還《かへ》つては面目が立たない。主人はどうしても金をわたさぬか。すぐに返事をせよと云つた。

抽齋は坐したままで暫《しばら》く口を噤《つぐ》んでゐた。三人が偽《いつはり》の使だと云ふことは既に明《あきらか》である。しかしこれと格闘することは、自分の欲せざる所で、又能《またあた》はざる所である。家には若党がをり諸生《しよせい》がをる。抽齋はこれを呼ばうか、呼ぶまいかと思つて、三人の気色《けしき》を覗《うかが》つてゐた。

此時《このとき》廊下に足音がせずに、障子がすうつと開《あ》いた。主客《しゆかく》は斉《ひとし》く愕《おどろ》き眙《み》た。

その六十一

刀の欛《つか》に手を掛けて立ち上つた三人の客を前に控へて、四畳半の端《はし》近く坐してゐた抽齋は、客から目を放さずに、障子の開《あ》いた口を斜《ななめ》に見遣《みや》つた。そして妻《つま》五百の異様な姿に驚いた。五百は僅《わづか》に腰巻一つ身に著《つ》けたばかりの裸体であつた。口には懐剣《くわいけん》を銜《くは》へてゐた。そして閾《しきゐ》際《ぎは》に身を屈めて、縁側《えんがは》に置いた小桶《こをけ》二つを両手に取り上げるところであつた。小桶からは湯気《ゆげ》が立ち升《のぼ》つてゐる。縁側を戸口まで忍び寄つて障子を開《ひら》く時、持つて来た小桶を下《した》に置いたのであらう。

五百は小桶を持つたまま、つと一間《ひとま》に進み入《い》つて、夫を背にして立つた。そして沸き返るあがり湯を盛《も》つた小桶を、右左《みぎひだり》の二人《ふたり》の客に投げ附け、銜《くは》へてゐた懐剣《くわいけん》を把《と》つて鞘《さや》を払《はら》つた。そして床の間を背にして立つた一人の客を睨んで、「どろばう」と一声《ひとこゑ》叫んだ。

熱湯を浴びた二人が先に、欛《つか》に手を掛けた刀をも抜かずに、座敷から縁側へ、縁側から庭へ逃げた。跡《あと》の一人も続いて逃げた。

五百は仲間《ちゆうげん》や諸生《しよせい》の名を呼んで、「どろばうどろばう」と云ふ声《こゑ》を其間《そのあひだ》に挟んだ。しかし家に居合せた男等《をとこら》の馳《は》せ集《あつま》るまでには、三人の客は皆《みな》逃げてしまつた。此時《このとき》の事は後々《のちのち》まで澀江の家の一つ話《ばなし》になつてゐたが、五百は人の其功《そのこう》を称する毎《ごと》に、慙《は》ぢて席を遁《のが》れたさうである。

五百は幼くて武家奉公《ぶけぼうこう》をしはじめた時から、匕首《ひしゆ》一口《いつこう》だけは身を放さずに持つてゐたので、湯《ゆ》殿《どの》に脱ぎ棄てた衣類の傍《そば》から、それを取り上げることは出来たが、衣類を身に纏ふ遑《いとま》は無かつたのである。

翌朝《よくてう》五百は金を貴人の許に持つて往《い》つた。手島の言《こと》によれば、これは献金としては受けられぬ、唯借上《ただかりあげ》になるのであるから、十箇年賦《かねんふ》で返済すると云ふことであつた。しかし手島が澀江氏《うぢ》を訪《と》うて、お手《て》元不《もとふ》如意《にょい》のために、今年《こんねん》は返金せられぬと云ふことが数度あつて、維新の年に至るまでに、還《かへ》された金は些許《すこしばかり》であつた。保さんが金を受け取りに往《い》つたこともあるさうである。

此《この》一条《でう》は保さんもこれを語ることを躊躇《ちうちよ》し、わたくしもこれを書くことを躊躇した。しかし抽齋の誠心《まごころ》をも、五百の勇気をも、かくまで明《あきらか》に見ることの出来る事実を湮滅《いんめつ》せしむるには忍びない。ましてや貴人は今は世に亡き御方《おんかた》である。あからさまに其人《そのひと》を斥《さ》さずに、略其事《ほぼそのこと》を記《しる》すのは、或《あるひ》は妨《さまたげ》が無からうか。わたくしはかう思惟《しゆゐ》して、抽齋の勤王を説くに当つて、遂に此《この》事《こと》に言ひ及んだ。

（『鷗外全集　第十六巻』岩波書店、一九七三年）

［作者プロフィール］森鷗外（一八六二―一九二二）。明治・大正の小説家、評論家、翻訳家、陸軍軍医。一八八一年、東京帝国大学医学部を卒業し、八四年、医学研究の目的でドイツに留学、ヨーロッパの精神を吸収する。帰国後、陸軍軍医として官界のエリートコースを歩むとともに文学活動にも情熱を注ぐ。翻訳や文学評論、創作と八面六臂の活躍をする。小説の代表作に、「舞姫」『キタ・セクスアリス』『雁』「阿部一族」「山椒大夫」「高瀬舟」などがある。史伝には『澀江抽齋』、翻訳に『即興詩人』もある。日本近代文学を理論と実践の両面において導いたパイオニアとして夏目漱石と併称される文豪である。

［解説］『澀江抽齋《しぶえちゆうさい》』は森鷗外の史伝（中篇小説）で、大正五（一九一六）年の作。

鷗外は「自己を語らなかった」作家である。その彼が晩年、自己を語らずして自己を語る「鏡」とも称すべき人物を発見した。弘前・津軽藩の侍医にして考証学者である澀江抽齋である。抽齋は医師であり、官吏であり、学問・芸術を愛した。まさしく鷗外と似た境遇である。鷗外が親愛の情を抱いたのも宜《むべ》なるかなである。

『澀江抽齋』は伝記考証文学であるが、著者みずからが謙遜しているような「荒涼なるジエネアロジック」（「なかじきり」）では決してない。なるほどそこに描かれるのは英雄・偉人ではない。歴史の片隅に、忘却の淵に追いやられた市井の隠士である。しかし鷗外はその人物に共感し、おのれの分身を見て、その人物をとおして「自画像」を結ばんとしたのだ。もっとも、「巨人が侏儒のうちに自分自らの面影を映して見せている」印象はぬぐえないけれども（林達夫「自己を語らなかった鷗外」）。

もちろん主人公の抽齋の行状と事跡が、考証に婬するほどに綿密精緻に記述されるだけではない。主人公を取り巻く人物たち（妻、息子、師、先輩、知友ら）へも細かい目配りがなされていて、そこに生動する一世界が包括的に描出されている。

『澀江抽齋』の真骨頂はその記述スタイルにある。「わたくし」は調べながら書く。八方手を尽くして情報を集める。抽齋の嗣子「保さん」やその息女から談話や資料を収集する。手紙を書く。人を訪ねる。史料に当たる。墓を突き止める。「わたくし」は過去（抽齋の同時代者）と現在（伝記の記述者）を自在に往還する。伝記は主人公が死んでも終わらない。没後の家族や知友の動向が詳細にたどられ、幕末から明治にかけての一武家の衰運が活写される。したがって書名については、『澁江家の人びと』と題されてもよかったはずである。

文例の中心人物は抽齋の四番目の妻、五百だ。裕福な町人の娘は進取の気性に富み、上層の武士の妻になることを望んだ。学問のある抽齋の人となりを慕い、いわば自由恋愛のかたちで「自ら夫を択んだ女」である（『伊澤蘭軒』）。みずからも学問を愛し、子供たちの教育にも熱心だった。その彼女が男勝りの行動力を披瀝したのが文例のエピソードである。淡々とした考証的記述のつづくこの伝記のなかで唯一の「小説的な場面」である。

文例は突兀《とっこつ》たる、文質彬々《ひんぴん》とした名文である。

15 ❖国木田独歩「春の鳥」より

◉さて私もこの憐れな児の為めには随分骨を折ってみましたが眼に見えるほどの効能は少しも有りませんでした。

かれこれするうちに翌年の春になり、六蔵の身の上に不慮の災難が起りました。三月の末で御座いました、或日朝から六蔵の姿が見えません、昼過《ひるすぎ》になっても帰りません、遂に日暮になっても帰って来ませんから田口の家では非常に心配し、殊《こと》に母親は居ても起《たっ》てもいられん様子です。

其処《そこ》で私は先ず城山を探すが可《よ》かろうと、田口の僕《しもべ》〔下男〕を一人連れて、提灯《ちょうちん》の用意をして、心に怪《あやし》い痛《いたま》しい想《おもい》を懐きながら平常《いつも》の慣れた径《こみち》を登って城趾《しろあと》に達しました。

俗に虫が知らすというような心持で天主台の下に来て

「六さん！　六さん！」と呼びました。そして私と僕と、申し合わしたように耳を聳《そばだ》てました。場所が城趾であるだけ、又た索《さが》す人が普通《なみ》の児童《こども》でないだけ、何とも知れない物すごさを感じました。

天主台の上に出て、石垣の端から下をのぞいて行く中《うち》に北の最も高い角の真下に六蔵の死骸が墜《お》ちているのを発見しました。

怪談でも話すようですが実際私は六蔵の帰りの余り遅いと知ってからは、どうもこの高い石垣の上から六蔵の墜落して死《しん》だように感じたのであります。

余り空想だと笑われるかも知れませんが、白状しますと、六蔵は鳥のように空を翔《か》け廻る積りで石垣の角から身を躍らしたものと、私には思われるのです。木の枝に来て、六蔵の眼のまえで、枝から枝へと自在に飛《とん》でみせたら、六蔵は必定《きっと》、自分もその枝に飛びつこうとしたに相違ありません。

死骸《なきがら》を葬った翌々日、私は独り天主台に登りました。そして六蔵のことを思うと、いろいろと人生不思議の思《おもい》に堪えなかったのです。人類と他の動物との相違。人類と自然との関係。生命と死、などいう問題が年若い私の心に深い深い哀《かなしみ》を起しました。

英国《イギリス》の有名な詩人の詩に『童《わらべ》なりけり』というがあります。それは一人の児童《こども》が夕毎《ゆうべごと》に淋し

15―国木田独歩「春の鳥」より

い湖水の畔《ほとり》に立て、両手の指を組み合わして、梟《ふくろ》の啼《な》くまねをすると、湖水の向《むこう》の山の梟がこれに返事をする、これをその童《わらべ》は楽《たのしみ》にしていましたが遂に死にまして、静かな墓に葬られ、その霊《たま》は自然の懐に返ったという意《こころ》を詠じたものであります。

私はこの詩が嗜《す》きで常に読んでいましたが、六蔵の死を見て、その生涯を思うて、その白痴を思う時は、この詩よりも六蔵のことは更に意味あるように私は感じました。

石垣の上に立って見ていると、春の鳥は自在に飛んでいます。その一《ひとつ》は六蔵ではありますまいか。よし六蔵でないにせよ、六蔵はその鳥とどれだけ異《ちが》っていましたろう。

憐《あわ》れな母親はその児の死を却《かえっ》て、児のために幸福《しやわせ》だといいながらも泣ていました。

或日のことでした、私は六蔵の新しい墓にお詣りする積りで城山の北にある墓地にゆきますと、母親が先に来ていて頻《しき》りと墓の周囲《まわり》をぐるぐる廻りながら、何か独語《ひとりごと》を言っている様子です。私の近《ちかづ》くのを少《すこし》も知らないと見えて

「何だってお前は鳥の真似なんぞ為《し》た、え、何だって石垣から飛んだの？……だって先生がそう言ったよ、六さんは空を飛ぶ積りで天主台の上から飛んだのだって。いくら白痴《ばか》でも鳥の真似をする人がありますかね」と言って少し考えて「けれどもね、お前は死んだほうが可《い》いよ。死んだほうが幸福《しやわせ》だよ……」

私に気がつくや、

「ね、先生。六は死んだほうが幸福で御座いますよ」と言って涙をハラハラとこぼしました。

「そういう事も有りませんが、何しろ不慮の災難だからあきらめるより致方《いたしかた》がありませんよ。……」

「けれど何故鳥の真似なんぞ為《し》たので御座いましょう」

「それは私の想像ですよ。六さんが必定《きっと》鳥の真似を為て死んだのだか解るものじゃありません」

「だって先生はそう言ったじゃ有りませぬか」と母親は眼をすえて私の顔を見つめました。

「六さんは大変鳥が嗜《すき》であったから、そうかも知れないと私が思っただけですよ」

「ハイ、六は鳥が嗜《す》好《き》でしたよ。鳥を見ると自分の両手をこう広げて、こうして」と母親は鳥の搏翼《はばたき》の真似をして「こうして其処《そこ》らを飛び歩きましたよ。ハイ、そうして鳥《からす》の啼真似《なくまね》が上手でした」と眼の色を変て話す様子を見ていて私は思わず眼をふさぎました。

城山の森から一羽の鳥が翼《はね》をゆるやかに、二声三声鳴きながら飛んで、浜の方へゆくや、白痴の親は急に話を止《や》めて、茫然と我をも忘れて見送っていました。

この一羽の鳥を六蔵の母親が何と見たでしょう。

（国木田独歩『牛肉と馬鈴薯・酒中日記』新潮文庫、一九七〇年）

［作者プロフィール］ 国木田独歩（一八七一―一九〇八）。小説家、詩人、ジャーナリスト。自然主義のパイオニアと目されたが、自然賛美、運命諦観の奥に弱者への愛が見てとれる。短篇の名手である。

［解説］ 文例は国木田独歩の短篇「春の鳥」（一九〇四＝明治三十七年）より抜いた。この作

品は六、七年前に「或地方《あるちほう》」で英語と数学の教師をしていた「私」の思い出というかたちで語られる。「或地方」とは独歩に引き寄せれば大分県の佐伯だと考えてさし支えない。

佐伯は、城趾のある古い城下町で美しい風景に囲まれている。私は城趾をよく散歩するのだが、そこで知的障害のある十一歳の男の子と知り合う。その頃、私は宿屋に泊まっていたがなにかと不自由なので、人づてに紹介された、城山の下にある、むかし家老を勤めた家系の屋敷に身を寄せることになった。くだんの子供は六蔵という名で、この屋敷の主人の甥であった。母親（主人の妹）は早く夫に先立たれ、二人の子供とこの屋敷に同居していた。母親も六蔵の姉も普通の人間ではなかった。主人や母親の頼みもあって私は六蔵の「教育」を頼まれたのだが、はかばかしい結果は得られなかった。しかし六蔵の「自然児」らしい純真な振舞にはとても好感を抱いていた。

文例は短篇の最終節「四」を採ったが、この直前に印象深い場面がある。六蔵は「数」の観念もない（三も理解できない）知的障害を持っていたが、なぜか好きな俗歌を一つ覚えていてよく口ずさむ。「私」は、「天主台の石垣の角に」「馬乗に跨がって」「眼を遠く放って俗歌を歌っている」少年の姿をふと望見する。そのとき、「空の色、日の光、古い城趾、そして少年、まるで画です。少年は天使です」との感慨を抱き、「少年はやはり自然の児である」と痛感するのだった。

こんな感慨を「私」が抱いたのは、文例にその梗概が紹介されている「英国《イギリス》の有名な詩人」ワーズワースの詩が念頭にあったからだ。独歩は教師時代ワーズワースを熱心に読んでいた。自然主義の作家たち、あるいは泉鏡花ら伝統的な作家とは異なり、独歩には「永遠の相のもと」に世界・人生を見る「高い」視点があった。キリスト教に入信した経験があるのも、そのことと関係があるにちがいない。自然・宇宙・神との共感《シンセリテイー》。その一方で「山林《さんりん》海浜《かいひん》の小民」(社会的弱者)への視点もある。この両者の結節点に知的障害を負う六蔵への共感が生まれるのだ。

この短篇が発表されたのは明治三十七年であるが、この時代にはそうした人びとに対する偏見や差別が今では考えられないほど強かったはずだ。そんななかにあって独歩の温かい立ち位置は注目に値する。独歩は六蔵の死を、人間の「自然」、その本然への回帰と捉えている。それは単なる同情を超えた高い視点である。母親はこのさき生きて苦労を嘗めるよりは鳥となって、あの世に飛んでいった息子にせめてもの幸せを見いだし、心を慰める。独歩のスタンスはそれとは異なる。「この一羽の鳥を六蔵の母親が何と見たでしょう」という最後の文はその両者の違いをほのめかしている。

独歩の文体はぶっきらぼうで素っ気ない。現在の読者はそれほど違和感を覚えないかもしれないが、明治三十年代の読者にとっては言文一致運動のパイオニアである二葉亭四迷の『あいびき』の影響を受けた「新しい」文体だ(今の人にとってはごく普通の文体だが)。当時の人は目を洗われるような印象を抱いたはずだ。紅葉や鏡花、いや藤村や花袋に比べても独歩の文体は「生硬」である。というよりか、独歩は「徳川文学の感化も受けず、従来の我文壇とは殆ど全く没関係の着想、取扱、作風」である(「不可思議なる大自然」)。言葉は悪いが素人っぽい。言い換えれば独歩は「文章で読ませる」作家ではない。倫理的哲学的な内容で勝負する作家なのだ。「春の鳥」でも、その抑制した簡勁な文体と重い内容とがぴったりと響応している。

❖中勘助『銀の匙』より 16

◉そのあとから私は日陰者みたいにこっそり部屋へ帰って柱によりかかったまま弱りかえっていた。初対面の挨拶をするのがなにより難儀だ。そうしてなじみのない人のまえにかしこまってるつらさといえばなにか目にみえない縄で縛りつけられてるようで、しまいには眉毛のあひだがひきしめられて肩のへんが焼けつきそうに熱くなってくる。その人はむこうの離れにいるらしい。かねて話にきいていた姉様ならそんなにいやではないが、それにしてもどんなあんばいにしたらいいのかしら　などとつおいつ思案してるとき縁側を静かな足音がちかづいてはたりと障子のそとでとまった。私が柱からはなれて机のまえにすわりなおすあいだに

「ごめんあそばせ」

とおちついた柔らかい声がして、その声があけたようにするすると障子があいた。

「まあ、まだあかりもさしあげませんで」

ひとり言みたいにいうのがきこえて、長方形にくぎられたうす暗がりのなかに白い顔がくっ

きりと浮き彫りにされた。

「はじめまして。私は□□□の姉でございます。二三日お邪魔をさせていただきます」

「は」

そういったなり罪の宣告をまってる私のまえへ皿にのせたにおいのたかい西洋菓子をしとやかにだして
「つまらないもので……。お口にあいますかどうか」

といった。そのときおごそかにつめたい影像が急に美しい人になって心もちはにかむようにほほえんだが
「ただいまあかりを」

とまたもとの影像になって暗がりのなかへ消えていった。

私はほっと息をついた。そうしていかにもあわれだった自分を愧《は》じながらもその消えていった姿を思いだそうとしたけれど、夢のようでとりとめがない。それでもじっと目をつぶってるうちににわかに明るみへ出たときのようにだんだんはっきりとものの形が浮かんできた。大きな丸髷《まるまげ》に結っていた。まっ黒な髪だった。くっきりとした眉毛のしたにまっ黒な瞳が光っていた。すべての輪郭があんまり鮮明なためになんとなく慣れ親しみがたい感じがして、すこしうけ口な愛くるしいくちびるさえが海の底の冷たい珊瑚《さんご》をきざんだかのように思われたが、その口もとが気もちよくひきあがってきれいな歯があらわれたときに、すずしいほほえみがいっさいを和らげ、白い頬に血の色がさして、影像はそのままひとりの美しい人になった。

（中勘助『銀の匙』岩波文庫、一九六二年）

[作者プロフィール] 中勘助（一八八五―一九六五）。作家、詩人。夏目漱石に師事したが、文壇や世間から身を引いた孤高の文人だった。一九一三年から翌年にかけて漱石の推挽を受けて『銀の匙』を『東京朝日新聞』に連載した。この作品は現在まで息長く読み継がれている。

[解説]『銀の匙』は、伯母によってまるで乳母日傘《おんばひがさ》で育てられた内向的な子供が、女友達との交友や兄との確執の中でしだいに自己を確立してゆく過程を、叙情的なエピソードを織りまぜながら描く自伝的中篇小説である。

「私」は十七歳の夏を海のほとりの友人の別荘で過ごすことになった。雇いのばあやが身の回りの世話をしてくれ、ひとり気ままに散策に明け暮れる毎日であった。ある日の夕方、道に迷ってしまい、思わぬ遠出に疲れて宿所に戻ってきた。湯船につかっていると湯の表面に「うす白く脂《あぶら》が光ってるのに気がついた」。誰か先に入った人がいる。人見知りの激しい彼にとっては「知らない人間はすなわちきらいな人間である」。実は、とつぜん事情があって友人の「姉様」が別荘にやって来ることになったのだ。湯を替えなかったことをわびに来たばあやは、「それはそれは美しいおかただぞなも」と言った。文例は、ばあやが去ったのと入れ違いに「姉様」が「私」に挨拶に来る場面である。

「前篇」の最後で「私」は、仲良しの「お恵ちゃん」が引っ越しの挨拶に来たのに身を隠して言葉もかけずに別れた。文例はこの作品の最後のエピソードで、今度は「年上の女性」である。この簡単な挨拶のあと数日「ぎこちない」すれ違いがあったけれども、別れのときに

「私」は今回もまたなにも言わずに、後になってひとり涙を流すことになる。

多感で内向的な少年の、幼い恋から大人の恋への端境期《はざかいき》に蟠結する屈折した感情が、「美しい人」へのあえかな憧憬として紡ぎ出されている。「彫像」と「美しい人」の変容のなかに少年の含羞と想いが交錯している。『銀の匙』の純粋な子供の世界の造形は夏目漱石の絶賛を博したが、むべなるかなである。

17 ※芥川龍之介「地獄変」より

◉火は見る見る中《うち》に、車蓋《やかた》をつつみました。庇《ひさし》についた紫の流蘇《ふさ》が、煽《あふ》られたやうにさつと靡《なび》くと、その下から濛々《もうもう》と夜目にも白い煙が渦を巻いて、或《あるい》は簾《すだれ》、或は袖、或は棟《むね》の金物《かなもの》が、一時に砕けて飛んだかと思ふ程、火の粉が雨のやうに舞ひ上る――その凄じさと云つたらございません。いや、それよりもめらめらと舌を吐いて袖格子《そでがうし》に搦《から》みながら、半空《なかぞら》までも立ち昇る烈々とした炎の色は、まるで日輪が地に落ちて、天火《てんくわ》が迸《ほとばし》つたやうだとでも申しませうか。前に危く叫ばうとした私も、今は全く魂《たましひ》を消して、唯茫然《ばうぜん》と口を開きながら、この恐ろしい光景を見守るより外はございませんでした。しかし親の良秀《よしひで》は――

良秀のその時の顔つきは、今でも私は忘れません。思はず知らず車の方へ駆け寄らうとしたあの男は、火が燃え上ると同時に、足を止めて、やはり手をさし伸した儘、食ひ入るばかりの眼つきをして、車をつつむ焔煙《えんえん》を吸ひつけられたやうに眺めて居りましたが、満身に浴びた火の光で、皺だらけな醜い顔は、髭の先までもよく見えます。が、その大きく見開いた眼の中と云ひ、引き歪めた唇のあたりと云ひ、或は又絶えず引き攣《つ》つてゐる頬の肉の震《ふる》へと云ひ、良秀の心に交々《こもごも》往来する恐れと悲しみと驚きとは、歴々《ありあり》と顔に描かれました。首を刎《は》ねられる前の盗人でも、乃至《ないし》は十王《じふわう》の庁へ引き出された、十逆五悪の罪人でも、ああまで苦しさうな顔を致しますまい。これには流石《さすが》にあの強力《がうりき》の侍でさへ、思はず色を変へて、畏る畏る大殿様の御顔を仰ぎました。

が、大殿様は緊《かた》く唇を御噛みになりながら、時々気味悪く御笑ひになつて、眼も放さずぢつと車の方を御見つめになつていらつしやいます。さうしてその車の中には——ああ、私はその時、その車にどんな娘の姿を眺めたか、それを詳しく申し上げる勇気は、到底あらうとも思はれません。あの煙に咽《むせ》んで仰向《あふむ》けた顔の白さ、焔を掃《はら》つてふり乱れた髪の長さ、それから又見る間に火と変つて行く、桜の唐衣《からぎぬ》の美しさ、——何と云ふ惨《むご》たらしい景色でございましたらう。殊に夜風が一下《ひとおろ》しして、煙が向うへ靡《なび》いた時、赤い上に金粉を撒《ま》いたやうな、焔の中から浮き上つて、髪を口に噛みながら、縛《いましめ》の鎖も切れるばかり身悶えをした有様は、地獄の業苦を目のあたりへ写し出したかと疑はれて、私始め強力の侍までおのづと身の毛がよだちました。

（『芥川龍之介全集　第二巻』岩波書店、一九七七年）

［語注］◇流蘇＝五色の色を交えたふさ◇袖格子＝牛車の袖（入口の左右の部分）の裏にある格子◇日輪＝太陽、日◇十王の庁＝十王は冥途にいて死者を裁くといわれる十人の王。十王

のいる役所◇十逆五悪＝殺生・邪淫など仏教でいう極悪の罪業をすべて犯すこと

【レトリック】◇或は簾、或は袖、或は棟の金物が＝「或は……或は……或は……」は接続語多用法◇火の粉が雨のやうに舞ひ上る＝直喩◇めらめらと舌を吐いて袖格子に搦みながら、半空までも立ち昇る烈々とした炎＝炎を人間に見立てる擬人法◇半空までも立ち昇る烈々とした炎の色は、まるで日輪が地に落ちて、天火が迸つたやうだ＝直喩◇その大きく見開いた眼の中と云ひ、引き歪めた唇のあたりと云ひ、或は又絶えず引き攣つてゐる頬の肉の震へと云ひ＝列挙法◇あの煙に咽んで仰向けた顔の白さ、焔を掃つてふり乱れた髪の長さ、それから又見る間に火と変つて行く、桜の唐衣の美しさ＝形容詞を名詞に変えて強調する。形容語名詞化法◇赤い上に金粉を撒いたやうな＝直喩◇地獄の業苦を目のあたりへ写し出したかと疑はれて＝直喩

【作者プロフィール】芥川龍之介（一八九二―一九二七）。作家。一九一六（大正五）年、大学在学中に書いた短篇「鼻」が師夏目漱石の推挙で雑誌に発表され文壇にデビュー。翌一七年には第一創作集『羅生門』を刊行し、理知的＝意識的な小説技法でたちまち大正文壇の人気作家となった。以後、文体と題材と結構の妙を示す多くの短篇によって独自の世界を切り拓いた。「羅生門」「芋粥」「地獄変」「六の宮の姫君」など王朝もの、「奉教人の死」などのキリシタンもの、「戯作三昧」「或日の大石内蔵助」などの江戸もの、「開化の殺人」「舞踏会」などの明治ものと、作品は多岐にわたったが、いずれもその鋭い批評意識と繊細な抒情性によって織り上げられた独自の小説世界を示した。しかしながら心身の不調とともに作風

が変化した。「大導寺信輔の半生」「河童」「歯車」「或阿呆の一生」「西方の人」などの作品は、「ただぼんやりした不安」という言葉を残して自殺した芥川の内面の苦闘を如実に物語っている。

［解説］ 良秀は絵師としては当代一だったが人間的には最低だった。しかし、ひとり娘は目に入れても痛くないくらい溺愛していた。堀川邸に仕える娘はとても気立てがよく、誰からも可愛がられていた。大殿もいたくこの娘が気に入って懸想するが、娘は頑なに拒否する。

折しも大殿は絵師に地獄変の屏風を描くことを命じる。良秀は悪戦苦闘するが、それでも絵はなんとか完成に近づく。しかし最後に大きな難問に逢着する。落下し炎上する牛車のなかで悶え苦しむ女の光景——この絵の中心となるべき部分がどうしても描けないのだ。

やむなく絵師はその光景を自分の目で見とどけたい旨を大殿に願い出る。この願いは聞き届けられる。しかし、くだんの女に選ばれたのは誰あろう、良秀の愛娘だった。大殿の「火をかけい」という指示で、娘を乗せた牛車に火が次々に投ぜられる……。一月ばかりたって絵は完成、人々はそのすばらしさにただ感じ入るばかり。しかし良秀は屏風を完成した次の夜に自ら縊れて果てたのだった。

文例の光景については前の部分であらかじめ次のようなコメントがある。

「云はば広い画面の恐ろしさが、この一人の人物に輳《あつま》つてゐるとでも申しませうか。これを見るものの耳の底には、自然と物凄い叫喚の声が伝はつて来るかと疑ふ程、入神の出来映えでございました。

> ああ、これでございます、これを描く為めに、あの恐ろしい出来事が起つたのでございます。又さもなければ如何に良秀でも、どうしてかやうに生々と奈落の苦艱《くげん》が画かれませう。あの男はこの屛風の絵を仕上げた代りに、命さへも捨てるやうな、無惨な目に出遇ひました。云はばこの絵の地獄は、本朝第一の絵師良秀が、自分で何時か墜ちて行く地獄だつたのでございます。」

レトリカルな文章である。その多彩なテクニックについては「レトリック」で確認してほしい。ここでの照準は文例の中程に登場する暗示的看過法である。この文彩は悪用すると嫌みになるけれども――「こんなことは言いたくないのだが」と前置きしながら言いにくいことをしっかりと言うなど――、ここでの使用は本来の効果をねらったもの。「ああ、私はその時、その車にどんな娘の姿を眺めたか、それを詳しく申し上げる勇気は、到底あらうとも思はれません」（傍線部）と断りながら、「あの煙に咽んで仰向けた顔の白さ、焰を掃つてふり乱れた髪の長さ、それから又見る間に火と変つて行く、桜の唐衣の美しさ」など「地獄の業苦」のような恐ろしさを伝えようとしている（ここには列挙法も指摘できる）。「詳しく申し上げる勇気があったなら」もっと凄まじい光景だったので、その凄さは読者の想像にお任せしますとの含み。お手本のような暗示的看過法である。

18 ❖宇野浩二『蔵の中』より

◉そんな間柄ですから、先の私の願ひは破格で聞《きき》とどけられました。私は梅雨《つゆ》の明けた初夏の一日、小僧に案内されて質屋の倉《くら》の二階に上つて行きました。反古紙《ほごがみ》に包まれた着物の包《つつみ》が幾層かの棚に順序よく並べられてゐる中を、私は通り抜ける時、私はまだ学校を出たての勉強盛りの頃、母校の図書館の図書室に、教授の紹介で入つた時のことを思ひ出しました。あの時の嬉しさと似て又《また》違つた、何となく胸の躍るやうな爽《さはや》さを私は感じました。それから思ふと、倉の入口の道具類の置いてあるところ、即ちヴイオリンがまるで箒のやうに無暗にぶら下つてゐたり、柱時計が博物館のお面のやうに並んでゐたり、ピアノやオルガンが置いてあるかと思ふと、その向ふの隅の方には屑屋のやうに鍋や釜の類《るゐ》が転がつてゐる部屋を通る時は、可成りの不快さを感じました。

私は妙な性分で、子供の時分から、物の臭《にほひ》が妙に色々と何彼《なにか》に依《よ》らず好きで、油煙《ゆえん》でも、石炭酸でも、畑の肥料の臭でも、さては塵埃《ごみ》の臭でも、それぞれの（例外は無論ありますが）臭がそれぞれに好きなのです。私たち小説家の仲間に近頃鼻紙の青鼻汁《あをばな》を嘗めて喜ぶ男なぞを書く人がありますので、こんなことを言ふとその真似でもするやうですが、これは私には本当なのですから仕方がありません。ところで、その反古紙《ほごがみ》の着物の包《つつみ》の棚の部屋に入ると、その包の反古紙や、その中の着物や、さてはその着物の中に挟まれてある樟脳、ナフタリン、それから部屋の中の塵埃《ごみ》などの臭が一緒になつて、それが私には何とも言へぬ物懐《ものなつか》しい臭となつて鼻を打つのです。私は第一にそれが気に入りました。（勿論この臭を毎日嗅がされては堪りますまい。）第二に私が非常に満足を覚えたのは、私の入質《にふじち》した着物どもが、中には随分反古紙に包まれてゐる連中もあるにはありますが、その中の比較的上等のものが総《すべ》て一つの箪笥《たんす》を占領してゐたことです。私は男としては随分沢山の着物を持つてゐる方でせうが、それを悉《ことごと》く一緒に自分の手元に置いたことがなかつたことや、この年になる迄大抵《たいてい》下宿生活ばかりしてゐた関係などから、箪笥といふものを持つたことがなかつたのです。こんな風に言ふと、如何にも誇張した物の言ひ方をするやうですが私はそれを見た時、（今迄から、「あなたの物はみんな箪笥の中にちやんとしまつてあります、」斯《か》う店で番頭たちに聞かされてはゐましたが、半信半疑といふよりも、目のあたり見ないので斯う迄感じなかつたのでせう、）私の愛する着物どもが斯く迄優待されてゐるかと思つて、丁度《ちやうど》親たちが養子にやつた息子、嫁にやつた娘が、それぞれ行先で豊かに暮してゐるのを見た時に覚えるに違ひない、それに似た満足を私は感じました。この私の感じ方が、決して私の大袈裟な言ひ廻しでないことは、今に色々とお話してゐるうちにお分りになります。

〔中略〕

私は半年振《はんねんぶ》りで倉《くら》の二階の片隅の、懐しい箪笥の前に立ちました。身に着けてゐるものさへ、今は仮にこの質屋のものである私に、小僧は何の不安も抱く必要がありませんので、彼はすぐ私を残して下に下《お》りて行きました。私はしかしそつと秘密の戸を開くやうに、その箪笥の第一

18—宇野浩二『蔵の中』より

の引出しを開けました。第一の引出しを閉めて第二を開け、第二を閉めて第三を開け……私は暫くの間ただ何のなす事もなくそんなことをくり返してゐました。ああ、その充《み》たされた箪笥の重みのある引出しを開けてそして閉める時の気持、その引出しの中の着物の眺めは申すに及ばず、それを開け閉めする時の囁《ささや》くやうな甘い音、それから丸くかたまつて押し出されて来る空気の肌触り、どうぞ私のこの言葉を決して誇張だなぞと思はずに聞いて下さい、誇張どころか、私には何とそれを形容する言葉もないので、苛立つ程なのです、例へば幸福とはどんなものだと聞かれて、即座に誰《たれ》も答へられるものではありませんが、私には少くともこの気持がそれの一つだと言ふことが出来ます。女がこの着物のために大切な貞操さへ売るといふことが私には十分のみ込めます。若《も》しそれが間違ひなら（誰が確《たしか》にそれが間違ひであるとはつきり言へるでせう？）それは確に恕《じょ》すべき間違ひです。私のやうな者がこんな理窟を言つたとて、反対さへする人がないかも知れませぬが、例へばそれに反対する人があれば、彼はどんなに女が着物を愛するかといふことを本当に知らない人だと言へます。私は女は好きですが、愛するとは言へないと先にも申しました通り、心の中では随分軽蔑し切つてゐます。私のやうな者がこんな哲学者めいた、生意気なことを言ふとて、どうぞ笑はないで下さい、だけど、この事だけは、私は出来るならば、世界の女人《にょにん》に代つて弁じたいと思ひます。私の考へでは、（私は夢にも警句を吐くつもりで言ふのではありませんが、）女は金のために男を捨てるものではありません、女はその代り着物のためならいつでも男を捨てます。許してやらねばなりません。

（『日本近代文学大系40　廣津和郎　宇野浩二　葛西善蔵集』角川書店、一九七〇年）

［作者プロフィール］宇野浩二（一八九一―一九六一）。小説家。一九一九年『蔵の中』『苦の世界』を発表し、大正文学の中心的作家となる。饒舌な話し言葉的文体で書かれた私小説ふうな作品を書いた。

［解説］文例は、着道楽の「私」と着物の奇妙な関係をつづった文章。私は売れない小説家である。質屋の常連であるが、現に身につけている着物も含めて質物はなんとすべて着物ばかり。借金や下宿料は平気で踏み倒す情けない男であるが、質草の利息だけはなぜか妙に律儀に払い、質屋の信用は絶大である。

折しも夏の虫干しの時期で、向かいの主婦が虫干ししているのを目撃した。すると、急に質屋の蔵に置いてある着物が懐かしくなって、矢も楯もたまらずになる。質屋に掛け合い、曲げて自分の手で虫干しをする許可を得る。

私の屈折した心理を、挿入法を駆使した饒舌体で点綴《てんてい》する。その鮮やかな手妻は味読に値する。

19 永井荷風『すみだ川』より

◉残暑の夕日が一しきり夏の盛《さかり》よりも烈しく、ひろびろした河面《かはづら》一帯に燃え立ち、殊更《ことさら》に大学の艇庫《ていこ》の真白なペンキ塗の板目《はめ》に反映してゐたが、忽ち燈《ともしび》の光の消えて行くやうにあたりは全体に薄暗く灰色に変色して来て、満ち来る夕汐《ゆうしお》の上を滑つて行く荷船の帆のみが真白く際立《きはだ》つた。と見る間《ま》もなく初秋《しよしう》の黄昏《たそがれ》は幕の下《おり》るやうに早く夜に変つた。流れる水がいやに眩《まぶ》しくきらきら光り出して、渡船《わたしぶね》に乗つて居る人の形をくつきりと墨絵のやうに黒く染め出した。堤の上に長く横《よこた》はる葉桜の木立《こだち》の此方《こなた》の岸から望めば恐しいほど真暗《まつくら》になり、一時《いちじ》は面白いやうに引きつづいて動いてゐた荷船はいつの間《ま》にか一艘残らず上流の方《はう》に消えてしまつて、釣の帰りらしい小舟がところどころ木の葉《こは》のやうに浮いてゐるばかり、見渡す隅田川は再びひろびろとしたばかりか静《しづか》に淋しくなつた。遥か川上《かはかみ》の空のはづれに夏の名残《なごり》を示す雲の峰が立つてゐて細い稲妻が絶間《たえま》なく閃めいては消える。

長吉は先刻《さつき》から一人《ひとり》ぼんやりして、或時は今戸《いまど》橋《ばし》の欄干に凭《もた》れたり、或時は岸の石垣から渡《わたし》場《ば》の桟橋へ下りて見たりして、夕日から黄昏、黄昏から夜になる河の景色を眺めて居た。今夜暗くなつて人の顔がよくは見えない時分になつたら今戸橋の上でお糸と逢ふ約束をしたからである。然《しか》し丁度《ちやうど》日曜日に当つて夜学校を口実にも出来ない処から夕飯《ゆふめし》を済《すま》すが否《いな》やまだ日の落ちぬ中《うち》ふいと家《うち》を出てしまつた。一しきり渡場へ急ぐ人の往来《ゆきき》も今では殆ど絶え、橋の下に夜《よ》泊《どま》りする荷船の燈火《ともしび》が慶養寺《けいやうじ》の高い木立を倒《さかさ》に映した山谷《さんや》堀《ぼり》の水に美しく流れた。門口《かどぐち》に柳のある新しい二階家からは三味線が聞えて、水に添ふ低い小家《こいへ》の格子戸《かうしど》外《そと》には裸体《はだか》の亭主が涼みに出はじめた。長吉はもう来る時分であらうと思つて一心《いつしん》に橋向うを眺めた。

（『荷風全集　第五巻』岩波書店、一九六三年）

――**［作者プロフィール］**永井荷風（一八七九―一九五九）。明治・大正・昭和にわたって活躍し――

た小説家、随筆家。早くから芝居や文学に心酔し、フランスの自然主義の作家、エミール・ゾラの影響を受けて一九〇二年「地獄の花」を書いた。その後、足かけ六年におよぶアメリカ・フランスの外遊体験を経て、日露戦争後、耽美派作家として活躍した。『すみだ川』『腕くらべ』『墨東綺譚』などの傑作を残し、反骨と偏奇の、孤高の文人として生涯を閉じた。

[解説] 長吉は常磐津の師匠をしているお豊の一人息子。息子にはぜひ大学にはいって、かたぎの給料取りになってもらいたい。そう念じて、お豊は女の細腕一本で頑張っている。

長吉は幼友達のお糸のことが好きだったが、近く芸者になる話があっていずれは別の世界の人間になるはず。実は長吉は勉強よりは芸事のほうが好きで、役者になることを夢見ている。息子の口からその夢を聞かされたお豊は気も動転、兄の蘿月《らげつ》のもとを訪れ、息子の翻意を託す。

蘿月は親代々の質屋をつぶした道楽者で、花魁と一緒になり、今は俳諧師をしている。蘿月は甥の気持ちも分かるし、妹の気持ちも分かるので板挟みになるが、とりあえず長吉に助言する。大学のことは先のこととして、いま通っている学校は卒業するように、と。助言された長吉は不満であった。折しも下町を襲った出水の際、長吉は泥水の中を歩き回り風邪をひき、こじらせて腸チフスになり、病院に担ぎ込まれた。これはお糸との仲をはかなんでの自暴自棄のふるまいではなかったのか——長吉の部屋でふと見つけた書き付けから蘿月はそう思った。そして、かならず添い遂げさせるから死んでくれるな、おれがついているぞと心に叫ぶのであった。

この小説は隅田川周辺の四季折々の情景と風情を点出し、それがこの作品の大きな魅力になっている。文例もその一つで、お糸との行き先を不安に思いつつ、彼女との逢瀬を待つ長吉が目にした隅田川の光景である。「大学」「艇庫」（ボート用倉庫）など時代を指示する言葉を落とせば江戸時代の文章としても通る。懐かしい下町の美しい描写である。

レトリックの点では四回出ている傍線部の直喩（のように）が目につくが、おとなしい用法である。あとは傍点部の文彩、「或時は……或時は」（接続語多用法）と「人の顔がよくは見えない時分」（迂言法）が取り出せるくらいだろうか。

20 ❖谷崎潤一郎『春琴抄』より

◉程経て春琴が起き出でた頃手さぐりしながら奥の間に行きお師匠様私はめしひになりました。もう一生涯お顔を見ることはござりませぬと彼女の前に額づいて云つた。佐助、それはほんたうか、と春琴は一語を発し長い間黙然と沈思してゐた佐助は此の世に生れてから後にも先にも此の沈黙の数分間程楽しい時を生きたことがなかつた昔悪七兵衛景清は頼朝の器量に感じて復讐の念を断じ最早や再び此の人の姿を見まいと誓ひ両眼を抉り取つたと云ふそれと動機は異なるけれどもその志の悲壮なことは同じである それにしても春琴が彼に求めたものは斯くの如きことであつた乎《か》過日彼女が涙を流して訴へたのは、私がこんな災難に遭つた以上お前も盲目になつて欲しいと云ふ意であつた乎そこ迄は忖度《そんたく》し難いけれども、佐助それはほんたうかと云つた短かい一語が佐助の耳には喜びに慄へてゐるやうに聞えた。そして無言で相対しつつある間に盲人のみが持つ第六感の働きが佐助の官能に芽生えて来て唯感謝の一念より外何物もない春琴の胸の中を自づと会得することが出来た今迄肉体の交渉はありながら師弟の差別に隔てられてゐた心と心とが始めて犇《ひし》と抱き合ひ一つに流れて行くのを感じた少年の頃押入れの中の暗黒世界で三味線の稽古をした時の記憶が蘇生《よみがへ》つて来たがそれとは全然心持が違つた凡そ大概な盲人は光の方向感だけは持つてゐる故に盲人の視野はほの明るいもので暗黒世界ではないのである佐助は今こそ外界の眼を失つた代りに内界の眼が開けたのを知り嗚呼《ああ》此れが本当にお師匠様の住んでいらつしやる世界なのだ此れで漸《やうや》うお師匠様と同じ世界に住むことが出来たと思つたもう衰へた彼の視力では部屋の様子も春琴の姿もはつきり見分けられなかつたが繃帯で包んだ顔の所在だけが、ぼうつと仄白く網膜に映じた彼にはそれが繃帯とは思へなかつたつい二た月前迄のお師匠様の円満微妙な色白の顔が鈍い明りの圏の中に来迎仏の如く浮かんだ

（『谷崎潤一郎全集　第十三巻』中央公論社、一九六七年）

［語注］◇漸う＝やっと、かろうじて◇来迎仏の如く＝来迎とは「浄土教で、念仏行者の死に臨んで、極楽浄土へ導くため阿弥陀仏や諸菩薩が紫雲に乗って迎えに来ること」（大辞泉）。「来迎仏の如く」は春琴の「色白の顔」を来迎する仏になぞらえている（直喩）

［レトリック］◇心と心とが始めて犇と抱き合ひ一つに流れて行く＝「心」を人間に見立てる（隠喩、擬人法）。また「心」を水の流れにたとえて、二つの水の流れが合流するとも◇外界

の眼を失った代りに内界の眼が開けた＝「外界の眼―内界の眼」の対照法

［作者プロフィール］谷崎潤一郎（一八八六―一九六五）。小説家。その活躍は明治・大正・昭和の五十年余の長きにわたっている。「刺青」「麒麟」などの初期短篇が永井荷風に激賞され、一躍文壇の寵児となり、悪魔主義＝モダニズム的な作品を多く執筆した。この時期を集約する作品は『痴人の愛』（一九二四）。関東大震災（一九二三）を契機に関西へ移り住んでからは、古典や伝統的なものへの傾斜を深め、日本的な美を体現する『春琴抄』（一九三三）や『細雪』（一九四三―四八）を書き上げた。晩年には老いと性を主題とする『瘋癲老人日記』（一九六一―六二）を残した。

［解説］『春琴抄』は、美貌で盲目の音曲奏者とそれに仕える佐助のあいだで展開されるマゾヒズムと、耽美主義を突き抜けた不思議な愛を描いている短篇小説である。

春琴は大阪道修町《どしようまち》で店を構える薬種商、鵙《もず》屋の二女。天性の美貌と才能で舞踏に天分を示したが、九歳のとき眼疾を患い失明し、以降、琴三絃をもっぱらにする。その稽古のために手挽きとして仕えたのが四つ年上の丁稚の佐助である（後には身の回りの世話もまかされた）。佐助にとって春琴は累代の主家の娘であり、「滅私奉公」に徹するが、そこには美貌の女主人への秘められた一途な愛があった。盲目であるがゆえに気むずかしくわがままで驕慢な春琴と、彼女に唯々諾々として献身する佐助のあいだに見られるのは、主従とも師弟とも夫婦ともつかない屈折した愛の形である。佐助は春琴に音曲の手ほどきを受けてめきめき腕を上げ、後には琴曲の師匠となって一本立ちし、春琴の代稽古を務めるまでになった。それにしても春琴の佐助への稽古は嗜虐的異常性を帯び、むしろ折檻に近かった。春琴は女王のごとく佐助を頤使《いし》し、彼に奴隷的奉公を強いる。しかしながら佐助は怡然《いぜん》として受け容れるのだった。

春琴の稽古は佐助のみならず弟子に対しても厳しく、その天才に対するそねみも加わり、人々の不興や恨みを買う仕儀になる。そうした因果の報いか、三十七歳のとき、春琴は夜分、何者かに襲われ顔に熱湯を浴びせられて重傷を負う。彼女は変わりはてた自分の顔を他人にさらすことを厭う。わけても佐助に。佐助は師匠の心痛を忖度して、繃帯のとれる頃合いを計って、みずから黒眼を針で刺し、盲目となる。文例はそのあとに続く文章である。

谷崎文学のなかには耽美主義、女性崇拝がある。『少将滋幹の母』や『痴人の愛』のナオミ、特に後者は悪魔主義的な蠱惑を示す女人像の造形である。春琴も幾分その傾向が見られるが、佐助の女性崇拝の姿勢は常人の思惑をはるかに越えている。自己を殺して愛する女人にぬかずき一体化しようとする自己放棄（献身）は宗教的な帰依に等しい。春琴が来迎する仏にたとえられるゆえんである。

ご覧のように文例には改行、句読点、括弧などの記号は極力はぶかれている。通常なら句点を必要とするところでもなしで済ませている。視覚に訴える記号の区切りを廃して、盲目の主人公の音的＝聴覚的世界を喚起する工夫なのであろう。

❖岡本かの子「金魚撩乱」より

21

◉いま、暴風のために古菰《ふるこも》がはぎ去られ差込む朝陽で、彼はまざまざとほとんど幾年ぶりかのその古池の面を見た。その途端《とたん》、彼の心に何かの感動が起ろうとする前に、彼は池の面にきっと眼を据え、強い息を肺いっぱいに吸い込んだ。……見よ池は青みどろで濃い水の色。そのまん中に撩乱として白紗《はくしゃ》よりもより膜性の、幾十筋の皺がなよなよと縺《もつ》れつ縺れつゆらめき出た。ゆらめき離れてはまた開く。大きさは両手の拇指《おやゆび》と人差指で大幅に一囲みして形容する白牡丹《ぼたん》ほどもあろうか。それが一つの金魚であった。その白牡丹のような白紗の鰭には更に菫《すみれ》、丹《に》、藤《ふじ》、薄青等の色斑があり、更に墨色古金色等の斑点も交って万華鏡《まんげきょう》のような絢爛、波瀾を重《ちょう》畳《じょう》させつつ嬌艶に豪華《ごうか》にまた淑々として上品に内気にあどけなくもゆらぎ拡《ひろ》ごり拡ごりゆらぎ、更にまたゆらぎ拡ごり、どこか無限の遠方からその生を操られるような神秘な動き方をするのであった。復一の胸は張り膨らまって、木の根、岩角にも肉体をこすりつけたいような、現実と非現実の間のよれよれの肉情のショックに堪え切れないほどになった。

「これこそ自分が十余年間苦心惨憺《さんたん》して造ろうとして造り得なかった理想の至魚だ。自分が出来損いとして捨てて顧みなかった金魚のなかのどれとどれとが、いつどう交媒して孵化して出来たか」

こう復一の意識は繰り返しながら、肉情はいよいよ超大な魅惑に圧倒され、吸い出され、放散され、やがて、ただ、しんと心の底まで浸《し》み徹《とお》った一筋の充実感に身動きも出来なくなった。

「意識して求める方向に求めるものを得ず、思い捨てて放擲した過去や思わぬ岐路《きろ》から、突兀《とっこつ》として与えられる人生の不思議さ」が、復一の心の底を閃めいて通った時、一度沈みかけてまた水面に浮き出して来た美魚が、その房々とした尾鰭をまた完全に展《ひら》いて見せると星を宿したようなつぶらな眼も球のような口許も、はっきり復一に真向った。

「ああ、真佐子にも、神魚華鬘之図《しんぎょけまんのず》にも似てない……それよりも……それよりも……もっと美しい金魚だ、金魚だ」

失望か、否、それ以上の喜びか、感極まった復一の体は池の畔の泥濘《でいねい》のなかにへたへたとへたばった。復一がいつまでもそのまま肩で息を吐き、眼を瞑《つむ》っている前の水面に、今復一によって見出された新星のような美魚は多くのはした金魚を随《したが》えながら、悠揚と胸を張り、その豊麗な豪華な尾鰭を陽の光に輝かせながら撩乱として遊弋《ゆうよく》している。

（『ちくま日本文学全集　岡本かの子』筑摩書房、一九九二年、傍点原文）

［語注］◇重畳＝幾重にもかさなっているさま◇嬌艶＝なまめかしくてあでやかなさま◇突兀＝高く険しいこと◇華鬘＝花鳥・天女などを透かし彫りした、金銀製の仏具のこと◇遊弋＝あちこち動き回ること

［レトリック］◇見よ池は青みどろで濃い水の色＝呼びかけ法。自分に対して呼びかけている◇嬌艶に豪華にまた淑々として上品に内気にあどけなくも＝類語法◇ゆらぎ拡ごり拡ごりゆらぎ、更にまたゆらぎ拡ごり＝反復法（交差反復法）◇失望か、否、それ以上の喜びか＝訂

正法

[作者プロフィール] 岡本かの子（一八八九―一九三九）。小説家、歌人、仏教研究家。小説家として活躍したのは晩年の数年であったが、死後多くの遺作が発表された。豊麗耽美妖艶な作風で知られる。

[解説] 復一は山の手の金魚屋の一人息子で、幼くして両親に先立たれた。周囲の計らいで夫婦養子となった宋十郎夫婦が復一を育て家業を継がせることになった。真佐子は谷窪の金魚屋を見下ろすように建つ屋敷の一人娘で、妻に先立たれた実業家の父（鼎三）に育てられている。

復一と真佐子は幼友達である。復一は真佐子が好きなのだが、そのことを相手にうまく伝えられないまま、美しい女に成長してゆく真佐子を遠くから憧れているだけ。金魚の商品価値に注目している真佐子の父は学資を援助して、復一を地方の水産学校で勉強させ、そのあと水産試験場で数年経験を積ませる。復一は次第に新種金魚の作出に自分を賭けるようになる。それは遂げられぬ真佐子への思慕の代替行為であった。「手慣れた生きものの金魚で彼女を作るより仕方がない。」「彼が初め、いままでの世になかった美麗な金魚の新種を造り出す覚悟をしたのは、ひたすら真佐子の望みのために実現しようとした覚悟であった。だが年月の推移につれ研究の進むにつれ、彼の心理も変って行った。彼は到底現実の真佐子を得られない代償としてほとんど真佐子を髣髴《ほうふつ》させる美魚を創造したいという意慾がむしろ初めの覚悟に勝って来た。漂渺とした真佐子の美――それは豊麗な金魚の美によって髣髴するよりほかの何物によってもなし得ない。今や復一の研究とその効果の実現はますます彼の必死な生命的事業となって来ていたのである。」ちなみに、「神魚華鬘之図」は復一が以前古道具屋で見つけたもので、額に入れられて研究室の部屋に飾られている。復一は描かれた神魚に真佐子の美しさを重ね合わせてながめていた。

　宿願の新種が得られないまま、時間だけが空しく過ぎてゆく。真佐子はすでに二児の母になったが、その美しさは艶麗とも形容できるほど、いっぽう復一は独身のままで年よりは老けてゆく。

　文例は「金魚撩乱」の末段である。大雨のため養魚池が致命的な被害をこうむった。十四年有余の苦心がまさしく水泡に帰するのか。ところが、である。出来損じの「名魚たち」を惜しげもなく飼い殺しにしていた古池に予期せぬ出来事が出来《しゅったい》していた。夢にまで見た理想の新種が生み出されていたのだった。

　岡本かの子はもともと比喩表現を多用する作家ではある。後の二つの傍線部はまあ、おとなしい例といえるが、最初の傍線部の、窈渺たる美麗な金魚を叙する描写はすごい。直喩が基軸であるが、次々に繰り出される修飾の豪華絢爛さはただ圧倒されるばかりだ。全体を誇張法と見なすべきかもしれないが、しかし、臆面もなくといえば語弊があるけれども、この過剰ともいえる修飾は主人公の内面的な高揚を見事に表現している。徹底すべきときは徹底しなければならない。レトリック（誇張法）の要諦である。

22

❖織田作之助「アド・バルーン」より

◉私の文子に対する気持は世間でいふ恋といふものでしたらうか。それとも、単なるあこがれ、ほのかな懐しさ、さういつたものでしたらうか。いや、少年時代の他愛ない気持のせんさくなどどうでもよろしい。が、とにかく、そのことがあつてから、私は奉公を怠けだした。――といふと、あるひは半分ぐらゐ嘘になるかも知れない。そんなことがなくても、そろそろ怠け癖がついてゐるのです。使ひに行けば油を売る。鰻谷《うなぎだに》の汁屋の表に自転車を置いて汁を飲んで帰る。出入橋《でいりばし》の金つばの立食ひをする。かね又といふ牛めし屋へ「芋ぬき」といふシユ《(ママ)》チユーを食べに行く。かね又は新世界にも千日前にも松島にも福島にもあつたが、全部行きました。が、こんな食気よりも私をひきつけたものはやはり夜店の灯です。あのアセチリン瓦斯《ガス》の匂ひと青い灯。プロ《(ママ)》マイド屋の飾窓に反射する六十燭光の眩《まばゆ》い灯。易者の屋台の上にちよぼんと置かれてゐる提灯《ちやうちん》の灯。それから橋のたもとの暗がりに出てゐる蛍売りの蛍光の瞬《またた》き……。私の夢はいつもさうした灯の周《まは》りに暈《かさ》となつて、ぐるぐると廻るのです。私は一と六の日ごとに平野町に夜店が出る灯ともし頃になると、そはそはとして、そして店を抜け出すのでした。それから、あの新世界の通天閣の灯。ライオンハミガキの広告燈が赤になり青になり黄に変つて点滅するあの南の夜空は、私の胸を悩ましく揺ぶり、私はえらくなつて文子と結婚しなければならぬと、中等商業の講義録をひもとくのだつたが、私の想ひはすぐ講義録を遠くはなれて、どこかで聞えてゐる大正琴に誘はれながら、灯の空にあこがれ、さまよふのでした。

（『日本文学全集44 武田麟太郎 島木健作 織田作之助集』筑摩書房、一九七〇年）

［作者プロフィール］ 織田作之助（一九一三―一九四七）。大阪の庶民の生活を生き生きと描いた作家。晩年は放浪とデカダンスに走った。

［解説］ 語り手はおしゃべりで根っからの放浪癖の持ち主。「アド・バルーン」は饒舌体の短篇で、しっかりした構成があるわけではなく、話はあっちへ流れたりこっちへ流れたりでとらえどころがないが、同じ小学校に通った、四つ年下の、芸者の子供に対する、臆面のない、未練たらしい片思いの吐露である。

「私」は月足らずで生まれ、母親は産後死んでしまった。父親は落語家で女にだらしなく次々と家に引っ張り込む。私はつぎつぎと変わる継母と生活するのが嫌で十五の歳から丁稚《でっち》奉公に出て、二十五歳まで転々と店を変える。そんな彼の心の支えは、あこがれの女性、文子に対する純な思いである。この恋は私の一方通行で、相手はなんとも思っていない。文子はレコード会社の社長に「落籍《ひか》されて」東京に移り、歌手としてデビューする。東京にいる恋人に会いたいばかりに、「六十三銭」の所持金で夏の真っ盛りに線路伝いに徒歩で東京を目ざす。十八日かけて東京に着いたのに文子はそっけない応接、つきまとわれては迷惑と帰りの汽車賃を手渡されて私は体よく追い払われる仕末。絶望して自殺を考え考え、中之島公園をうろついていると「拾いや」の秋山さんに拾われて、気を取り直し自身も同業者になる。秋山さんは命の恩人である。話の後半は、行くえの知れない命の恩人のために紙芝居屋をしながら秋山名義の貯金をして、再会を期すという人情話に流れてゆく（この美談を載せた新聞記事のお陰でこの再会は実現するのだが）。作品の最後で、文子のことがほのめかされる。死んだ父親の納骨を終えて寄った寺の茶店で流れたレコードにふと文子の声がする。「今日の空には軽気球《アドバルン》……」私にとって文子は、所詮アド・バルーンのように空高くただよう遠い存在でしかなかったのか。

文例中の「そのことがあつてから」とは、丁稚姿の私を見かけて文子が「つんと素知らぬ顔」をみせたエピソードを指す。

ほかでもよく出てくるのだが、ここでも「あのアセチリン瓦斯の匂ひと青い灯」以下の列挙法に注目すべきだろう。列挙法とは同類の語や観念をつぎつぎに動員する文彩（テクニック）である。列挙法はあれもこれもと欲張って表現することだ。そこにあるのは細部へのこだわり。確かに必要以上に細部へこだわるのだから大げさな表現法にはちがいないが、しかし個々の表現を大げさにするわけではなく、普通の表現の積み重ねが結果として常軌を逸することになる。つまり語り手＝書き手の表現対象へのこだわり（関心）がこの文彩を産み出す。列挙法は時に猥雑で粘着的な印象をもたらす。稚拙なようであくの強い表現法だといえる。「私」の放浪癖をよく示す文彩である。

23

❖源氏鶏太「流氷」より

◉その夜、美奈は、店へ出て、客の相手をした。ぐいぐいと酒を飲んで、別人のように、陽気に騒いだりしていた。お秋さんも、この調子なら、美奈も、憑きものが落ちたように、案外、早く、立直るのではないか、と思っていた。客の切れ目が出来たとき、

「酔い過ぎたらしいわ。ちょっと、外へ出て、頭を冷やしてくるわ」

と、美奈がいった。

「そんなに酔っていて、危いわよ。あたし、いっしょに行ってあげようか」

「大丈夫よ」

美奈は、そういうと、肩から毛布をかぶって、ひとりで外へ出て行った。その夜は、天地が凍りつくように寒かった。

お秋さんは、私の顔を見ながら、

「美奈ちゃん、それっきり、帰ってこなかったわ」

「どこへ行ったんだ」

「わからない」

お秋さんは、遠くを見るような眼つきで、重ねていった。

「わからない。どこへ行ったのか、誰にもわからないのよ」

「大阪か、東京へ行ったのだろうか」

「借金を踏みたおして逃げたのかも知れないし、本当のことは、誰にもわからないわ。ひょっとしたら、流氷に乗って、遠い遠いところへ行ってしまったのかも知れないし」

「流氷？」

「その頃になると、この町の空気が、凍りつくようにピーンと張って、海には、流氷がいっぱい押し寄せて来るのよ」

「流氷というと？」

「厚さが一メートルぐらいの氷のかたまりよ。五十センチ四方ぐらいのちいさいのから、二メートル平方ぐらいのもあるわ。そういうのが沖まで、ぎっしりとつまっているんだから、その上に乗って、遊べるわよ」

「その流氷に乗って、死ぬことが出来るのか」

「そうね、死のうと思えば……。酒をたくさん飲んで、どんどん、沖の方へ歩いて行くのよ。誰にも見えないくらい遠いところへ行って、そこで、じいっとしていたら、一晩で凍死出来るわ。そのうちに、風向きが変って、流氷が沖の方へ流されて行ったら、屍体だって、永遠に帰ってこないわよ」

「すると……」

私は、息を詰めるようにして、

「彼女は、川原さんの後を追って、わざわざ、そういう死に方をしたのだろうか」

「私の想像よ。だけど、沖の方へ歩いて行く人影を見た、という人があるのよ。でも、それが美奈ちゃんだったという証拠がないわ。かりに、美奈ちゃんだったとしても、酔っぱらって、死ぬ気でなしに、ただ、ふらふらっと、流氷の上を歩いてみる気になったのかも知れないし。いいえ、今頃、美奈ちゃんは、きっと、どっかで生きているかも……」

「そうだよ。きっと、どっかで生きていて、幸せになっているよ」

やがて、私は、だるま屋を出た。あれほど、ビールを飲んだのに、すこしも酔っているようではなかった。私は、いつか、港へ出ていた。防波堤の先の灯台が、青白い光を、ぐるぐるまわしていた。沖の漁船から、微かな光が洩れていた。黒々とした海面が、月光にキラキラと光をはね返していた。どこからか、哀しげなハモニカの音が聞えていた。曲は『天然の美』であった。私の気持は、沈んでいた。静かな波音を聞きながら、私は、

「これが、オホーツク海の波音なのだ」

と、思っていた。

黒い海面が、急に、いちめんの流氷に見えて来た。月光を浴びて、大小無数の流氷は、白々とひしめき合っている。その流氷の上を、美奈が、うなだれながら、影を落して、ゆっくりと歩いて行く。一度も振り向かないで、川原の名をいい続けながら、暗い沖の方へ、しだいにちいさくなって行く。ともすればぼ、私は、その美奈の姿を見失いそうになる。が、灯台の光が、流氷の上をなめるようにまわってくると、その一瞬だけ、彼女の姿が、パッと浮かび上るように見えた。そして、そのつど、彼女の位置は、進んでいた。私は、錯覚と知りつつ、いつまで

も、流氷の上を一つの点のようになって、永遠に遠ざかって行く美奈の後姿から、眼をそらすことが出来ないでいた。

ハモニカの音は、まだ、嫋々《じょうじょう》と夜空に聞えていた。

(『新日本文学全集　第十四巻　源氏鶏太集』集英社、一九六二年)

[レトリック] ◇死のうと思えば……＝黙説法◇すると……＝黙説法◇どっかで生きているかも……＝黙説法

[作者プロフィール] 源氏鶏太(一九一二―一九八五)。長く住友合資会社(のちに住友本社と改組)と系列の会社に勤続してから作家に転向した。サラリーマン生活に取材した作品を多く発表した。その多くが映画化された。

[解説]「流氷」は僻遠の地に左遷された男に献身する女の悲話である。

大阪に本社のある一流企業S社(＝住友)に勤める川原はオホーツク海に面したM市(＝紋別)近郊の事業所、鶴の舞(＝鴻之舞)金山に飛ばされた。彼は妻子を残して単身赴任する。社内恋愛はご法度であったのだが、彼には同僚の美奈という恋人がいた。美奈はすぐに会社を辞めて、男の後を追うように(というよりか男に請われて)、M市に行き、「だるま屋」という、いかがわしい飲み屋にホステスとして勤めることになる。美奈は「日陰の女として」男に尽くす。まさに腐れ縁である。帰阪の思いも空しく二年も経ずして、男は肺結核のためにこの世を去る。

川原の昔の同僚で今は作家となった語り手が、ある夏、文芸講演のため北海道へ旅行する。

その途次、昔の同僚のことをふと想い出し、関係者を訪ね歩いて川原の消息をたどる。決定的な証言は美奈を知っている昔のホステス仲間の秋（現在は水商売から足を洗い、近くの雑貨商の平凡な奥さんに収まっている）から得られる。いろいろと聞き合わせていくうちに、川原が死んだ日の美奈の様子が知れた。その様子を物語るのがこの短篇の掉尾を飾る文例である。

語り手の感情は抑えられ、その語り口はあくまで淡々とした静かな調子である。登場人物の美奈への思いは、傍線部、秋さんの「遠くを見るような眼つきで」とか語り手の「息を詰めるようにして」といったちょっとした素振りを通してほのめかされる（黙説法も何度か出てくる）。転喩（含意法）である。そして最後に登場するのが「哀しげな」「嫋々と」したハモニカの音である。これは日本古来の「寄物陳思」の手法といえる。つまり物に仮託して思いを述べているのだ。しかもくだんの曲は、サーカス団のジンタ（小楽隊）がよく演奏したので「サーカスの歌」とも呼ばれる「天然の美」（別名「美しき天然」）。この曲はもともと神学生が歌っていた「宣教」の歌で神を讃える内容であるが、なぜかメロディーがひどくもの悲しい（宣教が宣伝に化けた？）。確かに、この曲は流浪する芸人集団、サーカス団がもつ影のイメージにぴったりの哀愁を帯びている。しかし、ここではさすらいの女、美奈をそれとなく喚起している。これもまた転喩である。強い表現が大きな感動を生みだすとは限らない。間接的なぼかした表現の方がはるかに効果的なことがある。

「間接的なぼかした表現」といえば「美奈の死」こそ大がかりな転喩だろう。その「死」は秋さんによっても――「私の想像よ」――、語り手によっても断定されていない。二人はむしろ美奈の幸せの可能性の方に賭けたいと思っている。しかしながらそれとは裏腹に、語り手の思いは北の海の「静かな波音」につれてどんどん暗い幻影を膨らませてゆく。今は夏の暑い盛りだというのに流氷に思いを馳せる。それはあくまでも幻影（錯覚）なのだと承知しながら。

「流氷」の最後は映画でいうところの「オープン・エンディング」である。確かなことはなにも言われていない。すべては読者の判断にゆだねられている。「天然の美」の悲しげなメロディーとともに。まことに余韻縹渺たる幕切れである。

24 ❖井上靖『天平の甍』より

◉二十日の暁方、普照《ふしょう》は夢とも現実ともなく、業行《ぎょうこう》の叫びを耳にして眼覚めた。それは業行の叫びであるというなんの証しもなかったが、いささかの疑いもなく、普照には業行の叫びとして聞えた。波浪は高く船は相変らず木の葉のように揺れていた。船は波濤《はとう》の頂きに持って行かれては、波濤の谷へ落されていたが、船が谷に落ち込む度に、普照の眼には不思議に青く澄んだ海面が覗かれた。潮は青く透き徹っており、碧《みどり》色の長い藻が何条も海底に揺れ動いているのが見えた。そしてその潮の中を何十巻かの経巻《きょうかん》が次々に沈んで行くのを普照は見た。巻物は一巻ずつ、あとからあとから身震いでもするような感じで潮の中を落下して行き、碧《みどり》の藻のゆらめいている海底へと消えて行った。その短い間隔を置いて一巻一巻海底へと沈んで行く行き方には、いつ果てるともなき無限の印象と、もう決して取り返すことのできないある確実な喪失感があった。そしてそうした海面が普照の眼に映る度《たび》にどこからともなく業行の悲痛な絶叫が聞えた。

船は何回も波濤の山に上り波濤の谷へ落ち込んだ。普照の耳には何回も業行の叫び声が聞え、普照の眼には何回も夥《おびただ》しい経巻が次々に透き通った潮の中へ転《ころが》り落ちて行くのが見えた。

（井上靖『天平の甍』中央公論社、一九七七年）

［作者プロフィール］ 井上靖（一九〇七―一九九一）。長らく新聞記者をしていたが、四十歳のとき書いた「闘牛」が芥川賞を受賞し、作家生活にはいる。作品は現代ものと歴史物に大別されるが、後者の中でも、中国と西域を舞台とする『敦煌』『楼蘭』『天平の甍』が出色である。

［解説］『天平の甍《いらか》』は中国文化を取り入れながら国を整備しつつあった奈良時代の遣唐使に取材した長篇小説で、四人の若い留学僧の運命を縦糸に鑑真和上渡日の苦難を横糸にあしらった歴史小説である。

天平五（七三三）年第九次遣唐使の一員として四人の僧、普照、栄叡《ようえい》、戒融、玄朗が選ばれた。特に普照と栄叡には留学僧として仏教の研鑽を極めるだけでなく、当時の日本の宗教界が需《もと》めていた正規の「受戒の師」（律師）を日本に連れてくることが重要な使命として託された。

唐土に渡った四人の留学僧はその後数奇な運命にもてあそばれ、二十年後祖国の土を踏んだのは四人のうち普照ただ一人だった。栄叡は律師の招聘にいちばん熱心で、鑑真渡日に奔走したが帰国直前に病死。独立独歩の戒融は途中で学究生活を捨てて放浪の旅に身をまかせ、広い唐土に姿をかき消した。いちばん頭脳明晰であった玄朗は僧籍を捨て現地の女性を娶り、子をもうけ、異国に身を埋める道を選んだ。普照は栄叡の志を継ぎ鑑真渡日の大仕事をやり遂げた。

四人の留学僧の有為転変、これが『天平の甍』の主筋である。しかしこの小説には脇筋がある。四人の留学僧が唐土であった偏屈な老留学僧・業行《ぎょうこう》のエピソードである。

大きな危険を冒して海を渡った大勢の留学僧はかの地で何をしたのか。もちろん、学問の研鑽に励んだ。それは言うまでもない。だが、彼らはさらに別のこともしたのだ。教典を書写したのだ。それはすさまじいばかりの努力であった。その実態を集約した人物が、業行である。

業行は仏教哲理を極める能力が自分にないことを悟ると、教典の筆写だけに自分の命を賭けることになる。何故もっと早くそのことに気がつかなったのかと後悔さえする。教典を求めて広い唐土をさすらう。貴重な教典に出会うと、寺に立てこもってひたすら書き写す。そのひたむきな姿は感動的ということを通り越して、鬼気迫るものがある。初めは業行のふるまいに戸惑っていた栄叡と普照も、次第にその文化的価値に想い到ることになる（たとえば、空海とか最澄がわずか一年前後の留学で新しい宗派を起こすほどの具体的な成果をあげえたのは、持ち帰った膨大な教典のおかげであった）。

念願の日本へ帰る航海の途次（沖縄島で）、業行は写経を守るため色々わがままを言う。いちばん大きくて安全と思われる「大使の船を希望」する。それは自分のことを考えてのことではなくて教典が無事故国へ届くことを考えてのことだと、業行は普照に弁明する。「律僧の二人や三人はかけ替えはあるが、あの写経には替るものはない。そうじゃないですか」この問いかけに対して普照は答えられない。「鑑真の渡日と、業行が一字一句もゆるがせにせず写したあの厖大な教典の山と、果して故国にとってどちらが価値のあるものであるかは、正確には判断がつかなかった」。業行は第一船である大使の船に移り、普照は鑑真のいる第二船に移ることを希望する。そして沖縄から日本をめざす航海が始まる。

文例は、その最後の航海で大使の船が嵐に遭い、業行が長年の書写の成果とともに海底の藻屑と化す場面を描いたものだ。この場面はいわば見せ場である。西洋の作家だったらここを先途と言葉を総動員して、重ね塗りの油彩よろしく悲痛なイメージを造形するのではないだろうか。それが普通の行き方だろう。しかし作者、井上靖はそういったストレートな記述には走らず、間接的で遠回しな記述に訴える。夢ともうつつともつかない「幻覚」という形で。

正夢《まさゆめ》、いや悪夢である。『天平の甍』は抑制した文体で、事実だけを淡々と記述する語り口で終始してきた。そうしたなかでここの「一種の幻覚ともいうべきもの」を語るくだりは珍しい破調である。「波濤の頂き」「波濤の谷」という隠喩、「巻物は一巻ずつ、あとからあとから身震いでもするような感じで潮の中を落下して行き」という直喩――この二つの比喩自体は派手ではない。しかしながら描かれている内容が内容だけにかえって効果的である。なぜか。

先ほども指摘したように、ここはいわば見せ場である。おそらく全篇の圧巻ともいうべきエピソードである。それなのに、なぜ「幻覚」という斜《しゃ》に構えた対応を選んだのか。業行の死は物語の最後まで「真偽未定」の「仮定」のままで終わるのだ。なぜか。

この「幻覚」の場面には単純化、様式化が指摘できる。明暗の違いを脇におけば、突飛な連想であるが、ここに、葛飾北斎の浮世絵の構図を私は見る。「その心あまりて言葉たらず」の省筆を見る。「暗示的看過法」である。暗示的看過法とは、言わない、言えないと言っておきながらその実しっかりと言うことである。ちょっとだけ見せて残余のすごさは読者の想像力に丸投げする。暗示（ほのめかし）の魔術によって業行の無念な叫び声が読者の耳底《じてい》深く突き刺さる。

暗示といえば、小説の末尾近くに出てくる、書名のいわれともなっている「甍」（鴟尾《しび》）がそうである。誰とも知れない者から海を渡って一つの甍が普照のもとに届けられた。恐らくは唐土をさまよった戒融が旅の途次に見つけたしろものなのだろう。異国の土に骨を埋める覚悟をした元留学僧の、故国へのせめてもの形見だったのかもしれない（もっとも戒融は物語の最後で日本への帰国がほのめかされているけれども）。

この甍は普照のはからいで完成した唐招提寺の鴟尾《しび》を飾ることになった。天平文化のために命を賭けた多くの人々は、大伽藍の屋根を形づくる数知れない甍の一つ一つなのだという諷意が籠められているのだろうか。むろん、これは私の揣摩憶測にしかすぎない。作者はただ、普照のもとに一つの甍が唐土からもたらされたことをさりげなく語るだけである。語られない言葉の向こうに無量の想いが思われる。省筆の効果である。

24—井上靖『天平の甍』より

科学者の目

25

❖寺田寅彦「言語と道具」より

◉人間というものがはじめてこの世界に現出したのはいつごろであったかわからないが、進化論にしたがえば、ともかくも猿のような動物からだんだんに変化してきたものであるらしい。しかしその進化のいかなる段階以後を人間と名づけてよいか、これもむつかしい問題であろう。ある人は言語の有無《うむ》をもって人間と動物との区別の標識としたらよいだろうと言い、またある人は道具あるいは器具の使用の有無を準拠とするのが適当だろうと言う。私にはどちらがよいかわからない。しかしこの言語と道具という二つのものを、人間の始原と結びつけると同様に、これを科学というもの、あるいは一般に「学」と名づけるものの始原と結びつけて考えてみるのも一種の興味があると思う。

〔中略〕

道具を使うということが、人間以外にもあるという人がある。蜘蛛《くも》が網を張ったり、ある種の土蜂《つちばち》が小石をもって地面をつき堅《かた》めるのがそれだという。しかしそれは智恵でするのではなくて本能であると言って反対する人がある。それはいずれにしても、器具というものの使用が人類の目立った標識の一つとなることは疑いないことである。

そして科学の発達の歴史は、ある意味においてこの道具の発達の歴史である。

古い昔の天測器械や、ドルイド（古代ケルト人の宗教）の石垣などは別として、本当の意味での物質科学の開けはじめたのは、フロレンスのアカデミーで寒暖計や晴雨計などが作られて以後と言ってよい。そして単に野生の木の実を拾うような「観測」の縄張りを破って、「実験」の広い田野《でんや》をそういう道具で耕しはじめてからのことである。ただの「人間の言語」だけであった昔の自然哲学は、これらの道具の掘り出した「自然自身の言語」によって内容の普遍性を増していった。質だけを表わす言語にかわって、数を表わす言語の数が次第に増していった。そうして今日の数理的な精密科学の方へ進んで来たのである。

言語と道具が人間にとって車の二つの輪のようなものであれば、科学にとってもやはりそうである。理論と実験――これが科学の言語と道具である。

（池内了編『科学と科学者のはなし――寺田寅彦エッセイ集』岩波少年文庫、二〇〇〇年）

［作者プロフィール］寺田寅彦（一八七八―一九三五）。物理学者、随筆家、俳人。旧制高校、五高で夏目漱石に学び、文学に開眼する。専門の物理学の幅広い業績以外にも、科学と文学を橋渡しする数多くの随筆を残した。文章としては確認されていないが、「災害は忘れた頃にやってくる」の作者とされている。

［解説］文例はエッセーの冒頭と最後の部分である。〔中略〕で示した部分では次のような議論が展開されている。

言葉は世界を分節する。寺田の言い方では言葉によって「「類概念」が構成され」る。類概念は「知識」であり、知識は「分類」され、最後には「法則」としてまとめられる。これが言語の視点から見た科学の足取りである。

こうした考え方を背景にして文例は、科学のスタンスを明快簡潔に説明している。この文章の背後にヨーロッパ文明の歴史が透けて見える。たとえばアリストテレスは「万学の祖」として自然学の研究にも関心を集めたが、それはあくまでも「テオリア」(観想の学)、思弁の学問以外のなにものでもなかった。たとえば「落体の法則」。ヨーロッパではアリストテレスの権威で「重いものほど速く落ちる」と永いあいだ信じられていた。しかしながらガリレオは、この考え方に疑問を抱いた。重いものも軽いものも本来同じ速度で落ちるはずではないか(後年、このことは、空気抵抗がゼロになる真空状態を人工的に作り出せるようになり、実験によって確かめられた)。

ピサの斜塔の天辺から重さの違う二つの鉄の玉を落としたというエピソードは後人の粉飾らしいが、実験の重要性を説く例話としてはよくできた話である。ガリレオは「人間の言語」(思弁)に頼る科学の限界を見とどけ、「自然自身の言語」(数学)を解読することを目ざした。ガリレオの言い方を借りれば「自然の書物は数字で記されている」のだ(『偽金鑑識官』)。自然と語るのか、自然について語るのか——これが古代の科学と近代の科学を分かつポイントである。

26

❖寺田寅彦「破片（七）」より

◉最新の巨大な汽船の客室にはその設備に装飾にあらゆる善美を尽くしたものがあるらしい。外国の絵入り雑誌などによくそれの三色写真などがある。そういう写真をよくよく見ていると、美しいには実に美しいが、何かしら一つ肝心なものが欠けているような気がする。それが欠けているためにこの美しい部屋が自分をいっこうに引きつけないばかりか、なんとなく憂鬱に思われてしかたがない。何が欠けているかと思ってよく考えてみると、「窓」というものが一つもない。

窓のない部屋はどんなに美しくてもそれは死刑囚の独房のような気がする。こういう室に一日を過ごすのは想像しただけでも窒息しそうな気がする。これに比べたら、たとえどんなあばら家でも、大空が見え、広野が見える室のほうが少なくも自由に呼吸する事だけはできるような気がする。

汽船でも汽車でも飛行機でも、一度乗ったが最後途中でおりたくなっても自分の自由にはおりられない。この意味ではこれらは皆一種の囚獄〔牢獄〕である。しかし窓から外界が見える限り外の世界と自分との関係だけはだいたいにわかる、もしくはわかったつもりでいられる。これに反して窓のない部屋にいるときには外界と自分とのつながりはただ記憶というたよりない連鎖だけである。しかし外界は不定である。一夜寝て起きたときは、もうその室が自分を封じ込んだまま世界のいずこの果てまで行っているか、それを自分の能力で判断する手段は一つもないのである。

こんなことを考えてみてもやっぱり「心の窓」はいつでもできるだけ数をたくさんに、そうしてできるだけ広く明けておきたいものだと思う。

（小宮豊隆編『寺田寅彦随筆集　第五巻』岩波文庫、一九六三年）

［作者プロフィール］↓文例25

［解説］文例は科学者の観察眼の鋭さが窺える文章である。

この文章の展開は「帰納」論証である。いくつかの例から触発されてアイデア（結論）が引き出されている。いくつかの事例で窓がないとなにかと不都合であると判断した。そこから一つの結論（主張）に想到したわけである。

はじめは窓のない乗り物が話題になったが、しだいに「窓のない部屋」に焦点が絞り込まれる。「窓のない部屋」にいると人間は正確な判断ができなくなる。「心の窓」は心を部屋に見立てた比喩（メタファー）を踏まえている。心は部屋である。心としての部屋の、その窓ということだ。とてもいい文章である。最後の「心の窓」という比喩が実に剴切である。

---

27 ❖南方熊楠「ロンドン書簡」より

◉電気が光を放ち、光が熱を与うるごときは、物ばかりのはたらきなり（物理学的）。今、心がその望欲をもて手をつかい物を動かし、火を焚いて体を煖《あたた》むるごときより、石を築いて長城となし、木をけずりて大堂を建つるごときは、心界が物界と雑《まじわ》りて初めて生ずるはたらきなり。電気、光等の心なきものがするはたらきとは異なり、この心界が物界とまじわりて生ずる事（すなわち、手をもって紙をとり鼻をかむより、教えを立て人を利するに至るまで）という事にはそれぞれ因果のあることと知らる。その事の条理を知りたきことなり。仁者《にんじゃ》試みに手をにぎり合わせて右手をもって左手をついてみよ。左手がつかるる感覚よりいわば、右手は物にして左手は心なり。右手の感覚よりいわば、右手は心にして左手は物なり。洋人を始めて見たときは何やらわけ分からず。されど外邦に久しくおりて、たちまち日本人を見れば日本人もまたおかしなものに見ゆる。これを要するに、一の洋人も日本人も居る地にありて観察すれば何のところが異なるか何のところが同じきか等、一体の事の知らるるものなり。今の学者（科学者および欧州の哲学者の一大部分）、ただ箇々のこの心この物について論究するばかりなり。小生は何とぞ心と物とがまじわりて生ずる事（人界の現象と見て可なり）によりて究め、心界と物界とはいかにして相異《あいこと》に、いかにして相同《あいおな》じきところあるかを知りたきなり。

（中沢新一編『南方マンダラ』河出文庫、一九九一年、強調原文）

[語注]◇望欲＝欲望◇教えを立て＝教えを世に示して◇仁者＝漢訳仏典で、対称の代名詞のように用いられる仏語。相手を呼ぶ語。きみ、なんじ◇外邦＝外国

[作者プロフィール]南方熊楠《みなかたくまぐす》（一八六七―一九四一）。日本が生んだ型破りな大博物学者（植物学者）、別名「歩く百科事典」。若い頃、米英に遊学、特に大英博物館で研究に従事した。帰国後、故郷和歌山に帰り、在野の研究者として活躍した。数々の奇行も伝えられている。

[解説]南方熊楠は西欧的知の限界をしっかりと見とどけている。文例の理解に資するために熊楠の思想を敷衍しておこう。

熊楠がここで俎上に載せているのは「事」である。「事」とは何か。それは、「心」と「物」が交わって生じる「或るもの」である。あらゆるものは「心」と「物」の結節点で「事」として現象する。だとすれば「心」または「物」を別個に分析しても「事」の本質に肉薄することはできない。まさしくここに、西洋流の学問の限界がある。「物界」（外的世界）は因果律が支配していて、なるほど因果応報という現象が見られる。しかしながら、「心界」（内的世界）もまた固有のメカニズムが作動していて、一筋縄ではいかない面妖な世界だ。しかも、心界と物界はつながっていて、お互いに共鳴し、影響し合っている。「事」（現象）は「心」と「物」が織りなすダイナミックスの所産である。

だが「事」の真相とはいったい何か。この設問に対して、熊楠は「縁」（セリー）の論理を提起する。

28 ❖森鷗外「かのやうに」より

「今日の科学、因果は分かるが（もしくは分かるべき見込みあるが）縁が分からぬ。この縁を研究するがわれわれの任なり。しかして、縁は因果と因果の錯雑して生ずるものなれば、諸因果総体の一層上の因果を求むるがわれわれの任なり。」（『南方マンダラ』強調原文）

さまざまな因果が交錯し、縁を織りなし、織り成された縁がまた別の縁の機縁となる。ところで、縁には二つのタイプが考えられる。縁があっても後になんの結果も残さない場合がある。たとえば行きずりに出会った男女が言葉を交わしただけで、それっきり別れたケース。もう一つは行きずりに出会った男女が愛し合うようになるケース。このように重大な結果（事）を引き起こす縁はとくに「起」と呼ばれる。

すべての縁が「事」を起こすわけではない。訪れた縁をその当事者がどう受けとめるかによって「事」は起こったり、起こらなかったりする。その決め手は、当事者の縁に対するスタンスである。「事」の起こり方は「心」（主観）の判断に左右される。つまり、「心のとめよう、体にふれようで」「事」は起こる。「袖振り合うも他生の縁」、その縁を生かすも殺すも、あくまでも当人の応援しだい。しかも「事」は、関係した人間の人生を大きく変えることになるのだ。

◉秀麿《ひでまろ》は語を続《つ》いだ。「まあ、かうだ。君《きみ》がさつきから怪物々々と云《い》つてゐる、その、かのやうにだがね。あれは決して怪物ではない。かのやうにがなくては、学問もなければ、芸術もない、宗教もない。人生のあらゆる価値のあるものは、かのやうにを中心にしてゐる。昔の人が人格のある単数の神や、複数の神の存在を信じて、その前に頭《あたま》を屈《かが》めたやうに、僕《ぼく》はかのやうにの前に敬虔に頭を屈める。その尊敬の情は熱烈ではないが、澄み切つた、純潔な感情なのだ。道徳だつてさうだ。義務が事実として証拠立てられるものでないと云ふこと丈《だけ》分かつて、怪物扱ひ、幽霊扱ひにするイブセンの芝居なんぞを見る度《たび》に、僕は憤懣に堪へない。破壊は免《まぬか》るべからざる破壊かも知れない。併《しか》しその跡《あと》には果してなんにもないのか。手に取られない、微《かす》かなやうな外観のものではあるが、底《そこ》にはかのやうにが儼乎《げんこ》として存立してゐる。人間は飽くまでも義務があるかのやうに行《おこな》はなくてはならない。僕はさう行《おこな》つて行《い》く積りだ。人間が猿から出来たと云ふのは、あれは事実問題で、事実として証明しようと掛かつてゐるのだから、ヒポテジスであつて、かのやうにではないが、進化の根本思想は矢張かのやうにだ。生類《せいるゐ》は進化するかのやうにしか考へられない。僕は人間の前途に光明を見て進んで行《ゆ》く。祖先の霊があるかのやうに背後《うしろ》を顧《かへり》みて、祖先崇拝《そうはい》をして、義務があるかのやうに、徳義の道を踏んで、前途に光明を見て進んで行《ゆ》く。さうして見れば、僕は事実上極蒙味《ごくもうまい》な、極《ごく》従順な、山の中の百姓と、なんの択《えら》ぶ所《ところ》もない。只《ただ》頭がぼんやりしてゐない丈《だけ》だ。極《ごく》頑固な、極《ごく》篤実な、敬神家や道学先生と、なんの択ぶ所もない。只《ただ》頭がごつごつしてゐない丈だ。ねえ、君、この位《くらゐ》安全な、危険でない思想はないぢやないか。神が事実でない。義務が事実でない。これはどうしても今日《こんにち》になつて認めずにはゐられないが、それを認めたのを手柄にして、神を瀆《けが》す。義務を蹂躙する。そこに危険は始《はじめ》て生じる。行為は勿論、思想まで、さう云ふ危険な事は十分撲滅しようとするが好《い》い。併《しか》しそんな奴の出て来たのを見て、天国を信ずる昔に戻さう、地球が動かずにゐて、太陽が巡回してゐると思ふ昔に戻さうとしたつて、それは不可能だ。さうするには大学も何も潰《つぶ》してしまつて、世間をくら闇《やみ》にしなくてはならない。黔首《けんしゅ》を愚にしなくてはならない。それは不可能だ。どうしても、かのやうにを尊敬する、僕の立場より外に、立場はない。」

（『鷗外全集　第十巻』岩波書店、一九七二年）

［語注］◇儼乎として＝いかめしく◇ヒポテジス＝hypothesis 仮説◇蒙昧＝暗いこと。転じて愚かで道理にくらいこと。無知◇黔首＝人民、庶民

［作者プロフィール］↓文例14

［解説］秀麿は五条子爵の息子、勉強好きで学習院から文科大学へ進み、歴史に興味を示す。卒業後すぐにドイツへ三年間留学し、「書物をむやみに沢山持つて、帰つて来た」。綾小路は秀麿と学習院の同期で、画家をめざし大学に進まずパリに遊学した。彼は目と耳で生きている人間だが、頭脳は明晰だ。歴史の研究をして日本に戻ってきた秀麿の家に時々たずねてきて話し込む。今日もいつものようにぶらりとやって来たが、目ざとくテーブルの上に開かれた『かのやうにの哲学』という書名の部厚い書物に目を留めて、どんなことが書かれているのかと質す。秀麿はその本の主張は自分の考えを代弁していると断ってから説明をはじめる。この世のすべてのものは客観的に真なるものとは言えず、「かのやうに」として現象するに

すぎない。そして、くだんの哲学の核心を要約することになるのだが、それが文例である。

秀麿の考え方は作者、鷗外を代弁していると考えて差し支えないだろう。鷗外は確固たる哲学を求めていた。しかし彼の冷徹な目には、すべてが満足できないものとして映った。鷗外は「自分は永遠なる不平家である」と考えた（「妄想」）。行きずりに尊敬すべき「師」に出会わなかったわけではないが、心底心服することのできる「一人《いちにん》の主《しゅ》にも逢はなかつた」（同）。では、どうすればいいのか。「resignation の説」（諦念思想）に奔るのか。そうではない。「どんなに巧みに組み立てた形而上学でも、一篇の抒情詩に等しい」と恬然と割り切ってしまえばいいのだ。「一篇の抒情詩」があまりにも文学的というのであれば、「作業仮説」と呼び直しても差し支えないだろう。

秀麿＝鷗外の立ち位置を科学の話にことよせて敷衍すれば以下のようになる。

因果性という概念は単純化したモデルである。因果性は作業仮説である。

自然の世界には物質の論理が貫徹し、決定論的法則が支配している。ただ、われわれはその法則がいかなるものかを純客観的には知りえない。事象と事象は或る関係を取り結んでいる。事象と事象は依存関係にある。なんらかの決定因が働いていることは間違いない。しかし複雑すぎて、われわれにはそれをしかと突き止めることができない。

原因と結果の間に想定される関係を、仮に「因果連関」と呼ぶことにする。因果連関という考え方は、確かに存在するはずの人智を超えた、世界の決定論的メカニズムに肉薄するための作業仮説である。単純化されたモデルである。アバウトな暗号解読格子である。ニーチェの有名なことばをもじっていえば「因果連関とは、ある種の動物、生き物がそれがないと生きていけない誤謬のことである」かもしれない。

　このことはなにも因果連関に限らない。因果連関の基にあるのは時間性（時の流れ）であるが、この時間概念じたいが現代物理学の公式的見解では否定されている。世界は無根拠であり、科学はなにも証明しない。このあたりの消息を、アメリカの文化人類学者グレゴリー・ベイトソンは次のように述べている。

「科学には仮説を向上させたり、その誤りを立証したりすることはできる。しかし仮説の正しさを立証することは、完全に抽象的なトートロジーの領域（論理学・数学）以外では、恐らく不可能である。純粋論理の世界では、これこれの仮定なり公理の下でこれこれのことが絶対に成り立つ、という言い方も可能である。しかし〝知覚される〟事柄や知覚から帰納される事柄の真実性となると、話は変わってくる。」（佐藤良明訳『精神と自然　改訂版』新思索社、二〇〇一年）

　こうした立ち位置はプラグマティズムに近い。絶対的真理を認めず、事象（対象）を多角的に具体的に分析し、その分析結果（仮説＝理論）が問題の事象を整合的＝合理的に説明できるのであれば、その「実際的効果」（チャールズ・サンダース・パース）を認めて、とりあえずの真理と措定する。そして暫定的真理（作業仮説）をあたかも真理であるかのように認定してふるまう。「因果連関」とはそうした暫定的真理＝作業仮説にほかならない。人は時に「蓋然的な真理」で満足しなければならないのだ。

❖中谷宇吉郎「語呂の論理」より 29

◉「雪中の虫」の説はなかなかの傑作である。凡《およ》そ銅鉄の腐るはじめは虫が生ずるためで、「錆《さびる》は腐《くさる》の始《はじめ》、錆《さび》の中かならず虫あり、肉眼に及ばざるゆゑ」人が知らないのであるが、これは蘭人《らんじん》の説であるという説明があって、その次に「金中猶虫《かねのなかなおむし》あり、雪中虫無《ゆきのなかむしなから》んや」というのが出て来るのである。

「雪中虫無んや」の話は、その時は大笑いになって済んでしまった。そして西洋の自然科学風な考え方の洗礼をまだ受けていない頃のわれわれの祖先の頭の中をちらと覗いたような気がして大変愉快であった。ところがその後《ご》よく注意していると、この語呂の論理は案外現代にも色々の所ですました顔をして通用しているということに気がついた。特に驚いたことには、ちゃんとした現代科学の学会の討論などにも、時々は「金中猶虫あり、雪中虫無んや」と全く同じ論理が出て来ることがあるのである。もっともそういう論をする人を、徳川時代の頭の人と言おうというのではない。恥《はずか》しい話であるが、現在の我国の科学界は世界の水準を抜いているように新聞や雑誌などに時々書かれていることもあるが、それはどうも余所眼《よそめ》の話で、本当に内部に入って、その学問的地位を冷静に考えて見ると、まだまだ日本の学問は世界的の水準に達していないと私には思われる。少し極端にいえば、外国に柿《かき》に種が六つあるという論文が出ると、梨には八つあるという論文が日本で一、二年後に出るような程度のことがまだかなり多いのである。それから見たら、語呂の論理でも何でも、とにかく一つの見識を持とうというのはまだ良い方であるのかも知れない。

この三、四年来、日本の気候医学の方面で、空気イオンの衛生学的研究が一部で盛《さかん》に始められた。或る大学の研究室では、陰イオンが、喘息や結核性微熱に対して沈静的に作用するという結果を得て、臨床的にも応用するまでになっていた。そして陽イオンはそれと反対に興奮性の影響を与えるということにされていた。ところが他の大学の研究では、イオンの生理作用は、陰陽共に同一方向の影響があって、ただその作用の程度が、イオンの種類によって異《こと》なるという実験的結果が沢山出て来た。それで学会で、これらの二系統の論文が並んで発表された時には、勿論盛な討論が行われた。或る理由でその席上に連《つらな》っていた私は、その方面とはまるで専門ちがいなので極めて暢気に構えて、その討論を聞いて面白がっていた。その中にはこういうのもあった。「陰イオンが沈静的に働くということは、既に臨床的にも沢山の例について確証されている。これは実験的の事実である。それが事実とすれば、陽イオンがその反対に、興奮的に作用するということもまた疑う余地がない」という議論が出て来たのである。これなどは、正《まさ》しく語呂の論理の適例であろう。もっともこういう立派な学会での討論を「雪中虫無んや」と内容的に同じものというのでは決してないが、論理の形式が同型のものであることは認められるであろう。勿論、実際は陰イオンが沈静的に働き、陽イオンが興奮的に作用するという研究結果を得られて、その事実を発表しようとされたのであろうが、それを聴衆に納得させようとい、、、した時に、不用意のうちに、われわれの祖先の持っていた表現形式が出て来たのであろう。こういう風に見ると、語呂の論理は日本人の頭の奥底にかなり強い一つの思想形式として今もなお残っているものと見るべきであろう。

（樋口啓二編『中谷宇吉郎随筆集』岩波文庫、一九八八年）

［作者プロフィール］ 中谷宇吉郎《なかやうきちろう》（一九〇〇―一九六二）。物理学者、随筆家。学生時代、寺田寅彦に師事。雪の結晶を研究し、世界で初めて人工雪の作出に成功。雪氷学に大きな業績を残した。科学啓蒙のための随筆も多い。

［解説］ ここに写したのは、雪と氷の研究で知られる世界的物理学者、中谷宇吉郎の文章である。ちなみに昭和十三（一九三八）年に書かれたエッセーから採った。

中谷は江戸時代後期の随筆家、鈴木牧之《ぼくし》（一七七〇―一八四二）の『北越雪譜』のなかに見られる「論理」を面白く思い、ある集まりで紹介した。するとそこに居合わせた友人から、同書のなかで見過ごしてしまっていた好例を教えられた。「金中猶虫《かねのなかなおむし》あり、雪中虫無《ゆきのなかむしな》からんや」である。

ご覧のとおり文例は達意の文章であり、具体例の出し方も適切であり、論の展開もかっちりしていて、文章という観点からは申し分のないものだ。だから以下で問題としたのは、あくまでもこの文章に触発されて紡ぎ出された私の断想である。

この文章は私たちをして、科学的な論証（論理学）と日常的な論証（説得術）の違いを考えさせる。

まず私たちは日常的な論証の限界を思う。中谷はそれを「語呂の論理」と呼んでいる。いうところの「語呂の論理」は必ずしも分明とは言いかねるけれども、コンテクストから判断するとどうやら科学的=実証的でない、説得のための論理といったようなものを指しているらしい。ただ、等しく「語呂の論理」とは名指しているけれども、気をつけて観察するとその意味するところは幅があって、二つの論証をカバーしているようである。

まず「金中猶虫あり、雪中虫無んや」から俎上に載せることにしよう。ここで展開されている議論の道筋を分かりやすく図式化すれば次のようになる。

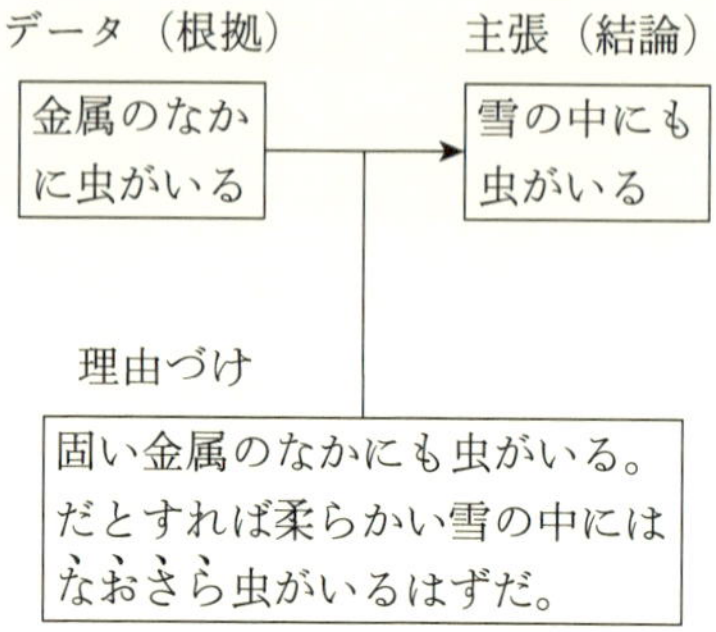
データ（根拠）
金属のなかに虫がいる
主張（結論）
雪の中にも虫がいる
理由づけ
固い金属のなかにも虫がいる。だとすれば柔らかい雪の中にはなおさら虫がいるはずだ。

ここに使われているのは「なおさら - 論証」である。この論証は伝統的レトリックで「強い理由による論証」と呼ばれているものだが、アリストテレスは『弁論術』のなかで次の二つの例を挙げている。

（1）父親をさえ打つほどの者は、隣人を打つ。
（2）神々ですら一切を知らないのであれば、まして人間がすべてを知るなど、ほとんど不可能である。

（1）は「小なるもの（あり得ないもの）から大なるもの（あり得るもの）へ」、（2）は「大なるもの（すぐれているもの）から小なるもの（劣ったもの）へ」と推論を展開している。この二例の論証はギリシア時代においては強い説得力をもっていたはずだということは現代の私たちにもよく理解できる。現在でもそれなりの説得力はあるにちがいない。

だが、なおさら - 論証は科学的な議論ではまったく無力である。「金中猶虫あり、雪中虫無んや」を中谷が一笑に付したのは当然だ。ここはこのような「蓋然的」論拠に頼るべきではなく、客観的データを問題にすべき場面なのだ。客観的＝実証的データの前ではレトリック的論証（説得）は引き下がるほかはない。

客観的＝実証的データとはたとえばしかるべき実験や観察、統計、あるいは確かな証言、法規、物的証拠などだ。確実なデータがある場合には客観的事実をして語らしめればよい。

いたずらな言説は無用、レトリック的論証はその効力に限界があることを思い知るべきだ。

ただ科学者といえども人を説得する必要に迫られることはあるにちがいない。データ（根拠）に全幅の信頼を置いていてもより説得的でありたいと思ったときには科学者も人の子だ、やはりレトリックの誘惑に負けてしまうことがあるにちがいない。中谷の挙げた二番目の事例がそれに当たる。

中谷はこちらも「語呂の論理」と呼んでいるが、まったく別の論拠が使われている。「対当 - 論証」である。アリストテレスが「相反するもの」に基づく推論と呼んでいるもので、例として「節制あることはよいことである。なぜなら、放埒であることは害をもたらすから」が挙げられている。

ここでは放埒と節制が「対当」（正反対の関係）におかれている。節制がよいことを主張するために、節制の反対観念である放埒の悪いことが拠り所とされている。

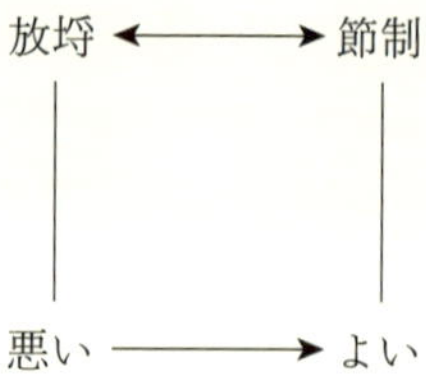

なおさら‐論証ほどではないが、この議論も日常的場面ではお目にかかる。たとえば反‐模範（反面教師）は対当‐論証に基づいている。教育ママが子供に、「お兄ちゃんは勉強しなかったからいい学校にはいれなかったでしょ」と言ったとしよう。ここには次のような論理が働いている。《勉強しなかったからいい学校にはいれなかった／勉強すればいい学校にはいれる（＝いい学校に入るには勉強すればいい）》これは「逆は必ずしも真ならず」で、誤謬推理である。ただ、（八十パーセント程度の）蓋然的な真理で満足する日常的議論では対当‐論証はそれなりの説得力をもつ。だからこそくだんの学会の発表者も、研究成果をよ
り説得的に聴衆に納得させようとしたとき、ついレトリックに頼ってしまったのだろう。彼はレトリックをあてにする必要は微塵もなかった。データに語らせればそれで十分だったのである。

レトリック的議論はいろいろと問題をはらんでいる。弱点も限界もある。「雪博士」の批判はいちいちもっともだ。ただ私たちとしては、そこに展開されている批判には根深い偏見があるように思われて仕方がない。「語呂の論理」を、「北陸の片田舎で育ち、西欧の自然科学的な物の考え方からすっかりかけ離れて生長した人」に特有のものと見なし、「何となく純粋に日本的あるいは東洋的なものという気がして大変面白かった」（これは文例の直前に出ている発言）、あるいは（文例末で）「こういう風に見ると、語呂の論理は日本人の頭の奥底にかなり強い一つの思想形式として今もなお残っているものと見るべきであろう」とコメ

ントしている点である。中谷にとっては日本人は昔も今も非論理的な考え方しかできない困った人間の集まりなのかもしれない。しかし、世界的に高名な科学者が日本人に特有と思い込んでいるらしい「語呂の論理」は、すでに説明したところからも明らかなように、別に日本人の専売特許ではない。「万学の祖」アリストテレスがつとに認定した折り紙つきの論法にほかならない。

ここでは高名な科学者の思い違いを鬼の首でも取ったように指弾することが本来の目的ではない。私たちが注目したいのは、なおさら－論証や対当－論証のような「蓋然的」論証の有効性、その普遍性なのだ。この論法はなにも日本人だけに固有の宿痾ではなくて西洋人にも、また広く人間に共通して見られる発想だということが肝腎なのだ。世の中は数学的＝科学的厳密性では立ちゆかないことがある。蓋然的真理で甘んじなければならないこともある。そういう意味でレトリック的論証とは「余りにも人間的な」営為なのである。

30 ❖中谷宇吉郎『科学の方法』より

◉紙の落ち方は、同じ落ち方を二度とはしないが、ほんとうのところは、鉄の球でも二度と同じ落ち方はしないのである。原理的には、両方とも同じことであるが、鉄の球の場合は、再現可能な要素が強く、不安定で再現困難な要素の影響が、測定の精度よりも小さくなって、測られないというだけのことである。鉄の球の場合は、九九・九九%まで説明できるのであるから、それでいいのではないかともいえる。しかしそれは、その程度で間に合うということであって、それがほんとうの自然の姿であるとはいえない。

しかし自然のほんとうの姿は、永久に分らないものであり、また自然界を支配している法則も、そういうものが外界のどこかに隠れていて、それを人間が掘り当てるというような性質のものではない、という立場をとれば、これがほんとうの自然の姿なのである。自然現象は非常に複雑なものであって、人間の力でその全体をつかむことはできない。ただその複雑なものの中から、科学の思考形式にかなった面を抜き出したものが、法則である。それで生命現象などのはいらない、比較的簡単な自然現象だけに話を限っても、現在われわれが科学と呼んでいるものでは、取り扱えない、あるいは取り扱うことが非常に困難な問題は、いくらでもある。実際のところ、自然界に起っている現象では、生命現象はもちろんのこと、物質間に起る簡単なように見える問題でも、厳密にいえば、同じことは決して二度とはくり返して起らない。そういう現象を、もし条件が全く一様ならば、同じことがくり返して起るはずであるという見方で、取り扱うのが、科学である。こういう見方であるから、もし同じ結果が出なかったら、原因はほかにあるのだろうとして、更に調べていくわけである。これがすなわち科学の見方である。もっとも別の見方もある。ほんとうの現象は、どんどん変化していって、二度と同じことはくり返されないという見方もできる。これは歴史の見方である。現象を歴史的に見るか、科学的に見るかというちがいは、ここにあるように思われる。

（中谷宇吉郎『科学の方法』岩波新書、一九五八年）

［作者プロフィール］→文例29

［解説］難しい科学の話をやさしく嚙み砕いて説明してくれる専門家は少ない。中谷はそうした得難い科学者の一人である。

自然は科学の目をとおして見られる。法則とか原理とはいっても、あくまでも人間の思考形式が読み取ったパターンである。現代人は科学は万能で、自然界の現象をすべて解明できる（可能性がある）と思い込んでいるが、とんでもない誤解だ。科学が対象とする、あるいはできるのは、ある限られた領野の現象である。言い換えれば、実験によって真か偽かが検証できる対象に限られる（ただし、実験には測定誤差がつきものなので百パーセントの精度は要求されないが）。これが自然現象に対する科学のスタンスである。

文例は鉄の落下と紙の落下をめぐる対応のなかに科学のスタンスの本質を見ている。『科学の方法』は一九五八年の出版である。しかし、現代科学はその後めざましい進展を見た。「紙の落下」を視野に取り込むように科学のスタンスはシフトした。「複雑系科学」の台頭である。

自然科学の分野で「カオス理論」（Chaos theory）と呼ばれる新しい学問がある。予測不可能な動きを示す現象を対象とする理論だ。ここでいう「予測不可能な」とは、単なる「でたらめ」とか「ランダム」を意味するわけではない。「カオス」とは決定論的な法則に従っているにもかかわらず結果が予測できない、非常に不規則な振る舞いをみせる現象、予測不可能で複雑な非周期運動のことだ。つまり、決定論という一定の規則のもとでの変化と動きで、正確には「決定論的カオス」と呼ぶべき現象だ。したがってカオス理論は確率論とはまったく関係がない。これまで、自然のなかの不規則な現象は規則に従わない（確率的）と考えられてきたが、不規則な現象のなかにも規則に従っているもの（カオス）があることが分かってきたのだ。

この現象を発見したのはアメリカの気象学者エドワード・ローレンツである。一九六一年のことだ。ある日彼は、コンピューター上で気象モデルを表現する「簡単な」微分方程式を解いていたが、一度目と二度目でまるで違う答えが返ってきたのだ。びっくりして彼が調べてみると0.506127と入力すべき初期値を0.506としていた。この万分の一以下のごくわずかの誤差が、結果としてとんでもない予想外の事態をもたらしたのだ。

このように初期値の誤差が時間の経過につれて拡大して、結果に甚大な影響を及ぼす性質を「初期値鋭敏性」と呼ぶ。この性質はカオスの大切な要件である。カオスはマクロの宇宙空間にも、ミクロの量子的空間にも目撃されるが、われわれの身の回りでもあちらこちらで見られる。たとえば、上に放り投げた野球のボールはニュートンの運動法則に従って軌跡を描くが、空気を抜きながらふらふら飛んでいく風船球の軌跡は予測できない。木から落ちる一枚一枚の葉がどこに落ちるかは決定できない。夏空の入道雲の動き、台風の進路、雪崩や竜巻の発生とその動き、地震の発生とその規模、市場の株価の変動、等々。カオス理論はこれまで偶然と思われていた現象にも規則性があることをわれわれに教えてくれる。確かに、この新しい理論はまだいろいろと問題点を抱えているように思われるが、われわれの前に新しい世界を繰り広げていることもまた確かである。

見方によれば、人生も「カオス」である。

ほんのささいなことがその人の人生を大きく変えることがある。カオス理論を逆に見れば複雑な物事もその由来をたずねれば単純な原因に起因するケースがあるということだ。「始めが肝心」という処世訓も、カオス理論の光の下では新しい意味を帯びてくるのではないだろうか。

31 ❖多田富雄「人権と遺伝子」より

◉「人権」というのを辞書で引くと、「人間が生まれながらにして持っている固有の権利、変更することも侵すこともできないもの」というような定義が出てくる。「生まれながらに」とか、「変更不可能で固有の」とか言われると、私のように医学生物学の研究をしている者には、まず「遺伝子」が思い浮かぶ。

人間の人間たる姿は、まず遺伝子によって決定される。人間がサルでもイヌでもないのは、遺伝子が違うからである。人間からは人間が生まれ、ニワトリの卵からは人間は生まれない。サルもニワトリもイヌも、それぞれ固有の遺伝子群を持っている。

それぞれの種を決定している遺伝子の集合体（全体）を、ゲノムという名前で呼んでいる。人間のゲノムの中には、約十万個ていどの遺伝子が含まれている。それぞれの遺伝子が一定の部位で、一定の順序で働き出すことによって、たった一種類の受精卵から眼や口や内臓などを持った複雑な人間の体が作り出される。

遺伝子の総体としてのゲノムは、それぞれの種に属する個体全員に共通に備わっており、それを変更することはできない。人間が人間の形をしているのは、この共通のゲノムの産物だからだ。これをゲノムの普遍性という。

普遍的なゲノムの構成は、人間であったら全員みな同じ、白人も黒人も黄色人種もちっとも変わらない。いまから五十万年ぐらい前に私たち現生人類の先祖がアフリカで生まれて以来、全く変っていないのだ。それを知れば、いかなる人種差別もなんの意味も持たないことが納得される。

しかし一方では、人間は一人ひとり少しずつ違う。背の高い人も低い人もいる。女と男。髪の多い人、薄い人。遺伝的な障害を持っている人、外見上は持っていない人。人間の持つさまざまな多様な性質も、遺伝子によって決定されている。こうした一人ひとりのわずかな差をゲノムの個別性という。

ゲノムの普遍性も個別性も、それぞれの人間が生まれながらにして持っている。変更することも侵すこともできない性質である。色が黒かろうと白かろうと、背が高かろうと低かろうと、たとえ障害を持っていようと、人間固有のゲノムの産物なのだから差別することはできない。

だいたい表面に現われないような遺伝子の異常などは、誰でも必ずいくつかは持っている。それを差別することは、自分が人間であることを否定することになる。

こうしたゲノムの普遍性と個別性の両方が、私たち人間を人間たらしめているのである。人権というのも、人間という普遍的な性質と同時に、一人ひとりの持つ固有の性格や特徴を認めることによって初めて成立するものである。現代の生命科学は、改めて遺伝子の側から人権を理解する道を開いているのではないだろうか。（多田富雄『独酌余滴』朝日文庫、二〇〇六年）

［作者プロフィール］ 多田富雄（一九三四―二〇一〇）。免疫学の世界的権威。五十を過ぎてから活発な執筆活動を展開し、『免疫の意味論』（一九九三）で大佛次郎賞、『独酌余滴』（一九九九）で日本エッセイスト・クラブ賞、『寡黙なる巨人』（二〇〇七）で小林秀雄賞を受賞した。

［解説］ 私は理系の著者の文章を読むのが好きである。もちろん、専門的な論文は敬遠するが、概説書やエッセーはよく繙読する。

なぜ文系の私が理系の文章に興味を示すかというと、自分のフィールドを出て新しい視点を得たいと思うからだ。それには、自分の関心となるべく遠いフィールドに身を置くことが捷径だ。当たり前のように思っていた問題に対して、エッこんな考え方もできるのかと驚くことがある。そんな思いがけない刺激がなんとも快い。

文例もそんな快いエッセーだ。人権問題にこんな切り口があるとは、正直いって思いも寄らなかった。また文章がすごい。日本語はこんなにも論理的で明晰な高みに達することができるのか。
この著者の文才は普通の文章にもよく示されている。
「父が普請好きだったので、子供のころはよく大工さんが家に入っていた。いつの間にか現われてはあちこちをきれいに直し、知らぬ間に立ち去ってゆく大工さんを、子供の私は尊敬していた。」（多田富雄「天使たちの昼下がり」『独酌余滴』）
「四時間も車をぶっとばして、ようやく石の遺跡にたどり着いた。自然石の間に切り石を積み上げた城壁を持つ小高い丘は、十一世紀ごろから四百年ほど栄えた王国の砦らしい。あえぎあえぎ岩のすき間を登って、砦の頂上に出ると四方のおだやかな風景がまあるく魚眼レンズで見たように浮かび上がった。住居跡や神殿も見える。」（多田富雄「グレート・ジンバブエの道」『独酌余滴』）
下線部（1）の主語の後出し。下線部（2）の関係代名詞的修飾語の処理と、その主語化の呼吸。実にうまいものである。

32 ❖永田和宏「体のなかの数字」より

●タンパク質はアミノ酸が繋がったものだということくらいは、高校の生物でかすかに習った記憶があるだろう。平均すると一個のタンパク質は数百個のアミノ酸が紐のようにつながっている。数百個のアミノ酸を、遺伝子に記された設計図どおりに順序正しくつないで一個のタンパク質を作る。そんなタンパク質を、個々の細胞が一秒間に数万個のスピードで作る。驚かないだろうか。

私たちの体全体の細胞では、一秒間にいったい何個のタンパク質が作られるのか。これは気が遠くなりそうだから、このあたりにしておこう。

少し話が細かくなりすぎた。もう少しイメージしやすい数を。

人間はいろんな管をもっている。代表的なものが消化管と血管。まず口腔《こうくう》から胃、小腸、大腸を通って肛門まで続く消化管。私たちは体の内部に、消化管という外部を蔵している。胃のなかは、実は外部なのである。

消化管の表面には粘膜があって栄養物の吸収を行っているが、できるだけ表面積を増やして吸収を効率的に行いたい。そこで、粘膜の襞を幾重にも折りたたみ、それでも足りないので絨《じゅう》毛《もう》、微絨毛と呼ばれる繊維をびっしり生やしている。こうして表面積を稼ぐ。長さ五、六メートルにもなる小腸の表面積たるや、一枚にひろげるとテニスコート一面分にもなるという。私たちの体はテニスコートをも抱え込んでいる！

血管のほうはもっとすごい。毛細血管まですべて合わせると、その総延長はなんと十万キロメートル。地球を二周《ふたまわ》り半もすることになる。

さてもう一度細胞にもどろう。細胞にも寿命がある。寿命は細胞の種類によって千差万別だが、私たちの身体全体としては平均して、一日に約二％の細胞が入れ替わっていると言われる。

神経細胞のようにほとんど入れ替わりのない細胞もあるが、一年もすると、私たちの体を作っているほぼすべての細胞が別物に入れ替わっているはず。

それでも私は私と信じて疑わないし、去年の恋人は今年もやはり恋人のままであろう。〈私〉とは何かという哲学はさて置き、状況はちょっと、私が阪神タイガースのファンであるという状況と似ていなくもない。十年前の阪神といまの阪神では、ほとんどの選手が入れ替わっている。監督も然り。もう四十年以上も阪神ファンである私は、いったい何を応援してきたのか。その〈何〉に当たるものは、実体としては何もない。あたかも十年前の〈私〉と同じ細胞はほとんどないと言うに等しい。

私たちの体のなかの数字を辿《たど》ってみれば、まだまだおもしろい問題が山ほどころがっている。

（永田和宏『もうすぐ夏至だ』白水社、二〇一一年）

［作者プロフィール］ 永田和宏（一九四七—）。細胞生物学者。すぐれた歌人で、宮中歌会始詠進歌選者でもある。

［解説］ 生物の細胞を話題にしたエッセーであるが、文章の全体がやわらかい。語りかけるような調子である。

専門的な話題を専門的に話すことは割りに楽だ。相手は予備知識をちゃんと持っている。いくら小難しいテクニカルタームを振り回してもいっこうに構わない。だが、相手が門外漢だと、そうは問屋が卸さない。基本的な知識や概念もいちいちかみ砕いて説明しなければならない。一般読者と専門化を橋渡しする「科学ジャーナリズム」が求められるゆえんである。

筆者の目線は読者目線である。細胞生物学ならではの「気が遠くなりそう」な膨大な数字が問題になれば、「驚かないだろうか」と読者に対して同意を求める。これはレトリックでいうところの「設疑法」。返答を予想しない、強調のための「修辞的」疑問だ。そしてさっそく、具体的な例を挙げて、体内（実は体外）の表面積に注意をうながす。たとえば小腸。その長さは五、六メートルにも達するというが、さらに驚かされるのは、吸収の実効を最大限に高めるためにその粘膜の襞をできるだけ折りたたみ、おまけに、さらに繊毛まで装備して、その表面積はなんとテニスコート一面分。「私たちの体はテニスコートをも抱え込んでいる！」この感嘆符付きのコメントは普通なら、あまり品のよろしくない記号の使い方であるが、ここでは実にところを得ている。このあとにはとどめを刺すように、もっと凄い「地球を二周り半もすることになる」血管の例が追加される。長さのたとえにテニスコートや地球を引合いに出すセンスの良さに歌人の目が光っている。

人間の体内器官の「数字」のミステリーで驚かせたあと最後に（このエッセーの最後でもある）、話題を本筋の細胞の「新陳代謝」に戻す。われわれは生まれてから死ぬまで持続的な「私」（自己）だと思い込んでいるが、細胞学的には「一年もすると、私たちの体を作っているほぼすべての細胞が別物に入れ替わっているはず」だという。その衝撃を阪神タイガースファンの自分になぞらえている点が人間味があって温かい。

すでに指摘したように、全体として話題の専門性（まじめさ）に比して語り口がくだけている。傍線を引いた「体言止め」「設疑法」「感嘆符」「話し言葉」にそのことがよく示されている。「硬」と「軟」が絶妙に取り合わされている文章である。

33 ❖佐藤文隆「中国の天文」より

◉太陽や月、それに夜空を彩る星も身近な自然の一部を構成する。ただし野山の自然などと違って五感にはあまりインパクトの大きいものでない。もちろん太陽は強烈だが変化がないので機械仕掛けのイメージである。夜空には微かではあるが季節による星座の変化がある。しかし意識して学ばねば気づかない変化である。われわれが毎日関わっているのは太陽や夜空の見え方を決めている気象の方である。しかし、西洋でも東洋でも天文は暦と政《まつりごと》の形而上学として、医学と並ぶ古い実学である。このため天文については中国からの輸入学問が始めから支配していた領域であった。そのためか、それともあまりにも微かで変化に富まないものであったためか、純国産の天文についての言葉はあまりない。言葉の数は興味の持ち方の程度を表す。また外来文化に憧れた古代に天文は形而上学としての役割をもたされて輸入されたため、自然愛の対象ではなかったのかも知れない。

中国での天文学は、地上での異変のメッセージを予め読みとるためのものであった。このため天の異変の記録が綿密に残されている。それに対して西洋では、天は普遍を象徴するものであったから規則正しいあり方が精密に測られ、それを乱す異変は天上の現象ではないとして無視される傾向にあった。精密な規則性の測定が円軌道と楕円軌道の区別などを見つけ、ニュートンの力学と重力論まで向かうデータを用意した。それに対して中国の異変のデータはこのためには寄与しなかったが、新星や超新星の爆発の年代を知る貴重なデータとして、現代の宇宙物理に役立っている。学問的には完全に中国流な視点においてではあるが、藤原定家の『明月記』という日記に新星の記述がある。現代天文学が観測する星雲の多くは超新星爆発で生じたものである。

（佐藤文隆『科学と幸福』岩波現代文庫、二〇〇〇年）

［作者プロフィール］佐藤文隆（一九三八―）。専門は理論物理学。とくに宇宙論と一般相対論を専攻する。科学の面白さを一般の読者に伝える啓蒙的著作も多い。『アインシュタインが考えたこと』（一九八一）『火星の夕焼けはなぜ青い』（一九九九）『職業としての科学』（二〇一一）など。

［解説］たとえばよく晴れた冬の日に夜空を眺める。澄み渡った満天にはあまたの星が冴え冴えときらめいている。美しい。しかし昔の日本人は夜空に散らばる星をながめても、星の動きを観察したり、想像力を羽ばたかせて星の表象を結んだりしなかった。そこに「関係」も見なかったし、「形」も見なかった。

日本人は星に興味を示さなかった世界でも珍しい民である。いや、牽牛と織女の物語を思い描いたではないかという反論がすぐ出てきそうだが、あれは大陸文化の影響によるもので、わが国に土着のものではない。日本人は目に見えるもの、地上のものにしか関心をもたない

「超」現実主義的な国民である。

星は地上とは関係が薄いが、太陽と月は形も大きいし、その光を地上に落としている。天上のものではあるが、さすがに日本人も無関心ではいられなかった。太陽は日の出と日没が特に注意を引いたが、動きが大まかなのと、そのインパクトが強すぎて美的対象にはなりにくかったようだ。しかし、その力強さ故に信仰の対象にはなりえた。

月の場合はどうだろうか。

日本人はその「弱さ」に惹かれた。「雪月花」という言い方がある。月はその光が地面に影を落とす。月影である。陽光に比べて陰影に富む。またその形も、日に日に少しずつ変化してゆく。日本人は美的対象として月に関心を示した。

話は変わるが、天文学は西洋でも東洋でも暦と政《まつりごと》に深く関わる実学で、大変重要な役割を果たしていた（日本では中国からの輸入学問にしかすぎなかった）。しかし同じく天文学といっても東西で異なる点が一つ、それも決定的な差異があった。星の動きに対する関心のありかたである。このことについての答えが文例である。なぜ西洋では科学が発達し、東洋で発達しなかったか。その答えが文例にほのめかされている。原理・原則（必然性）へのこだわりの有無である。

❖藤原正彦「数学と文学」より

34

◉数学は自然科学の一分野として一般に考えられているが、私は必ずしもそれに同意していない。数学が自然科学の諸分野に不思議なほど効果的に利用されてきた、という歴史的事実があるに過ぎない。物理学等の要請を受けて数学が発展することもあるが、多くの場合、数学者は実際的応用などは考慮せずに数学を創り上げている。とは言え、論理的に正しいというだけのことを無闇に創っている訳ではなく、やはりある種の価値基準に従って進んでいる。通常、理論の価値はその美しさによって決まると言ってよい。論理を追っただけの人為的な数学は何故か美しさに欠けているし、また不可解なことだが、美しいものに限って、後になって応用面での高い価値が見出されたりする。数学における美しさがどんなものであるかは、その高度な抽象性により小文では説明しがたい。しかし、数学でも詩でも音楽でも、美しいものには共通の感動があると言える。それは音楽の調べで、ただ一つドをレにしても、また詩や俳句、和歌において、たった一つの言葉を何か他のもので置き換えただけでも、全体が駄目になってしまう、というような際どい緊張感である。複雑な部分部分が、はりつめた糸で結ばれ、見事に統一され、玲瓏《れいろう》とも言うべき調和の世界を作り上げている。そこには美の極致とさえ呼べるものがある。この点では、数学は自然科学より芸術に近い。いくばくかの文学者を惹《ひ》きつける引力の正体は、数学の内包する底知れぬ美と調和なのかも知れない。

（藤原正彦『数学者の言葉では』新潮文庫、一九八四年）

［作者プロフィール］ 藤原正彦（一九四三―）。数学者、エッセイスト。両親は新田次郎と藤原ていで、ともに作家。両親の血を引いたものか、文才に恵まれ、専門の仕事以外に『若き数学者のアメリカ』『祖国とは国語』など多数のエッセーを発表する。日本の伝統的な倫理を唱道した『国家の品格』は大ベストセラーとなった。

［解説］ 一口に「自然科学」とはいっても抽象的な「数」を純理論的に追求する数学は、「物質」のメカニズムの解明を目ざす物理学や化学などとは一線を画しているようだ。そのことを踏まえながら、藤原は数学と詩の親近性を指摘している。文例の直前で、文学者で数学に、数学者で文学に深い関心を寄せる例があることを指摘している。フランスの文学者ポール・ヴァレリーの名が特に挙げられている。文例末はヴァレリーへの言及である。

しかしながら、二つの領域でめざましい仕事をしている人は「皆無に近い」。こうした状況を踏まえて文例は、数学（科学）と詩（文学）のあいだに存在する「引力と壁とは一体どんなものなのだろうか」という疑問に答えている。

「数学における美しさがどんなものであるかは、その高度な抽象性により小文では説明しがたい」と藤原が説明を控えた「美しさ」について、やはり二つの領域（医学と文学）で活躍した加藤周一が少し異なる観点から出発して同じような結論に達しているのが興味深い。「自然のなかに含まれている法則の秩序は、美しく、調和的で、美的感動をよびさます。もしその世界秩序というものが美しくなかったら科学者の喜びは半減するでしょう。〔中略〕しかし、その美しさの性質は、感覚的に美しいというのとちょっとちがう。もっと抽象的な、知的な秩序の美しさということになるでしょう。たとえば古典熱力学の体系は、秩序整然としていて、それが役立つか役立たないかに係りなく、実に美しいといったようなものです。

また人間の体のなかで神経系統の構造はたいへんきれいにできていています。例外のないいくつかの法則があって、見事にできている。その秩序だった構造をふまえると、たとえば神経障害がどこにあるかということを診断するときにもたいへん役立つ。神経病の診断学も美しい秩序の一つでしょう。」（加藤周一「科学と文学」）

「真理は美しい」――これは人を勇気づける命題だ。しかし数学（科学）と詩（文学）には根本的な違いがある。その違いを藤原は文例の先のところで「数学は、原則として「全か無」の世界である」のに対して「文学では、完成度が問題となる」と立言する。言い換えれば数学の世界は成功と失敗がはっきりしていて常に「真」だけが生き残り、そこには「進歩」がある。時間とともに「真理」は完璧なものになる（ことを目ざす）。だから科学的真理は昔よりは現在のほうが優れている。しかし文学についていては個々の仕事ぶり、出来栄えが問題になるだけだ。「未完成交響曲」とか「偉大なる失敗作」さえ評価されることがある。完璧（証明）ではなくて「出来栄え」（価値）が物差しだからだ。「伝統」はせいぜい参照すべき指針であり、文学には「進歩」はありえない。刻下の現代劇がギリシア悲劇の後塵を拝するということはありうる。進歩思想の落とし子であるマルクス主義の文学理論が暗礁に乗り上げてしまったのは、けだし当然である。

現在、文学は変に萎縮している。弱腰である。しかし一方で、文学を理解する数学者（科学者）も少なくない。混迷する時代だからこそ、「真か偽か」で割り切れない世界（曖昧さ）を問題にする文学的想像力の復権を考えるべきだろう。

35 ❖國分功一郎『暇と退屈の倫理学』より

◉盲導犬を一人前に仕立て上げることの難しさはよく知られている。訓練を受けた盲導犬がすべて盲導犬としての役割を果たすようになるわけではない。

なぜ盲導犬を訓練によって一人前に仕立て上げることはこれほど難しいのか？　それは、その犬が生きる環世界のなかに、犬の利益になるシグナルではなくて、盲人の利益になるシグナルを組み込まなければならないからである。要するに、その犬の環世界を変形し、人間の環世界に近づけなければならないのだ。

盲導犬は盲人がぶつかるかもしれない障害物を迂回しなければならない。しかもその障害物は犬にとってはすこしも障害でない場合がある。たとえば窓が道に向かって開いている場合、犬は難なくその下を通り抜けるが、人間はその窓にぶつかってしまう。一匹の犬を盲導犬にするためには、その犬がもともと有していた環世界では気にもとめなかったものに、わざわざ気を配るように訓練しなければならない。これが大変難しいのだ。

この例が教えるところは非常に重要である。盲導犬は訓練を受けることで、犬の環世界から人間の環世界に近いものへと移動する。それは困難であるが、不可能ではない。盲導犬は見事に環世界の移動を成し遂げる。

おそらく生物の進化の過程についてもここから考察を深めることができるはずである。ダーウィンがカッコウの托卵《たくらん》、奴隷をつくるアリ、ミツバチの巣房《すぼう》などの驚くべき例をもって説明したように、生物は自らが生きる環境に適応すべく、その本能を変化させていく。対応できなければ死滅することもある。

さて、環境への適応、本能の変化は、当然ながら環世界の移動を伴うだろう。それは長い生存競争を経て果たされる変化である。容易ではない。だが、すこしも不可能ではない。こうしてみると、あらゆる生物には環世界の間を移動する能力があると言うべきなのだろう。

人間にも環世界を移動する能力がある。その点ではその他の動物（さらには生物全般）と変わらない。ただし、人間の場合には他の動物とはすこし事情が異なっている。どういうことかと言うと、人間は他の動物とは比較にならないほど容易に環世界の間を移動するのである。つまり環世界の間を移動する能力が相当に発達しているのだ。

たとえば宇宙物理学について何も知らない高校生でも、大学で四年間それを勉強すれば、高校のときとはまったく違う夜空を眺めることになろう。作曲の勉強をすれば、それまで聞いていたポピュラーミュージックはまったく別様に聞こえるだろう。鉱物学の勉強をすれば、単なる石ころ一つ一つが目につくようになる。

それだけではない。人間は複数の環世界を往復したり、巡回したりしながら生きている。例えば会社員はオフィスでは人間関係に気を配り、書類や数字に敏感に反応しながら生きている。しかし、自宅に戻ればそのような注意力は働かない。子どもは遊びながら空想の世界を駆け巡る。彼らの目には人形が生き物のように見えるし、いかなる場所も遊び場になる。しかし学校に行ったら教師の言うことに注意し、友人の顔色に反応しながら、勉強に集中せねばならない。人間のように環世界を往復したり巡回したりしながら生きている生物を他に見つけることはおそらく難しいだろう。

〔中略〕

環世界論から見出される人間と動物との差異とは何か？　それは人間がその他の動物に比べて極めて高い環世界間移動能力をもっているということである。人間は動物に比べて、比較的容易に環世界を移動する。

「比較的」というところが重要である。その他の動物もまた困難でこそあれ、環世界を移動することができる。盲導犬の例はそれにあたるし、生物が進化の過程で環境に適応していくのもそれにあたる。しかし、人間の場合にはこの移動能力がずば抜けて高い。つまり、動物と人間の差異は相対的である。そして相対的ではあるが、量的にはかなり大きな差、相当な差である。ここにこそ、人間とその他の動物との区別が見出されるのではないだろうか？

（國分功一郎『暇と退屈の倫理学』朝日出版社、二〇一一年、強調原文）

［作者プロフィール］ 國分功一郎（一九七四―）。高崎経済大学准教授。哲学、現代思想を専

攻。処女作『スピノザの方法』で注目され、二〇一一年に刊行した『暇と退屈の倫理学』はベストセラーとなった。

[解説]『暇と退屈の倫理学』とは人の意表を突く書名である。しかもこの書名のなかに重大なメッセージが籠められている。それは、「暇のなかにいる人間が必ずしも退屈するわけではないこと」である。

そもそもなぜ人間は暇を持て余し退屈するのか。これは人間の本質に関わる問いだ。その問題に答えるのが文例である。動物と人間を分かつメルクマールは著者が提唱する「環世界間移動能力」にある。盲導犬を例に挙げながら動物が環世界から自由になることの困難さを分かりやすく説明している。この例自体は動物行動学・理論生物学のパイオニア、ユクスキュルから借りたものであるが、この「例証」は見事である。

動物は自分の環世界にどっぷりとつかり切っている。言い換えれば不満を感じたり退屈を感じたりはしないのだ。ずば抜けた「環世界間移動能力」を授けられたばっかりに、人間はあらずもがなの贅沢な悩みを抱え込むことになった。その悩みとは退屈を感じることだ。この問題はすぐれて現代的である。なぜなら昔は暇を持て余す人間は王侯貴族など特権階級に限られていたからだ。ところが余暇・退屈の問題が、十九世紀のブルジョワの世紀になって出現し、二十世紀の消費社会の到来で一挙に大衆化することになった。

労働は確かに退屈を回避させてくれた面がある。労働環境が改善されて、今や現実に「暇」がある。大勢の人がその贅沢を享受している。しかし結果は、必ずしも好ましいものではない。人びとは退屈を忘れるために快楽（楽しみ）を求めて狂奔するが、実は単に興奮（刺激）を追求しているにすぎない。消費行動において彼らが求めているのは観念（イメージ）であって物（商品）そのものではない。メーカーが捏造した商品イメージに踊らされているだけである。

こうした状況に対して著者が提案するのは「贅沢を取り戻すこと」「物を楽しむこと」である。つまり、本当の「楽しみ」「快楽」を追求することである。しかしながら「楽しいことを積極的に求めるというのは実は難しいことなのだ」。ではどうすればいいのか。著者はマルクスや、バートランド・ラッセル、ハイデガー、ボードリヤールなど錚々たるビッグネームを引合いに出して論を展開し、その行論はじつに興味津々であるが、この点については原典に当たられることをお願いして、ここではさらりと言及されているだけの、キケロの「品位あふれる閑暇」（otium cum diguitate）に留目したい。

暇は客観的な事実である。退屈は主観的な事実である。この違いをしっかりと押さえる必要がある。暇な人間が退屈しているとは限らない。古い有閑階級、王侯・貴族たちは暇を生きる術を心得ていた。それに閑暇の効用というものもある。

アリストテレスはタレスに始まるギリシア哲学を振り返りながら「生活の必要がみたされて後はじめて哲学することを始めた」とコメントしている。その彼がまた哲学するにはスコレー scholē が必要だということを強調している。スコレーとはギリシア語で「閑暇」を意味している。スコラ哲学ではないが、学問が生まれるには閑暇が必要である。ここで、閑暇と教育が深い関係を取り結んでいることは注意されてよい。英語のschoolやドイツ語のSchuleはスコレーに由来している。学校とは労働から解放された「閑暇の空間」なのだ。そこではもともとなにが教えられたのか。「学ぶ力」である。「学ぶ力」は楽しむための能力と言い換えることもできる。そして、楽しむためには訓練が必要なのだ。「学力」とは本来「知識」の多寡をいうのではあるまい。「知恵」のことだろう。「学力」(学ぶ力)をつけるためには訓練が必要なのである。

著者が注目しているラッセルの言葉が印象的である。「教育とは以前、多分に楽しむ能力を訓練することと考えられていた。」(『幸福論』)楽しむためには訓練、つまり教育が必要なのだ。古典を楽しむ。美術を楽しむ。音楽を楽しむ。ゲームを楽しむ。スポーツを楽しむ。いや、セックスだってそうだ。だから、初体験はほろ苦くもみじめなのである。

文化・社会・歴史

❖世阿弥『風姿花伝』より　36

◉秘する花を知ること。「秘すれば花なり。秘せずは花なるべからず」となり。この分け目を知ること、肝要《かんよう》の花なり。

そもそも一切の事《じ》、諸道芸《しょどうげい》において、その家々に秘事と申すは、秘するによりて大用《だいよう》あるがゆゑなり。しかれば秘事といふことをあらはせば、させることにてもなきものなり。これを、させることにてもなしといふ人は、いまだ秘事といふことの大用を知らぬがゆゑなり。

まづこの花の口伝《くでん》におきても、ただ珍しきが花ぞと皆人《みなひと》知るならば、さては珍しきことあるべしと思ひ設《もう》けたらん見物衆《けんぶつしゅう》の前にては、たとひ珍しきことをするとも、見手《みて》の心に珍しき感はあるべからず。見る人のため花ぞとも知らでこそ、為手《して》の花にはなるべけれ。されば見る人は、ただ思ひのほかに面白き上手《じょうず》とばかり見て、これは花ぞとも知らぬが、為手の花なり。さるほどに人の心に思ひも寄らぬ感を催す手だて、これ花なり。

たとへば弓矢の道の手だてにも、名将の案《あん》ばからひにて、思ひのほかなる手だてにて、強敵《ごうてき》にも勝つことあり。これ、負《ま》くる方《かた》のためには、珍しき理《ことわり》に化《ば》かされて、破らるるにてはあらずや。これ、一切の事《じ》、諸道芸において、勝負に勝つ理《ことわり》なり。かやうの手だても、事落居《ことらっきょ》して、かかるはかりことよと知りぬれば、その後《のち》はたやすけれども、いまだ知らざりつるゆゑに負くるなり。さるほどに秘事とて、一つをばわが家《いえ》に残すなり。

ここをもて知るべし。たとへあらはさずとも、かかる秘事を知れる人よとも、人には知られまじきなり。人に心を知られぬれば、敵人《てきじん》、油断せずして用心を持てば、かへつて敵《かたき》に心をつくる相《そう》なり。敵方《てきほう》、用心をせぬ時は、こなたの勝つこと、なほたやすかるべし。人に油断をさせて勝つことを得《う》るは、珍しき理《ことわり》の大用《だいよう》なるにてはあらずや。さるほどにわが家《いえ》の秘事とて、人に知らせぬをもて、生涯の主《ぬし》になる花とす。「秘すれば花、秘せねば花なるべからず」。

（『新潮日本古典集成　世阿弥芸術論集』一九七六年）

〔現代語訳〕秘密にする花を知ること。「秘密にするからこその花である。秘密にしないと花になりえないのだ」という。この、花となるか、花とならないかの違いを知ることが、花についての要諦なのである。

そもそも、世間の一切のこと、もろもろの芸道において、それぞれの専門の家々に秘事と称するものがあるのは、それを秘密にすることによって大きな効果があるからなのだ。だから、秘事というものを公にしてみると、そう大したことではないものだ。このことを指して、大したことでもない、と言う人は、まだ秘伝ということの大きな効用を知らないからである。

第一に、この花の秘伝の場合でも、「ただ珍しさが花なのだ」とみんなが知っているならば、「きっとなにか珍しいことをするだろう」と期待している観客たちの前では、たとえ珍しいことをしても、見る人の心に珍しさは感じられないだろう。観客の側で、花があることを知らずにいてこそ、役者の側の花となりうるのだ。してみれば、観客はただ、「思いのほか面白い上手よ」とだけ感じて、「これは花なのだ」などとは知らずにいる場合に、役者の花になるのだ。そうであるから、人の心に、予想外の感銘を起こさせるやり方、これが花である。

兵法に例をとれば、名将の作戦計画によって、意表に出た方法で強敵に勝つことがある。これは、負けた側からいえば意想外な道理（なりゆき）に幻惑されて負けたのではないのか。この意想外な道理こそ、諸芸道において競争に勝つ秘訣なのだ。こうした方法も、ことが落着してそういう計略であったのかと分かってしまえば、対策も講じやすいけれども、その時はまだ知らなかったせいで負けたのだ。そういうことだから、秘事と称して相伝に一つ加えて残すのである。

以上のことから次のことも知ることができるだろう。たとえ秘事を隠しおおせても、（それだけではまだ十分でなくて、さらに）秘事を知っている者だよ、とも相手に知られてもいけないのだ。相手にこちらの手の内を読まれてしまうと、相手が油断せず用心してしまうので、かえって相手に警戒をさせる結果になる。相手が用心していないときは、こちらが勝つことはいっそう容易だろう。相手を油断させて勝利をおさめることは、意想外な道理のもつ目覚ましい働きではないだろうか。

以上のようなわけで、わが家の秘事として、秘事を相伝するだけでなく、そもそも秘事があることとすらも人に知らせないことをもって、一生のあいだ咲き続ける花の所有者となるための要諦とする。「秘密にするからこその花である。秘密にしないと花になりえないのだ。」

［語注］◇となり＝「ということがそれだ」という程の語気（小学館『日本古典全集』）。ある

いは「ということが云われている」（新潮『日本古典集成』）。「ものは秘するを以て貴しとなす」とか「秘すればこそ道は道にてあれ」とかの文言が知られている◇この分け目を知ること＝この花になるか、花にならぬかの違いを知ること◇肝要の花なり＝「花の肝要なり」に同じ。花についての肝心な点◇大用《だいよう》＝「たいゆう」とも。大きな効果◇あらはせば＝公開すれば◇させることにてもなきものなり＝大したことでもないものである◇この花の口伝においても＝いま説いている花の秘伝の場合でも◇思ひ設けたらん見物衆＝予想・期待している観客◇見手＝観客◇見る人のため＝観客の側で◇為手＝役者◇思ひも寄らぬ感＝予想外の感銘◇弓矢の道＝いくさの道、兵法◇案ばからひ＝作戦計画◇思ひのほかなる手だてにて＝想定外の戦法で◇負くる方のためには＝負けた側からいえば◇珍しき理に化かされて＝意想外な道理（なりゆき・運び）に幻惑されて◇これ、一切の事、諸道芸において＝「これ」は「珍しき理」。これ、すなわち◇事落居して＝ことが落着して◇たやすけれども＝対策も講じやすいけれども◇秘事とて、一つをばわが家に残すなり＝秘事と称して相伝に一つ加えて残すのである◇ここをもて知るべし＝以上のことから次のことも知ることができるだろう◇あらはさずとも～＝公開しなくても、秘事を隠しおおせても、（それだけではまだ十分でなくて、さらに）秘事を知っている者だよ、とも相手に知られてはいけない◇敵に心をつくる相なり＝相手に警戒をさせる結果になる◇なほたやすかるべし＝「なほ」はさらに、もっと、いっそう◇さるほどに＝以上のようなわけで◇人に知らせぬをもて＝秘事を相伝するだけでなく、そもそも秘事があることすらも人に知らせないことをもって◇生涯の主になる花とす

＝一生のあいだ咲き続ける花の所有者となるための要諦とする

［作者プロフィール］ 世阿弥（一三六三？―一四四三？）。室町初期の能役者、能作者。父・観阿弥の芸を受け継ぎ、将軍足利義満の庇護のもとで能を大成した。『風姿花伝』や『花鏡』など二十を越える能楽論書がある。また、能の台本である謡曲の作者としても卓越し、五十近くの作品が残され、現在でも上演されている。

［解説］ 世阿弥の芸論の主題は、主要な書の名が示すように「花」である。

文例のなかには花という言葉が何度も使われているが、ふしぎなことに、「花」とはなにかに対する直接的な答えはみられない。もちろんここで言われている花は比喩（メタファー）である。美の喩えである。ほかの箇所を参照すれば、美の比喩としての花は「幽玄」と同義であると知れる。「幽玄の本体」は「ただ美しくて柔和なる体《てい》」にほかならない（『花鏡』）。しかしながら世阿弥の関心は花とはなにかよりは、いかにすれば花が舞台上に上せるかに集まる。観念論ではなくて実践論だ。だとすれば大切なのは、観客の反応ということになる。文例が観客との駆け引きをしきりに問題とするわけである。

世阿弥のいう「花」とは具体的には舞台上の効果・魅力、芸の見栄えのことだ。それを効果あらしめるのは「秘すること」である。「秘すること」によって意表を衝くこと。「人の心に思ひも寄らぬ感を催す手だて、これ花なり」である。要するに、花とは観客が面白がり、珍しがること、観客の驚き・感動にほかならない。「花と面白きと珍しきと、これ三つは同じ心なり」（『風姿花伝』「別紙口伝」）

驚きや感動は幽玄の花（美）よりはむしろ変化と多様性に起因する。変化と多様性の花。「いづれの花か散らで残るべき。散るゆゑによりて咲く頃あれば、珍しきなり。能も、住するところなきを、まづ花と知るべし」（『風姿花伝』「別紙口伝」）

世阿弥の眼目はあくまでも花を舞台の上にもたらす方法論である。文例でも例示しているように、世阿弥の演能論は戦いのストラテジーに通じる。われわれはそこに、生き方の指針も見ることができるだろう。諺にも言うではないか。「能ある鷹は爪を隠す」と（ちょっと違うかな）。

とまれかくまれ、世阿弥の能楽論は日本芸能の本質を衝いていることは間違いない。要は「秘すこと」である。「秘すこと」は「言い切らぬこと」に通う。世阿弥ははるかに芭蕉を指さしている。「言いおおせて何かある。」（去来『去来抄』〈先師評〉）

❖本居宣長「からごころ」より　37

◉漢意《カラゴコロ》とは、漢国《からくに》のふりを好み、かの国をたふとぶのみをいふにあらず、大かた世の人の、万の事の善悪是非《ヨサアシサ》を論《あげつら》ひ、物の理《リ》をさだめいふたぐひ、すべてみな漢籍《カラブミ》の趣なるをいふ也、さるはからぶみをよみたる人のみ、然《しか》るにはあらず、書といふ物一つも見たることなき者までも、同じこと也、そもからぶみをよまぬ人は、さる心にはあるまじきわざなれども、何わざも漢国《からくに》をよしとして、かれをまねぶ世のならひ、千年にもあまりぬれば、おのづからその意《ココロ》世《ノ》中にゆきわたりて、人の心の底にそみつきて、つねの地となれる故に、我はからごころもたらずと思ひ、これはから意にあらず、当然理《シカアルベキコトワリ》也と思ふことも、なほ漢意をはなれがたきならひぞかし、そもそも人の心は、皇国《みくに》も外《と》つ国も、ことなることなく、善悪是非《ヨサアシサ》に二つなければ、別《コト》に漢意といふこと、あるべくもあらずと思ふは、一わたりさることのやうなれど、然《しか》思ふもやがてからごころなれば、とにかくに此意《このこころ》は、のぞこりがたき物になむ有ける、人の心の、いづれの国もことなることなきは、本のまごころこそあれ、からぶみにいへるおもむきは、皆かの国人のこちたきさかしら心もて、いつはりかざりたる事のみ多ければ、真《マ》心にあらず、かれが是《ヨシ》とする事、実《まこと》の是《ヨキ》にはあらず、非《アシ》とすること、まことの非《アシキ》にあらざるたぐひもおほかれば、善悪是非《ヨサアシサ》に二つなしともいふべからず、又当然之理《シカアルベキコトワリ》とおもひとりたるすぢも、漢意の当然之理にこそあれ、実の当然之理にはあらざること多し、大かたこれらの事、古き書の趣をよくえて、漢意といふ物をさとりぬれば、おのづからいとよく分るを、おしなべて世の人の心の地、みなから意なるがゆゑに、それをはなれて、さとることの、いとかたきぞかし、

（本居宣長『玉勝間（上）』岩波文庫、一九三四年）

【現代語訳】 漢意《カラゴコロ》とは、中国の行き方を好んで、かの国を尊ぶことだけを言うのではない。おおよそ世間の人がすべてのことの善悪の価値判断をことごとしく問題にし、ものの道理を裁断するたぐいのこと、すべてみな漢籍風であることを言うのである。そのことはなにも、中国の書物を読んだ人だけがそうなのではない。本というものを一冊も見たことがない者まで

も同様なのである。そもそも中国の書物を読まない人はそのような心に染まっていないはずなのに、何事であれ中国をよしとしてそれを真似る世の風潮が千年以上にもなってしまったので、自然とその考え方が世の中に行き渡って、人びとの心の底に染みついて普段の生地となってしまったので、自分はカラゴコロを持たないと思い、これはカラゴコロではない、当然のことであると判断することも、やはり、漢意を離れがたい例であることだ。もともと人間の心はわが国も外国も違いはなく、善悪の価値判断が二つあるわけではないので、特別に漢意ということはあるはずもないと考えるのは、一応もっとものようであるけれども、そう考えること自体がカラゴコロなので、とにもかくにも、この心は取り除きがたい代物ではある。人の心がいずれの国でも異なることがないことは、もともとの真心については確かにそう言えるけれども、中国の書物が言わんとしていることはみな、かの国の人間の度しがたい賢しら心でもって、偽り飾ったことばかり多いので、真心から発したものではない。彼らがよしとすることは本当によいことではなく、よくないとすることも、本当によくないことでない場合も多いので、善悪の価値判断が二つないとも言ってはならない、また、当然のことと受け止めた道理も、漢意の当然のことでしかなく、本当の当然のことでないことも多い。だいたいこれらのことは、古い書物の趣旨をよく心得て、漢意というものをしっかり理解していれば、自然とよく分かるはずなのに、全体に世間の人の生地、みなカラゴコロであるので、それから離れて、真実に想い到ることがはなはだ難しいのである。

［作者プロフィール］ 本居宣長（一七三〇―一八〇一）。江戸時代中期の国学者。医業のかた

わら『源氏物語』など日本古典を論じ、また『古事記』を研究し、三十年以上の歳月をかけて『古事記伝』四十四巻を完成させた。日本の伝統的な情緒「もののあはれ」や、日本人の心のなかに脈々と伝わる自然感情・精神を尊重し、中国伝来の孔子などの教えを自然に反する賢しらであると批判し、国学の基礎を据えた。

[解説] 文例に見られる本居宣長の論難の激越さは二十一世紀の現代の日本にも届いてくる。日本文化の本質を問うているからである。

本居宣長が「漢意《カラゴコロ》」批判を声高《こわだか》く揚言したのは明治維新を去ること百年ほど前のことであった。宣長が中国文明に対してぶつけていた疑問は明治期の欧米文化受容の問題にそのまま当てはまる。日本は大和朝廷の昔から異文化受容の問題と常に向き合ってきた。その基本スタンスは常に「世界をリードする文明に追随する」というものだ。中国文明に、ヨーロッパ文明に、アメリカ文明にという具合いに。

宣長がここで激しく告発しているのは、日本人の痼疾ともいうべき「辺境コンプレックス」だ。このコンプレックスについては梅棹忠夫の次の言葉が核心を衝いている。

「日本人にも自尊心はあるけれど、その反面、ある種の文化的劣等感がつねにつきまとっている。それは、現に保有している文化水準の客観的な評価とは無関係に、なんとなく国民全体の心理を支配している、一種のかげ《ヽ》のようなものだ。ほんとうの文化は、どこかほかのところでつくられるものであって、自分のところのは、なんとなくおとっているという意識である。

おそらくこれは、はじめから自分自身を中心にしてひとつの文明を展開することのできた民族と、その一大文明の辺境諸民族のひとつとしてスタートした民族とのちがいであろうとおもう。中国も、インドも、それぞれに自分を中心として一大文明を展開した国である。日本は、中国の辺境国家のひとつにすぎなかった。日本人は、まさに東夷《とうい》〔東方の異民族〕であった。」（『文明の生態史観』）

このコンプレックスを宣長は「漢意《カラゴコロ》」と呼んだのだ。要するに、カラゴコロとは漢国（中国）の文化は普遍的で、絶対的に正しいとする考え方である。この悪しき考え方がわが国に蔓延し、中国の書物を読まないような庶民までもその考え方にかぶれてしまっている。すべて中国風をよしとして、日本人の本来のありかたを忘れている。じつに嘆かわしく困った事態に、わが国は陥っている。こうした日本文化の現状を、宣長は屈辱的な隷属状態にある、と判定せざるを得なかったのだ。

これがカラゴコロの問題点の一つだ。実は、カラゴコロにはもう一つの問題点があるのだ。

「古《イニシエ》の大御世《オオミヨ》には、道《ミチ》といふ言挙《コトアゲ》もさらになかりき、故古語《ソレフルコト》に、あしはらの水穂《ミズホ》の国は、神《カム》ながら言挙せぬ国といへり、其《ソ》はただ物にゆく道こそ有《アリ》けれ。」（『直毘霊《なおびのみたま》』）

宣長に言わせれば、道（教義）などを問題にするのは異国の賢しら、つまり「漢意《カラゴコロ》」のなせる業《わざ》であって、わが国には無用の長物である。宣長は仏教や儒教の伝来以前の日本人の心のありかたを理想化し、賞揚する。教えだとか、道だとか、物の道理だとかが問題になり議論されるのは、それらがきちんと守られていない証拠だ。わが国では昔から「神ながら」に人々はお互いに助け合って「共生」してきたので、ことさらに「道」など問題にする必要がなかった。だから「道」という言葉がなかったのだというわけである。「実《マコト》は道あるが故に道てふ言《コト》なく、道てふことなけれど、道ありしなりけり」（同前）。

宣長は、言挙げすること、あげつらうことを本来の自然で純な状態からの悪しき逸脱であり堕落である、と裁断する。原理・原則（道）が無用であると主張する。自然体で行くことをよしとする。ここでわれわれは重大な「逆説」の前に立たされることになる。カラゴコロに毒されなかった古人は原理・原則の必要を認めなかったと宣長は主張するが、それは本当だろうか。

議論を端折って宣長に代わってその答えを言ってしまえば、実は原理・原則なぞなかった。なかったから――いや、なかったのに――満足していたのである。ところが、たまたま中国の偉大な文明が外からやって来た。いいもの、便利なもの（原理・原則）ならそれに飛びつかない法はない。その結果がカラゴコロなのだ。カラゴコロなき古人の純な心とは「明き直《なお》き心」であり、「物にゆく」心である。内なる原理・原則は持っていないけれども、外なる原理・原則はありがたく素直に受け容れる。これが日本人の心性の原型であり、基層である。外目には確かに、日本（人）は変化する。だが、根底にある、変化するパターンは変化しない。これが日本の文化のダイナミックスである。

ところで、二十一世紀の日本（人）にも「辺境コンプレックス」は抜きがたくつきまとっているのではないだろうか。

38 ❖佐藤春夫「東洋人の詩感」より

◉いつたい西洋の詩人は、自然を見るにも常に擬人的にしか見られないし見る事をしない。ギリシャ神話だつて、自然の美しいところにはニンフが住むでゐると考へて、初めて美を感ずる。或は美をいひ現はす為めにニンフが住むでゐるといふのか、ともかく自然と人間とを切り離しては考へられないらしい。いつも自然の上へ人間をおつかぶせてゐるやうな感じがする。

ロバート・バーンズなぞと云へば、英国の詩人中でも最も自然を自然らしく――つまり人間をおつかぶせないで見る人として、珍らしいといふ事になつてゐるが、それだつてやはり自然に、又《また》自然の中の小動物なぞに対して、人間にそそぐやうな深い愛情を持つてゐるといふ点がいいので、自然を只《ただ》現象のままに見てその美感に打たれるといふやうな事はあまりないと思ふ。ウヲーズヲースなどもやつぱり哲学的思索を、自然の中からぬき出さずには自然の美をそのままでは見られなかつた。そこへ行くとわれわれ東洋人の詩感はよほど違ひはしないか。成程《なるほど》花を見て無情を感ずるといふやうな哲学的な見方も、多分にあるにはあるが、われわれの批評から見てさういふのには、かへつて傑作に乏しく、自然現象のまま歌つたのになかなかいいのがあるかと思ふ。たとへば

わだつみの豊旗雲《とよはたぐも》に入日さし

今宵の月夜あきらけくこそ

といふなぞは、何の主観も哲学もなしに、然《しか》し立派に詩になつてゐると思ふ。支那の詩にしても王維や韋応物なぞの詩を初めとし純粋なる自然詩にその傑作が随分あると思ふ。(例は思ひつかないから、又今度にする)特別な人ばかりぢやない、どの詩人にでも相当にある。否《いな》むしろわれわれ東洋人が風流といふのは、人間そのものを自然物のやうに、自然の一断片として感ずる事に詩感を置いてゐるのではないかと思ふ。

菜の花や月は東に日は西に

これが東洋人の詩である。全く同じやうな事を、「払暁《ふつぎよう》」

月は彼方にある、暁は此方にある
月よわが姉妹よ、暁よわが兄弟よ
月よわが左手に、暁はわが右手に
兄弟よ、お早う。姉妹よ、お休み。

拙い訳だが、これが西洋人の詩だ。兄弟よ、姉妹よと呼びかけることが彼等の詩風で――僕に言はせると彼等の詩の病だと思ふ。身贔屓《みびいき》かも知れないが、僕は詩人としては東洋人の方が恵まれてゐるやうに考へてゐる――小説家としては全く反対の気持がするが。

(佐藤春夫『退屈読本　上』冨山房百科文庫、一九七八年)

【語注】◇ニンフ＝ギリシア神話に登場する川・泉・谷・山・樹木などの精。若く美しい女で、歌と踊りを好み、予言力をもつといわれる◇ロバート・バーンズ＝十七世紀後半に活躍したスコットランドの国民的詩人◇ウヮーズヮース＝ウィリアム・ワーズワス。十九世紀前半にロマン派詩人として活躍した英国の桂冠詩人◇豊旗雲＝旗がなびいているように空にかかる美しい大きな雲◇払暁＝明けがた

［作者プロフィール］ 佐藤春夫（一八九二―一九六四）。小説家、詩人。繊細な抒情と厳しい批評意識を兼備した才人。一九一九年、実質的な処女作である『田園の憂鬱』を発表し、文壇の注目を集めた。一九二一年に発表した『純情詩集』は大正時代の代表的な詩集の一つとされる。

［解説］ 文例は全文を引いた。いい文章である。

取り上げている題目が東西比較文化論めいた大真面目な硬い内容なのに、ざっくばらんな言葉づかいがまず目につく。「だつて」「おつかぶせてゐる」「なぞ」「それだつて」「やつぱり」「ばかりぢやない」と随所に話し言葉を混ぜている。

実は、話し言葉の使い方は難しい。だから普通の文章作法ではご法度ということになっているのだが、さすがその道の手練れとなると違う。遠慮なく使う（これはぜったい真似ない方がいい）。その呼吸が絶妙である。ほかにも、「例は思ひつかないから、又今度にする」とちょっと飄逸に逃げを打ったり、さりげなく追加法や設疑法を使ってみたりとなかなか芸が細かい。

重ねていうが、いい文章である。だがもっと感心するのはテーマの料理法である。これだ

けのわずかな紙幅で東西比較文化論のエッセンスを語って間然するところがない。文章の対照法ではなく「発想の対照法」である。

ゲーテに「外国語を知らないものは、自分の国語についても何も知らない」という有名な言葉があるが、そのとおりだ。批評は比較することから始まる。自然と対決し、自然を征服しようとする人間中心主義的西洋文化と、自然に額ずき、その端くれとして自然に従おうとする自然中心主義的東洋文化。彼我の違い、それは自然を前にした時の傲岸さと謙虚さの違いである。

文例の「東洋人の詩感」は大正十五年に発表されたものだが、内容から見て二年前に発表された「『風流』論」の余滴といえる短文だ。「東洋人の詩感」が結論だけを述べているのに対して「『風流』論」は本質論を展開し、その理由を究明する。そのくだくだしいプロセスを約言すれば次のようになるだろう。

西洋と東洋の違いは、要するに「自然の無限大に対する人間の微小といふこの悲痛な事実」にどう対処するかにかかっている。西洋人は傲慢にもそれを「説明」しようとした。自然の法則(根拠)を解明しようとした。それに対して東洋人は謙虚にも自然をそのままそっくり「受け容れ」た。そして「悲哀の享楽」「厭世の享楽」、言い換えれば風流(無常の美学)を楽しむことになる。

「『風流』論」の、大上段に振りかぶった書きぶりと「東洋人の詩感」のこの磊落な書きぶりの差が面白い(それはことをなしとげる途中の緊張感と、ことをなしとげたあとの余裕の

38—佐藤春夫「東洋人の詩感」より

差だろうか)。

日本語のレトリックを勉強するなら佐藤春夫を読むといい。とりわけ、ここで問題にした二つの文章が収められている『退屈読本』がお薦めである。

39 ❖谷崎潤一郎「陰翳礼讃」より

◉もし日本座敷を一つの墨絵に喩へるなら、障子は墨色の最も淡い部分であり、床の間は最も濃い部分である。私は、数寄を凝らした日本座敷の床の間を見る毎に、いかに日本人が陰翳の秘密を理解し、光りと蔭との使ひ分けに巧妙であるかに感嘆する。なぜなら、そこには此れと云ふ特別なしつらへがあるのではない。要するに唯清楚な木材と清楚な壁とを以て一つの凹んだ空間を仕切り、そこへ引き入れられた光線が凹みの此処彼処へ朦朧たる隈《くま》を生むやうにする。にも拘らず、われらは落懸《おとしがけ》のうしろや、花活《はないけ》の周囲や、違ひ棚の下などを填《うづ》めてゐる闇を眺めて、それが何でもない蔭であることを知りながらも、そこの空気だけがシーンと沈み切つてゐるやうな、永劫不変の閑寂がその暗がりを領してゐるやうな感銘を受ける。思ふに西洋人の云ふ「東洋の神秘」とは、斯くの如き暗がりが持つ無気味な静かさを指すのであらう。われらと雖《いへど》も少年の頃は、日の目の届かぬ茶の間や書院の床の間の奥を視つめると、云ひ知れぬ怖れと寒けを覚えたものである。而もその神秘の鍵は何処にあるのか。種明かしをすれば、畢竟それは陰翳の魔法であつて、もし隅々に作られてゐる蔭を追ひ除けてしまつたら、忽焉《こつえん》としてその床の間は唯の空白に帰するのである。われらの祖先の天才は、虚無の空間を任意に遮蔽して自《おのづか》ら生ずる陰翳の世界に、いかなる壁画や装飾にも優る幽玄味を持たせたのである。これは簡単な技巧のやうであつて、実は中々容易でない。たとへば床脇の窓の刳《く》り方、落懸《おとしがけ》の深さ、床框《とこがまち》の高さなど、一つ一つに眼に見えぬ苦心が払はれてゐることは推察するに難くないが、分けても私は、書院の障子のしろじろとしたほの明るさには、ついその前に立ち止まつて時の移るのを忘れるのである。元来書院と云ふものは、昔はその名の示す如く彼処で書見をするためにああ云ふ窓を設けたのが、いつしか床の間の明り取りとなつたのであらうが、多くの場合、それは明り取りと云ふよりも、むしろ側面から射して来る外光を一旦障子の紙で濾過して、適当に弱める働きをしてゐる。まことにあの障子の裏に照り映えてゐる逆光線の明りは、何と云ふ寒々とした、わびしい色をしてゐることか。庇をくぐり、廊下を通つて、やうやうそこまで辿り着いた庭の陽光は、もはや物を照らし出す力もなくなり、血の気も失せてしまつたかのやうに、ただ障子の紙の色を白々と際立たせてゐるに過ぎない。私はしばしばあの障子の前に佇んで、明るいけれども少しも眩ゆさの感じられない紙の面を視つめるのであるが、大きな伽藍建築の座敷などでは、庭との距離が遠いためにいよいよ光線が薄められて、春夏秋冬、晴れた日も、曇つた日も、朝も、昼も、夕も、殆どそのほのじろさに変化がない。そして縦繁《たてしげ》の障子の桟の一とコマ毎に出来てゐる隈《くま》が、恰も塵が溜まつたやうに、永久に紙に沁み着いて動かないのかと訝しまれる。さう云ふ時、私はその夢のやうな明るさをいぶかりながら眼をしばだたく。何か眼の前にもやもやとかげろふものがあつて、視力を鈍らせてゐるやうに感ずる。それはそのほのじろい紙の反射が、床の間の濃い闇を追ひ払ふには力が足らず、却つて闇に弾ね返されながら、明暗の区別のつかぬ昏迷の世界を現じつつあるからである。諸君はさう云ふ座敷へ這入つた時に、その部屋にただようてゐる光線が普通の光線とは違ふやうな、それが特に有難味のある重々しいもののやうな気持がしたことはないであらうか。或は又、その部屋にゐると時間の経過が分らなくなつてしまひ、知らぬ間に年月が流れて、出て来た時は白髪の老人になりはせぬかと云ふやうな、「悠久」に対する一種の怖れを抱いたことはないであらうか。

（『谷崎潤一郎全集　第二十巻』中央公論社、一九六八年）

［作者プロフィール］↓文例20

［解説］谷崎潤一郎の文章はゆったりとした日本建築のように柄が大きい。なるほど文章は長いけれども、骨格がしっかりしているので曖昧ということはない。しかも、非常に論理的である。日本の作家のなかでもっとも論理的であるといってもいいのではないか。

この谷崎評はたぶん意外に思われる読者も多いにちがいない。谷崎は若い頃はずいぶんハイカラな題材を扱い、文章もバタ臭い感じだった。その谷崎に転機が訪れたのは、関東大震災後関西へ移住したことが契機である。これ以降、日本的な題材が多くなることは事実だが、それを語る文章は本質的には変わらない。

丸谷才一は自分の『文章読本』を谷崎の同名の書物への賛辞《オマージュ》で始めているが、そこで指摘されているとおり、谷崎の文章は題材こそ日本的なものを扱っているものの、本質的には非常に論理的で明晰な文章である。丸谷は、谷崎の文章を「最も上質な欧文脈で書」かれているとも評している。そして友人の日本文学研究家ドナルド・キーンが現代日本文学のなかで谷崎をいちばん読みやすい作家として挙げたことを紹介している。またそのコメントによれば「曖昧なところがちっともなくて、頭にはいりやすいのだ」という。英語を母語とする人間にとって谷崎の文章がすらすらと理解できるということは意外な指摘だが、文例を読めばよく納得できるはずだ。

まず全体の展望、文章の方向性を秀抜なたとえ（直喩）であらかじめ提示している——「もし日本座敷を一つの墨絵に喩へるなら、障子は墨色の最も淡い部分であり、床の間は最も濃い部分である」。具体的な描写、懇切丁寧な説明、個性的な印象、鋭い観察。そしてなによりも感心するのは読者の目線を決して忘れていないことである。それは傍線部の「読者への呼びかけ」がよく示している。要するに文章の組み立てがしっかりしているので、個々の文は長いけれども文章全体は理路整然としたまとまりを形づくっている。

谷崎は小説はもちろんだが、文例からも分かるように評論・エッセーもなかなか捨てがたい味がある。まだお読みでない向きには次のものをお薦めする。「恋愛及び色情」「私の見た大阪及び大阪人」「饒舌録」「東京を思ふ」。いずれも説いて委曲をつくしている。

40

福田恆存「伝統にたいする心構」より

◉現代の文明における最大の弱点は何かと言へば、人々の間にすべてを労せずして手に入れようといふ風潮を生じたことです。人々は労せずして手に入るものにしか目をつけないし、興味ももたない。さういふものだけが価値あるものと考へ、またさうすることこそ価値と心得て、そこに文明の誇りを感じてをります。この文明の原理は結局のところ「最小の労力をもつて最大の効果ををさめる」といふ経済学の、あるいは科学技術の原理に支配された考へ方であつて、それが生き方としての文化を蝕《むしば》んでゐるのであります。

〔中略〕

それにしても、私たちはなぜ努めて歴史の中に身を置かなければならないのか。なぜ労して古典を生きなければならないのか。第一に、これは言ふまでもないことですが、それ以外に私たち現代人の生き方はないからです。現代には現代の生き方があるといふのは浅薄な考へです。生き方といふものはつねに歴史と習慣のうちにしかない。それを否定してしまへば、ただ混乱あるのみです。現代そのものからは、生き方は出て来ません。なぜなら、未来はもとより、現在もまた存在してゐないからです。現実に存在してゐるのはつねに過去だけです。私たちの生き方や行為の基準は必ず過去からやつてくる。現在は基準にはならない。現在を基準にするといふのは、基準をもたないといふのと同じ意味です。現代的意義といふのは、それ自身矛盾した無意味な言葉です。現代に意義を与へるものはあくまで過去であつて、現代が現代に意義を与へるなどといふことは論理的にも成りたちません。たとへそれが可能だとしても、それはお手盛りの意義でしかありますまい。

第二に、過去と絶縁してしまつた現在は、未来からも絶縁されざるをえません。つまり、それは未来に向つて生産的でありえないのです。過去にたいして責任をとりえぬ現在は、みづからを歴史の中に位置せしめえず、未来への歴史を作りえないからです。私たちは同時代人にたいしてのみならず、過去の人たちにたいしても責任をもたねばならぬのです。私たちは同時代人ばかりでなく、過去の人たちをも生《い》しつつ、自分を主張しなければならないのです。過去の人たちは見えないから、また文句を言はないからと言つて、勝手にふるまふことは許されますまい。それは過去と現在との同時存在を感じえぬ想像力の欠如といふほかはありません。

（『福田恆存評論集　第七巻』麗澤大學出版會、二〇〇八年）

［作者プロフィール］ 福田恆存《つねあり》（一九一二―一九九四）。評論家、翻訳家、劇作家、演出家。進歩派の平和運動を批判した保守派の論客としても有名である。国語問題では旧仮名遣いを擁護する論陣を張った。

［解説］ 文例には福田の保守の論理がよく示され、重大な論点である伝統の問題が提起されている。

福田恆存の言うように「私たちの生き方や行為の基準は必ず過去からやってくる」。伝統とは過去の知恵との対話であり、それを通じて私たちは心の支えを得る。伝統は私たちに行動や判断の確かな拠り所をもたらす。伝統は単なる因習ではない。日々新たな死者たちとの対話である。「伝統に関する一番悪い考え方は、伝統というものを習慣と同じ性質のものに考えることである。〔中略〕伝統は、これを日に新たに救ひ出さなければ、ないものなのである。」（小林秀雄「伝統について」）

死者（伝統）にも敬意を払うデモクラシーのことを、英国の思想家にして推理小説家のG・K・チェスタトンは「死者のデモクラシー」とよんだが、その理由を次のように説明する。

「けれども、若いころから私には一度も理解できないことが一つある。民主主義は、どういうわけか伝統と対立すると人は言う。どこからこんな考えが出てきたのか、それが私にはどうしても理解できぬのだ。伝統とは、民主主義を時間の軸にそって昔に押し広げたものにほかならぬではないか。それはどう見ても明らかなはずである。」（安西徹雄訳『正統とは何か』）

けだし至言である。この発想は古典に対するスタンスをも変えることになる。T・S・エリオットは古典について次のような考え方をつとに披瀝していた。

「現在残っている著名な作品はおたがいのあいだに理想的な秩序を形成しているが、この秩序は新しい（ほんとうに新しい）芸術作品がそこへ入ると変更されるのだ。〔中略〕こうして一つ一つの芸術作品が全体に対してもつ関係やつり合いや価値が修正せられてゆく、これが古いものと新しいものとの順応なのである。ヨーロッパ文学とイギリス文学の形態についてこの秩序を認めた人は誰でも、現在が過去によって導かれるのと同じように過去が現在によって変更されるということをさかさまだとは考えないだろう。」（矢本貞幹訳「伝統と個人の才能」）

伝統の問題は判断の根拠（間主観性）という問題と不離不測の関係にあることに思いを致すべきである。思想の相対化に直面し、確かな規準を模索する現代という混迷の時代において、伝統（正統）主義は新たな相貌を帯び、喫緊の問題を提起している。

41 ❖福田恆存「論争のすすめ」より

◉今日、民主主義は「話合ひ」の政治だと言ひ、暴力の防波堤だと言ふ。しかし、ディアレクティックとレトリックを欠いた言論は暴力であり、暴力を誘発する。私は力と力との衝突を目的と目的との衝突と解するから、それを否定しない。だから、それを論争といふ代償行為に流しこめと言ふのだ。民主主義といふのは論争の政治である。それを「話合ひ」の政治などと微温化するところに、日本人の人の好さ、事なかれ主義、生ぬるさ、そして偽善があるのだ。和としての「話合ひ」ではない、勝負としての論争が必要なのである。たがひに自分の方が真なることを証明しあひ、時には相手をごまかしてやるがよい。ごまかされた方が悪いのだ。ごまかしは悪であり、そのための雄弁は悪であるといふ偽善国に、民主主義が発達したためしはない。ソフィストを生んだのは、民主主義の元祖である古代ギリシアではなかつたか。

（『福田恆存評論集　第七巻』麗澤大學出版會、二〇〇八年）

［作者プロフィール］↓文例40

［解説］ここで展開されている論については違和感を覚える人が多いはずだ。聖徳太子の「十七条の憲法」以来、日本の伝統的な考え方は「和をもって貴しとなす」である。集団の論理を優先し、「対決」を避けることがよしとされてきた。むろん、そうした日本的な論理が有効に働くことがある。だからこそ永いあいだその論理が通用してきたのだ。しかし「国際化」の荒波にさらされるようになった現代では、日本的な「和」の思想は問い直される必要がある。

では、なにが求められるのか。そのヒントは、福田が「論争のすすめ」の別の箇所で引合いに出しているアリストテレスの『弁論術』に見いだすことができる。そこで「万学の祖」は「蓋然性のロジック（論理）」を問題にしたのだが、「その前提には「さう考へられること」があり、したがってそこから引き出される結論も同じく「さう考へられること」でしかない」と福田は要約する。福田の説明は少し舌足らずだが、事の本質は衝いている。客観的な真理など所詮まやかしでしかないのだ。福田の炯眼はヨーロッパ現代思想を見透している。

福田の所説をもっと体系的に膨らませるとアリストテレスの現代的読み直しを企図したベルギーの法哲学者、カイム・ペレルマン（一九一二―一九八四）の「新しいレトリック」に通じる。ペレルマンは議論＝論証を、真理という観念に訴えずに定義する。彼にとって重要なのは聴衆（受け手）の反応である。聴衆が議論を受け容れるか、受け容れないか、それがすべてだ。「議論（argumentation）の目的は確実な前提から帰結を演繹することではなく、承認を求めて提案された主張に対して聴衆の同意をかきたて、増大させることである。」（『レトリック帝国』）論争を通じての、共同主観的合意の形成。ペレルマンの真骨頂は、真理＝価値の相対主義にひるむことなく、レトリックに「価値判断」という倫理的観念を持ち込んだことだ。かくして、レトリックは「真理ではなくてより好ましいもの（le préférable）を対象とする、価値判断の論理学」と位置づけられることになるのだ（『レトリック』）。

❖丸山真男『日本の思想』より

42

◉学生時代に末弘（厳太郎）先生から民法の講義をきいたとき「時効」という制度について次のように説明されたのを覚えています。金を借りて催促されないのをいいことにして、ネコババをきめこむ不心得者がトクをして、気の弱い善人の貸し手が結局損をするという結果になるのはずいぶん不人情な話のように思われるけれども、この規定の根拠には、権利の上に長くねむっている者は民法の保護に値しないという趣旨も含まれている、というお話だったのです。この説明に私はなるほどと思うと同時に「権利の上にねむる者」という言葉が妙に強く印象に残りました。いま考えてみると、請求する行為によって時効を中断しない限り、たんに自分は債権者であるという位置に安住していると、ついには債権を喪失するというロジックのなかには、一民法の法理にとどまらないきわめて重大な意味がひそんでいるように思われます。

たとえば、日本国憲法の第十二条を開いてみましょう。そこには「この憲法が国民に保障する自由及び権利は、国民の不断の努力によってこれを保持しなければならない」と記されてあります。この規定は基本的人権が「人類の多年にわたる自由獲得の努力の成果」であるという憲法第九十七条の宣言と対応しておりまして、自由獲得の歴史的なプロセスを、いわば将来に向って投射したものだといえるのですが、そこにさきほどの「時効」について見たものと、いちじるしく共通する精神を読みとることは、それほど無理でも困難でもないでしょう。つまり、この憲法の規定を若干読みかえてみますと、「国民はいまや主権者となった、しかし主権者であることに安住して、その権利の行使を怠っていると、ある朝目ざめてみると、もはや主権者でなくなっているといった事態が起るぞ」という警告になっているわけなのです。これは大げさな威嚇でもなければ教科書ふうの空疎な説教でもありません。それこそナポレオン三世のクーデターからヒットラーの権力掌握に至るまで、最近百年の西欧民主主義の血塗られた道程がさし示している歴史的教訓にほかならないのです。

アメリカのある社会学者が「自由を祝福することはやさしい。それに比べて自由を擁護することは困難である。しかし自由を擁護することに比べて、自由を市民が日々行使することはさらに困難である」といっておりますが、ここにも基本的に同じ発想があるのです。私たちの社会が自由だ自由だといって、自由であることを祝福している間に、いつの間にかその自由の実質はカラッポになっていないとも限らない。自由は置き物のようにそこにあるのでなく、現実の行使によってだけ守られる、いいかえれば日々自由になろうとすることによって、はじめて自由でありうるということなのです。その意味では近代社会の自由とか権利とかいうものは、どうやら生活の惰性を好む者、毎日の生活さえ何とか安全に過せたら、物事の判断などはひとにあずけてもいいと思っている人、あるいはアームチェアから立ち上るよりもそれに深々とよりかかっていたい気性の持主などにとっては、はなはだもって荷厄介なしろ物だといえましょう。

（丸山真男『日本の思想』岩波新書、一九六一年、強調原文）

【作者プロフィール】 丸山真男《まさお》（一九一四―一九九六）。政治学者、思想史家。専攻は日本政治思想史。アカデミズムの枠を超えて、進歩派知識人として戦後民主主義のオピニオンリーダーとして活躍し、大きな影響を与えた。

【解説】 文例では「である」ことと、「する」こととの基本的な確認を踏まえて、「権利の上に眠ってはならない」という明快な提言が主張されている。債権は行使「する」ことによってはじめて債権で「ある」ことを保証される。ここに見られるロジックは、この引用文の少し先に出てくる表現を借りれば「およそ近代社会の制度やモラル、ないしは物事の判断のしかたを深く規定している「哲学」にまで広げて考えられる」のだ。

じじつ、ここからは論述は広い射程を突き進むことになる。まず「である」社会の典型として徳川時代の封建的身分制度、ついで「である」道徳のそれとして儒教道徳が取り上げられる。「である」論理から「する」論理への推移は近代社会の成立と連動している。新しい社会では多くの人々がさまざまな人間関係を結ばざるをえず、いきおい人間の価値は属性（身分・年齢）ではなく、本質（役割・能力）によって評価されることになる。急激な「近代化」のせいで日本は「である」社会からの脱皮を強いられ、「する」行動様式を採用せざるをえなくなる。この二つの原理のせめぎあいが現代の日本社会に大きな問題を投げかけていることは明らかである。

話を広げすぎてしまった。文例にもどることにしよう。

この文例の特徴はなにか。ずばり話が具体的である。先へ行ってもそのことは言えるが、特にマクラにあたるこの部分はその印象が強い。まず「時効」についての恩師の言葉。ついで基本的人権についての憲法の規定。最後にアメリカの社会学者からの引用。これはレトリックで「例証」と呼ばれている論法であるが、この場合はどれをとっても立派なものなので「権威による論証」も指摘できるだろう。

「権威」論証は要するに「虎の威を借りる」ことで、ずるいといえばそのとおりなのだが、その効果は抜群。メディアがなにかといえば大学教授や評論家の「ご意見」を求めるのも（そんな必要のないことが多い）、あるいは有名人の名をかたった詐欺が横行するのも（その手口は信じられないくらい他愛ない）、その効果のほどを物語っている。人はほんとに権威に弱い。もっとも、専門的な議論（たとえば自然科学）では「権威」論証に訴えざるをえない場合が確かにある。きちんと論証しようとすれば、七面倒な議論や手続きが必要になるからである。

レトリックといえば、「強調」のためにカッコと傍点が意識的に多用されている。この文例の見出しは、「権利の上に眠る者」であるが、括弧がつけられている。「時効」もカッコつきである。先へ行くと傍点の代わりに「する」「である」というカッコつきの表記が頻出するが、文例中に限っていえば傍点の使用が目立つ。「自由は置き物のようにそこにあるのでなく、現実の行使によってだけ守られる、いいかえれば日々自由になろうとすることによって、はじめて自由でありうるということなのです。」

具体例を挙げること、記号を援用すること——丸山真男が緻密な論証ばかりでなく「レトリックの力」にも目配りした文章家であったことを、われわれは忘れまい。つい忘れがちであるけれども。

43 ❖加藤周一『私にとっての二〇世紀』より

◉経済学者が「反戦」ということをいわないという時に、「なぜいわないのですか」と訊ねると、私の専門は経済だから専門ではない。ヴェトナム戦争はもちろん経済現象ではあるが経済現象だけではない、もっと複雑な政治的、イデオロギー的、さまざまな文化的問題を含んでいて、「それは私の専門でない」。だから、専門の外には踏み出すことはできないというわけです。そういう立場を堅持しますと、経済学者は、ヴェトナム戦争の、経済現象としての側面については意見があるが、ほかの側面についてては意見はないとなる。ところが、戦争は経済現象だけでなく、ほかの面があることは分かりきっていることとです。歴史的、政治的、経済的、軍事的、技術的、大衆心理学的その他の現象の総合だから、経済的側面だけ知っていたのでは戦争の全体にならない。専門の外に踏み出さないと反対できないから沈黙しますということになる。

沈黙とは、現在進行していることの、少なくとも民主主義社会では容認です。彼のいっているとおりならば、判断できないのだから、戦争を容認することも専門外の行為だから間違いないわけです。したがって、沈黙も彼にはできない。話すこともできないし、沈黙することもできない。だから、「専門外のことで意見はありません」というのは嘘なのです。そんな馬鹿なことはない。

もし本当にそうならば一週間だって暮らせない。家族と一緒に住んでいるのだから、奥さんがいて子どもがいる。子どもというのは社会的存在であり政治学的存在であり経済学的主体でもある。経済学的主体としての私の娘は分かるけれど、政治学的、心理学的、物理学的、生物学的存在としての私の娘は分からない、だから、私の娘の全体については意見がありません、というのと同じです。家族と一緒に暮らしていて、それは愛着があるし、かわいがっていたりする。明らかに経済学者としての専門領域から踏み出しているのです。

専門領域から踏み出したことに意見がないというのは虚偽です。

（加藤周一『私にとっての二〇世紀』岩波書店、二〇〇〇年）

―［作者プロフィール］加藤周一（一九一九―二〇〇八）。評論家、医学博士。上智大学、立命―

館大学、カナダのブリティッシュ・コロンビア大学、エール大学、ミュンヘン大学など、内外の大学で教鞭をとりながら執筆活動を続けた。博覧強記の知の巨人として芸術、文学、社会、政治、科学、文化など多方面の問題に論陣を張った。

【解説】 加藤周一は自身が「進歩派」文化人として「専門外」の問題に幅広く容喙した人らしく、専門外を理由に専門家が喫緊の問題に口をつぐんでいることに欺瞞性を見た。ここで話題になっているベトナム戦争とは、一九六〇年代初頭から七五年までベトナムで続いた南ベトナムと北ベトナムとの武力衝突。しかしその実体は、南ベトナムを支援したアメリカと北ベトナムを支援したソ連・中国との間で演じられた、資本主義対共産主義のイデオロギー的覇権争いといえる。進歩派知識人の多くは反米的立場をとった。「ベトナムに平和を！市民連合」（略称「ベ平連」）は代表的な市民運動だった。加藤もまた反戦を支持する論客だった。

文例のなかで加藤が展開している議論は例証‐論証である。例証‐論証は具体的な適切な例を挙げて分かりやすく説明するのが普通の用法であるが、ここでは論争のストラテジーとして使用されている。言い換えれば、相手の主張の誤り（矛盾）を衝くために、「似たような」事例（娘の全体を理解すること）をあげて問題点を剔出している。論理学や数学の分野で問題になる「間接的」な論証、「背理法」である。

しかしここで話題になっているのは簡略＝変形バージョンで、相手の主張の問題点を照らし出すような「うまい」例を引き合いに出すことだ。たとえば中年の肥満男性に対して食べ過ぎの害を訴えたいのなら、「肥満大国」アメリカでの恐ろしい事例を挙げる。あるいは過度のダイエットの危険を若い女性に説くのなら、そのために命を落とした外国のモデルの例を引く。適切な例さえ見つかれば、その効果は侮りがたい。

ただし、この論証にはアキレス腱がある。この論証を成り立たせているのは「類似性」である。「似たような」というのが曲者だ。今の場合でいえば、「ベトナム戦争を把握すること」と「娘さんを把握すること」を、果たして同列に論じられるかということである。読者の判定はどうだろうか。

44

❖司馬遼太郎『草原の記』より

◉ウランバートルは、二千年の大民族の首都でありながら、かれらが栄えた十三世紀の世界帝国のころの遺物や遺跡や博物館もない。ソ連がそれをゆるさなかったということもあるだろうが、ひとつには物への執着が稀薄《きはく》すぎるようなのである。

元《ゲン》のことが、脳裏にある。元史というより、元の騎士たちの所作《しょさ》のことである。モンゴル世界帝国の一部として、中国史において元王朝(一二六〇〜一三六八)が存在した。歴世の大王朝のなかでは寿命がみじかく、百年あまりであっけなくほろんだ。ほろんだとき、この支配民族の所作はまことに淡泊で、中国の各地にいたモンゴルの大官や将軍、あるいは士卒たちはいっせいに馬に乗り、北へ帰った。かれらは中国における自領やら権益などはチリのように捨てた。当時の漢人たちはあきれ、

「元ノ北帰《ほっき》」

という動物の習性用語でそれを表現した。

北帰とは、中国語である。しばしば雁《がん》についてつかわれてきた動物習性語で、人間のことではつかわれることがまずなかった。秋にわたってきた雁が、春になると隊伍《たいご》を組んで北へ帰る。古代の匈奴《きょうど》についても、『漢書《かんじょ》』などで北帰ということばがつかわれた。かれらは、秋、北のモンゴル高原の草が枯れると南下をはじめ、現在、中国内モンゴル自治区になっている黄河流域のオルドスで遊牧をする。ときに大同・雲崗《うんこう》あたりの漢人農村を劫掠《きょうりゃく》し、春、枯草のモンゴル高原に草が萌《も》えはじめると、北へ帰る。北帰である。漢人からみれば雁に似ている。

〔中略〕

帰国後、ありったけの馬の本を読んだ。

が、馬に帰巣本能があるなどとは、どこにも書かれていなかった。

ただ、標高千から三千メートルのこの高原の馬たちにのみこのふしぎが見られるとすれば、高原の人々にもそういうふしぎがあってよいような気がする。ブルンサイン教授が、かれのうまれた草原でないにせよ、つらかった生の最後にここにもどってきたのは、帰巣であったのかもしれない。

遥《はる》かにいえば、元《ゲン》の北帰《ほっき》に似ているようにおもえる。

44—司馬遼太郎『草原の記』より

（司馬遼太郎『草原の記』新潮社、一九九二年、傍点原文）

【作者プロフィール】司馬遼太郎（一九二三―一九九六）。小説家、ノンフィクション作家、史家。新聞記者時代に『梟《ふくろう》の城』（一九六〇）で直木賞を受賞。翌年退社して作家に専業し、独自の史観で矢継ぎ早に作品を発表し、歴史小説に新風を吹き込んだ。代表作は『竜馬がゆく』『翔ぶが如く』『坂の上の雲』など多数、「国民作家」と呼ばれる。

【解説】文例は淡々とした語り口が印象的である。

　文例は作品の三分の一あたりと末尾から採った。まず文例を理解するための補足説明からはじめる。

『草原の記』は一九九二（平成四）年、つまり著者の死の四年前に刊行された。司馬遼太郎の最晩年のエッセーで、モンゴルに対する著者の深い愛情・共感が吐露されている。司馬は大阪外国語大学蒙古語部の出身で、この作品は著者のいわば原点回帰といえなくもない。

　モンゴルの文化と風土が闊達に語られているのだが（たとえば、モンゴル馬はどんなに遠くに買われて行っても、草原に戻ってくるというエピソード）、二人の主人公が登場する。その一人は超大物、モンゴル帝国の版図をヨーロッパまで拡大した英雄オゴタイ・ハーン。司馬によればオゴタイ・ハーンは典型的なモンゴル人で、じつに無欲な人間であるという。彼のような王者であれば当然するはずのことを彼はしなかった。たとえば資財を蓄えることも、モニュメントを作ることもしなかった。つまり物欲や名声への執着がまったくなかった。彼はモンゴル高原を駆け抜け、風のように消え去ったのである。

そしてもう一人の主人公は、現地訪問時に通訳をしてくれたツェベクマさんという無名のモンゴル女性。生まれたときはロシア国籍、ついで満州国籍、最後に中国国籍という履歴が示すように、第二次世界大戦をはさむ激動の時代を祖国モンゴルの運命とともに従容として生きた女性だ。夫は日本に留学したこともある、内蒙古大学教授であったが、毛沢東の文化大革命の犠牲となり、長らく拘禁される憂き目に会う。この逆境を前にしてやむなくツェベクマさんは幼い娘を守るために中国を逃れてモンゴルに不法入国した。さいわい、ウランバートル・ホテルのフロントの仕事を得た。

長い音信不通のあと夫が再婚している事実を知った。悩んだ末に、娘のことだけを考えて、二十六年ぶりにツェベクマさんは夫と再会した。会いに来た夫（前夫？）は長い獄中生活のせいで体調不良で、すぐに入院を余儀なくされた。しかし数か月生きたあと、前夫はツェベクマさんと娘に看取られて息をひきとった。つらくはあったけれども、こうして最後には妻子に看取られて安らかに死んだ夫の生涯についてツェベクマさんはモンゴルの諺を引きながら「ブルンサインはわるく生きましたが、よく死にました」と評する。

要するに、『草原の記』は最終章の表題を借りれば「帰ってくる話」なのだ。モンゴルの馬もモンゴルの英雄もモンゴルの庶民も、みんなすべてを捨てて高原に戻ってくる。寡欲。欲望のままに消費文化を謳歌する現代日本の醜態に比べてなんとさわやかな身の処し方か。司馬遼太郎はモンゴル人の無欲な行き方を合わせ鏡にして日本へ警鐘を鳴らしていたのかもしれない。

「淡々とした語り口が印象的である」とはじめに書いたが、目を引くような文彩は使われていない。強いて挙げれば、傍線部の四つである。

（1）二千年の大民族
（2）元史というより、元の騎士たちの所作のことである
（3）チリのように捨てた
（4）ありったけの馬の本を読んだ

（1）は「モンゴル」への説明的な迂言法である。（2）は訂正法で、「元史というより、」の部分はなくてもいい。対比して強調しているのだ。（3）は使い古された直喩であるが、ここでは効果的に使われているようだ。「死んだ」喩えも使い方しだいでは「生きる」という例だろう。（4）は誇張法と見なしていいかもしれない。八方手を尽くして「可能な限りの」関係書を読んだということだろう。

いちおう文彩を拾い出してみたが、いずれにしても文例は抑制された文体で書かれている。実は文例の文彩は見えないところに指摘できる。ミクロの視点ではなく、マクロの視点のなかに隠れている。それは、発想における対照法である。

オゴタイ・ハーンとツェベクマさん、元《ゲン》の北帰《ほっき》とブルンサイン教授（ツェベクマさんも？）の帰国など。対照されることによってモンゴル人の、風のようにこだわりのない生き

かたがあざやかに点出される。多くのレトリシャンが繰り返し注意してきたように、もっとも有効なレトリックとは、それと気づかれないレトリックのことだ。「気づかれない修辞が最高の修辞である」というロンギノスの言葉がふと想い出される。

45 ❖梅棹忠夫『文明の生態史観』より

◉インドは、ながくイギリスの植民地だったけれど、それにもかかわらず、この国には、一種の中華思想がいきているようにおもった。

インドは、なんべんも外からの侵入をうけた。しかし、侵入者はみんなインドに同化したではないか、という自信である。なるほど、インドに侵入して、インドに同化しなかったイギリスは、けっきょく退却したのである。この種の自信は、中国にもみられるものと、ほぼおなじ種類のものである。中国では、国号さえも、「中華」〔世界の中心〕を名のっている。しかし、インドの場合、その中華意識の表明の仕かたは、中国の場合よりも、しばしばいっそう露骨であるようにおもった。

インド人は、おそろしく自尊心がつよい。そのことは、インド人自身がみとめている。旅行前にも旅行中にも、インド人にむかってインドの批判はしないほうがいいという忠告を、いろいろなひとからうけた。もちろん、こちらはただの旅行者で、とうてい批判めいたことはいえもしなかったが、ときどき、たしかに、ずいぶん尊大だなあとおもわずにはいられないような事例にはぶつかった。のっけから、インド文化――とくにその精神文化の優越性を信じきっているのである。

これも、われわれの国とはだいぶんちがう点である。日本人にも自尊心はあるけれど、その反面、ある種の文化的劣等感がつねにつきまとっている。それは、現に保有している文化水準の客観的な評価とは無関係に、なんとなく国民全体の心理を支配している、一種のかげのようなものだ。ほんとうの文化は、どこかほかのところでつくられるものであって、自分のところのは、なんとなくおとっているという意識である。

おそらくこれは、はじめから自分自身を中心にしてひとつの文明を展開することのできた民族と、その一大文明の辺境諸民族のひとつとしてスタートした民族とのちがいであろうとおもう。中国も、インドも、それぞれに自分を中心として一大文明を展開した国である。日本は、中国の辺境国家のひとつにすぎなかった。日本人は、まさに東夷《とうい》〔東方の異民族〕であった。

（梅棹忠夫『文明の生態史観ほか』中公クラシックス、二〇〇二年、強調原文）

［作者プロフィール］ 梅棹忠夫（一九二〇―二〇一〇）。民族学者、比較文明学者。ユニークな文明論を展開した、日本の文化人類学のパイオニア。主著は『文明の生態史観』（一九六七）。近東砂漠地帯を挟み、ヨーロッパ文明と日本文明を歴史的地理的に対比・考量し、日本文明を世界的枠組みで位置づける大胆な視点を提示して、大きな反響を巻き起こした。また、研究活動の体験を踏まえて著した『知的生産の技術』（一九六九）はベストセラーとな

り、そこで紹介された情報カードは「京大式カード」として商品化された。

[解説] 日本語の表記法は漢字、平仮名、片仮名という三種を使い分ける世界でも珍しい複雑なものである。この厄介な表記法には毀誉褒貶、賛否両論があるけれども、アルファベットのような表音文字表記に比べて、漢字の表意性が日本語を読み取るスピードを特段に高めていることが最近の情報科学の研究で知られている。表音文字（仮名）と表意文字（漢字）の混用の効能は目覚ましい。たとえば漢字だけの場合と仮名だけの場合の読みづらさを想像するだけでも、この経緯は納得がいくはずである。

ただ、世間には妙な誤解が蔓延していて、漢字の多い文章を高尚であると思い込んで有り難がる向きが多いようだ。この誤解はワープロソフトの普及によって、拍車がかかったように思われる。こうした流れに逆行するような文章を書いた学者がいる。梅棹忠夫である。

文例は学術的といえる内容であるが、この種の文章にしては極端に漢字が少ない。平仮名の海に漢字という島がぽつぽつと浮かんでいるという印象である。だが、平仮名の多い文章もなかなか捨てがたい味がある。

ワープロソフトの普及以来、昨今の文章は以前に比べて漢字がやたらに多いという気がする。漢字変換の機能が高まって、出てきた漢字をついそのまま残してしまうのだろう。漢字が多いと文章の有り難みが増すとの誤解もあるのかもしれない。接続詞（然るに・又は・或いは）や副詞（屢々・甚だ）、形式名詞（事・物・時・所・為・筈）なども漢字にする。とにかく、漢字の多過ぎる文章は読みづらい。

漢字と仮名は適当に配分したほうが分かち書きの効果が出て読みやすくなる。おまけに紙面もきれいになる。漢字と仮名の比率は漢字が四、仮名が六だろうか。漢字が三、仮名が七でもいいかもしれない。文例はもっと仮名が多い感じである。しかし決して、読みにくいということはない。言葉の選び方もさることながら、読点をうまく使って「切れ目」を入れているからである。

この独特な漢字と仮名の使い分けで書かれた文章は、じつに洞察に満ちた考え方を披露している。『日本辺境論』という刺激的なベストセラー本をものした内田樹《たつる》は最後の二段落の大部分(「日本人にも自尊心はあるけれど……スタートした民族とのちがいであろうとおもう」)を引いて自著の「要約」に代えた。言い換えれば内田の本は梅棹の提起した日本辺境論の焼き直しなのである。著者自身それを堂々と認めている(と剽窃にならないのである)。それくらい独創的な視座である。

中国とかインドとまでいかないにしても隣の韓国に比べても日本は本当に辺境コンプレックスが強い。建国以来日本は常にその当時の強国に範をとるかたちで国を運営してきた。奈良朝から江戸時代末までは中国が、明治維新以降は欧米(第二次大戦後はアメリカ)が日本国の指針であった。日本人は「ほんとうの文化は、どこかほかのところでつくられるものであって、自分のところのは、なんとなくおとっているという意識」をずうっと持ち続けてきたのだ。ユーラシア大陸にタツノオトシゴのようにぶら下がった国がもつ「業《ごう》」のようなものだろうか。

日本人の辺境コンプレックスを犀利に原理的に問題にしたのは本居宣長をもって嚆矢《こうし》とするだろう。『玉勝間』のなかで宣長はくだんのコンプレックスを「漢意《カラゴコロ》」と呼んだ。「漢意《カラゴコロ》とは、漢国《からくに》のふりを好み、かの国をたふとぶのみをいふにあらず、大かた世の人の、万の事の善悪是非《ヨサアシサ》を論《あげつら》ひ、物の理《リ》をさだめいふたぐひ、すべてみな漢籍《カラブミ》の趣なるをいふ也。」この弊が千年近くもこの国を支配したので、今や学者だけでなく漢籍を読まぬ庶民の心まで「漢意」にむしばまれていると宣長は警告する。

要するに、漢国（中国）の文化は普遍的なものであり、絶対的に正しいものであるという悪い考え方がわが国に蔓延していて、中国の書物を読まないような庶民までもその考え方に染まってすべて中国風をよしとし、日本人の本来のありかたを忘れている。じつに嘆かわしく困った事態である。宣長の目には日本の文化が本末転倒の異常な状態に陥っていると映ったのだ。

宣長が告発した「漢意」の問題は幕末期からの西洋文明との出会いで劇的な展開を見せることになる。「和魂漢才」から「和魂洋才」へと。基本的には現在の私たちもこの問題と向き合っている。しかしながら、この問題の難しいところは「洋意」がなかなか意識化されないことである。毒舌家の山本夏彦は日本人を評して次のように喝破した。「日本人とは何か、ひと口で言ってみる。それは「にせ毛唐」だ。西洋人になりたくてなりそこなったものだ。」（『良心的』）日本人が仰ぎ見る「一大文明」は「アメリカ」である。「にせ毛唐」たちは「小学校から英語を」「英語を公用語に」と声高に叫んでいる。

その一方でここへ来て、日本人の「和魂」がだいぶ怪しくなってきた。日本の伝統も知らず、日本語力もお粗末な日本人が増えている。本当に日本（語）は大丈夫なのだろうか。もっと「和魂」を真剣に見つめ直す必要があるのではないだろうか。

❖小田実『何でも見てやろう』より 46

◉「画一主義《コンフォーミズム》」から脱け出す、あるいはそのポーズをする近路は、他国の事物、そのもろもろにとびつくことである。それもフランスなどというケチくさいことは言うまい。中国もいいが、あそこは政治が気にくわぬ。とすると、日本だ。日本もまたえらく古い国だし、よくわけはわからないながら、すばらしい文化がありそうだし、日本へ兵隊で行っていたうちのオジ貴の話では、風景美しく人情こまやか、おまけに女性はすばらしいとのことだし、それにあのZENというやつも人があれほど言うのだから、ひとつ研究してみてもよいではないか、とにかくあそこには何かがあるかもしれない、とまあそんなふうな過程で、「日本ブーム」は起ってきたのだろう。

日本でなら、ちょっとインテリぶる人は、英語あるいはアメリカ語を入れる。もっとインテリぶりたい人はフランス語を入れて、「サヨナラ」と言えばよいところを「オー・ルボワ」と言ってみたりする。アメリカでなら、ちょっと通ぶって「オー・ルボワ」、大通、大インテリとなると、それが「サヨナラ」になる。そのほうがあの高級な日本映画のファンのようだし、ZENブッディズムにも通暁《つうぎよう》しているようにも見える。ある大インテリが、「スムレー、スムレーが……」と言うから何かと思ったら「サムライ」のことであった。

こういうわけで、ちょっと気がきいた、あるいは気がききたい連中は、何かしら「日本もの」をもっている。もっとも、めんくらうことも往々にしてある。あるすてきにきれいな女の子のアパートに入って行ったら、眼の前にぶらさがっていたのは「大売出し」の赤い旗であった。それが、さかさになっている。えらく意味深長なのであわてて訊ねてみたら、彼女はそれを日本共産党の旗だと思っているのであった。彼女の茶目なアメリカ人のボーイ・フレンドが東京から持って帰ってきたものらしい。そのボーイ・フレンドが彼女をいっぱいひっかけたのか、それとも彼もまたそう信じていたのか、知る由《よし》もない。

あるえらい人の客間には、葬式用のチョーチンが二つれいれいしくかざってあった。彼が非常にその二つを好み、また自慢しているらしいので、とうとう私にはその真の用途を明かす勇気は出なかった。

しかし、笑うまい。われわれの「西洋」理解だって、いろんなトンチンカンをやってここまで来たのではないか。まだ「日本ブーム」は先日始まったばかりなのだ。

（小田実『何でも見てやろう』講談社文庫、一九七九年）

［作者プロフィール］ 小田実《まこと》（一九三二―二〇〇七）。小説家、評論家、市民運動活動家。東京大学で古典文学、ギリシア語を学び、卒業後予備校の講師になったが、昭和三十三（一九

五八）年、一念発起してフルブライト基金留学生になり、ハーバード大に学ぶ。そのご一枚の帰国用航空券と二百ドルの所持金で欧米・アジア二十か国以上を周遊した。まさに貧乏旅行で、インドではコジキに憐れまれ施しを受けたほど。先進国の病根、また発展途上国の極貧をひしひしと肌でもって体験した。良きにつけ悪しきにつけ、その後の小田の行動の軌跡を方向づけた大冒険旅行だった。

［解説］『何でも見てやろう』は中身がぎっしり詰まっているという感じの分厚い本だ。私の手にしているのは文庫本で、ポイントの小さい活字で四百ページを優に超えている。あっと驚くようなすさまじい経験が満載、まさに巻を措《お》くあたわずのおもしろさだ。怖いもの知らずの蛮勇（勇気ではない）と、若さならではの貪婪な好奇心、そしてなによりもしなやかな知性。これは単なる海外旅行記ではない。比較文化論である。

留学のそもそもの発端は、しごく単純明快だ。開巻冒頭の文章がすべてを語っている。

「ひとつ、アメリカへ行ってやろう、と私は思った。三年前の秋のことである。理由はしごく簡単であった。私はアメリカを見たくなったのである。要するに、ただそれだけのことであった。」

この企図を支えたのは「まあなんとかなるやろ」という大阪人の図太さである。

「思うに、もしこの私に生活の信条というものがありとすれば、それはこの「まあなんとかなるやろ」であろう。こいつがなかったら、アメリカへ出かけることもなく、そこでノホホンと一年暮らすこともなく、その帰途、日本まであの無鉄砲でユカイでアホらしいコジキ旅行をすることもなかったのにちがいないのである。」

『何でも見てやろう』は東京オリンピック直前、昭和三十六（一九六一）年に発表され、たちまちベストセラーになり著者は時の人になった。当時、高校生であった私もこの時のことは印象深く覚えている。それにしても五十年も昔の文章だが、いま読み直してみて、その、ざっくばらんな語り口がちっとも古びていないことに改めてびっくりする。内容については、書名にもなっている「何でも見てやろう」というアグレッシブなスタンスがすべてを語っている。文例の最後に見られる平衡感覚、なにごとにも囚われない「自由検討の精神」がさわやかである。

47 ❖丸谷才一「批評の必要」より

◉小説を商品として考へてみよう。新作小説は新商品だから、もしそれがいいものなら誰だつて使ひたい。つまり読みたい。そこで、買つて得のする、あるいは損のゆく、商品だよとみんなに教へるのが批評家の役目である。さらに、ほかの製造業者、つまり小説家に対して、どこそこから出た何々といふ商品はこれこれしかじかの性格のもので、新工夫は何々、どういふ長所、どういふ短所があると告げるのが批評家である。すなはち、購買層にとつても業界にとつても、批評文といふ情報はいろいろ役に立つ。

しかし小説は複雑なものだから、この見立てだけではうまくゆかない。もう一つ、別の比喩を使ふ必要がある。

がらりと話が変るやうだが、一般に藝術には、神々に献げる供物《くもつ》といふ局面がある。この供物の出来は、よかつたり悪かつたりさまざまだが、しかしとにかくある種の人物（藝術家）はみんなのためにそれを供へることで世界を祝福し更新しようとするのだ。彼らは祭を司る神官なのである。しかしせつかくの祭だもの、終つたらそれきりではなく、しばらく後味を楽しみたいのは人情の常である。必然的に、祭の感想を語りあふことになるし、また、その感想を交換することは次に誰かが供物を献げるときの参考になる。そんなわけで、藝術には批評といふものが不可欠なことになつた。

こんな事情だから、批評はやはりあるほうがいい。たとへ優秀でない批評家の評論でも、まつたくないよりはずつとましなのである。

ところが今の日本には、批評のまつたくない藝術がある。しかもそれはあらゆる藝術のなかで最も金のかかるもので、それが未曾有の盛況だし、たぶん全世界的に見ても珍しいほどの殷《いん》賑《しん》ぶりではないか。それなのに批評がないのはまことに不思議な話だ。と言ふとき、わたしは建築批評の不在を嘆いてゐるのだ。

建築は厖大な出費を要するし、建築家に支払はれる報酬も巨額である。長篇小説を一つ書くのにかかる費用や、それを刊行して得る収入（たとへ大当りを取つたとて）とくらべて、比較にならない。それに、長篇小説の読者数は、大ベスト・セラーになつたときでも高が知れてるが、たとへば役所、劇場、美術館、ビルディング、マンションなどの利用者は圧倒的多数だ。まして、その建物を眺望する人数となつたら、気が遠くなるくらゐだらう。それなのに建築の批評家がゐないのは、われわれの文明の重大な欠陥だといふ気がする。どうやら日本人は、私的な作品（たとへば小説）についてはあれこれ言ふ習慣はあつても、公的な作品（たとへば建築）に対しては口をつぐむ国民らしい。しかしこれではわれわれの都市はいつまでも美しくならない。

イギリスの場合、事情はまつたく違ふ。あの国の週刊新聞や週刊誌はたいてい建築批評のページを設けてゐるし、最近ではチャールズ皇太子が現代建築を論難して大受けに受けた。建築批評が国民全体の伝統的な関心事だからこそ、あれだけの反響があつたのだらう。

さういふ伝統を作るためにも、建築を論ずる批評家が待ち望まれる。はじめは大したことのない論客でもいい。片上伸や赤木桁平に技癢《ぎよう》を感じて、広津和郎や佐藤春夫は出現したのである。

（丸谷才一『猫のつもりが虎』文春文庫、二〇〇九年）

［語注］◇片上伸《かたがみのぶる》＝一八八四―一九二八。文芸評論家、ロシア文学者。早稲田大学にロシア文学科が創設されたときの主任教授◇赤木桁平《こうへい》＝一八九一―一九四九。評論家、政治家。初めて夏目漱石の伝記を書いた。また大正期の「遊蕩文学撲滅論」で知られる◇技癢＝自分の技量を見せたくて、うずうずすること

［レトリック］ところが今の日本には、批評のまつたくない藝術がある＝建築批評のことなのだが、すぐに名指さないでお預けを食わせている。「懸延法」である。

---

48 山崎正和「「教養の危機」を超えて」より

【作者プロフィール】丸谷才一（一九二五―二〇一二）。小説家、文芸評論家、翻訳家。日本近代文学の私小説的な傾向を批判し、洗練された知的な小説をめざし、軽妙洒脱な筆致で日本の近代社会の問題を批判的に描いた。主な作品に『笹まくら』『たった一人の反乱』『女ざかり』など。創作以外にもジェイムズ・ジョイスをはじめとして英米文学の翻訳を手がけ、また、『源氏物語』や和歌など日本古典も論じた。

【解説】丸谷才一のエッセーは古今東西雅俗こきまぜた品揃えの豊富さが魅力だが、ここでは割りに専門のフィールドから選んだ。しかしさすがに、古今に通じ東西を知る博識の著者である。話題が文芸批評から建築批評に飛ぶ。この視点の移動は論者が欧米の文化事情を熟知していればこそだ。海の向こうの新聞や雑誌に常に目を通して最新情報を仕入れているのだろう。丸谷のこの旺盛な好奇心にはまことに頭が下がる。

それにつけても思い出されるのは永井荷風である。荷風は名エッセイストであったが、晩年の作品は見る影もない。空襲で自宅の偏奇館が灰燼に帰し、膨大な蔵書を失ったせいもあるかもしれないが、本を読まなくなったせいだ（荷風は私の贔屓の作家、だからこそ残念）。エッセーはネタの仕込みが大切である。

◉一九四五年の春、十九歳になった一人の哲学志望の青年は新潟県の山深い寒村にいた。すでに太平洋戦争も末期的な段階にはいっていて、戦時措置の繰り上げ入学で東京大学に進んだ青年は、しかし学業のいとまもなく動員されて農業に従事していたのである。

いつ召集令状が来るかわからず、来ればただちに死を意味する日々のなかで、青年は過酷な労働の隙を盗んで本を読んでいた。その知識を将来に役立てる見通しもなく、知識を持つことが称賛されることもない状況のもとで、彼はただ現在の自分自身を支えるために本を読んでいた。未来を奪われ、外界から切り離され、穴蔵の底に閉じ込められた青年にとって、携えた四十冊ばかりの本だけが文明世界へと開かれた窓だったはずである。

青年とは、読売新聞社の最高責任者を務める渡邉恒雄氏のことであって、氏が談話取材に応じた『中央公論』誌にそのときの読書一覧が載っている（「渡邉恒雄　政治記者一代記」一九九八年十一月号）。一見して感銘深いのは、この早熟な青年の見識の確かさであるが、それとあわせて、あの時代にはまだ安定した教養の常識があったという印象である。カントの『純粋理性批判』『実践理性批判』を筆頭に、ニーチェや西田幾多郎が並ぶのはいかにも哲学青年らしいが、その後にはゲーテ、ハイネ、島崎藤村、上田敏の詩集が続く。カロッサにヘッセ、バルザックやプーシキンに混じって、ダンテの『神曲』がありミルトンの『失楽園』が見え、『文藝復興』とあるのはたぶんウオルター・ペーターの名著だろう。

私と同世代、あるいは先立つ世代の人がこれを見れば、ここに大正、昭和初期を通じて形成された、一つのまとまった知的世界があることに同意するだろう。これにマルクスと実存主義を加えれば、リストはさらに完全になる。浮かびあがるのは、たとえば昭和二年創刊の「岩波文庫」によって集成され、昭和四十年代の名著全集の流行とともに終わった、あの体系的な教養の世界である。それは当時の知識人の多くが常識とし、生死のきわの大学生の咄嗟《とっさ》のうちに思い起こせる確実な世界であった。いま渡邊氏の読書リストをまえにして感慨深いのは、いまはもはや学生はおろか大学教師にすら、このような一覧を瞬時に確信を持ってつくることを不可能にした、時代の変化なのである。

（山崎正和『歴史の真実と政治の正義』中公文庫、二〇〇七年）

［作者プロフィール］ 山崎正和（一九三四―）。劇作家、評論家、演劇研究者。政治＝思想的には中道・親米的な現実主義に立ち、成熟した個人主義、「柔らかい個人主義」に基づいた新しい社会を提唱している。

［解説］ 文例は冒頭から抜いた。ゆったりとした書き出しである。まず説明・描写が第一段落、第二段落と続く。しかし、誰のことを話題にしているのか名指されないまま。第三段落になってようやく「青年とは……」というかたちで正体が明かされる。読者を宙づり状態にして読者の期待感を高め、じらしてツカミをとる。レトリックでいうところの「懸延法」である。この宙づり感は、あとで展開される問題の重大さを予告する伏線となっている。

山崎は私よりちょうど十歳上で、旧制高等学校の最後の頃を知っている世代だ。私たちは「新制高校」という呼称をよく耳にした世代、各社から出た文学全集が書店の書棚を占領し、家庭でも壁面を隠すため室内装飾のように並べられていたのをよく覚えている。まだ教養の

「権威」がかろうじて残っていた、そんな時代だった。なんとなく読んでおかなければならない本というものがあり、それを読んでいないと恥ずかしいような思いに駆られた。だから、文例のなかで描かれているエピソードはわがことのように共感できる。そこに挙げられている書物は西田幾多郎を別にすれば「マルクスと実存主義」を含めて高校生から大学生の頃にだいたいは目を通していた。本当に理解できたかはともかくとして。

旧制高校的＝文学的教養主義は大正半ば頃に端を発し、昭和初期に隆盛を極め、戦争によっても途切れることなく、第二次大戦後にも命脈を保ち、一九六〇年代末（昭和四十年代半ば）まで続いた。そうして、山崎が慨嘆しているように、その後いつの頃か、「教養の危機」が叫ばれ、有効な処方箋を見いだせないまま現在に至っている。それはまさしく「危機」であるにちがいない。それはそうなのだが、それまでなんとなく「権威」の皮のお蔭で命脈を保ってきたものが、その内包していた問題性を露呈したと言えなくもない。言葉は悪いが「化けの皮がはがれた」のだ。それを促したのはすべてを「有用性」という尺度ではかる「市場原理」だ。すぐに役立つ「知識」の攻勢に対して、有用性の不明な「知識」（教養）は抗する術を知らなかったのである。

どうしたらよいのだろうか。「教養」についての考え方を根本的に改める必要がある。これに対する山崎の答えは次のようである。

「一言でいえば教養を古い「啓蒙」の思想から切り離し、より謙虚で限定された場所に置きなおすことである。もはや一つの信念、一つの価値観を広く伝え、人びとの生き方を直接に

48—山崎正和「「教養の危機」を超えて」より

指導する力は現代の知識にはない。現代の知識は、現実の認識と行動への指針を明確に区別し、世界の「解釈」と「改革」とは無縁のものだと見切ったのである。教養もまた、進歩的であれ保守的であれ、いっさいの倫理的な宣教を断念し、いわば有用性を徹底的に断念するところにしか活路はないであろう。」

この問題提起にはだれしも諸手を挙げて賛同するのではあるまいか。問題はこの先に待ち構えている。具体的になにを見るかである。山崎はディルタイの「了解」を手がかりに親和的な世界了解を提案し、制度(大学)と市場の中間的なメディアとして知識人たちの情報交換的場、新しい知的ギルドの形成を考えている。この処方箋によって果たして「教養の危機」を乗り越えることができるのかどうか、ここは意見の分かれるところだろう。

私は別の可能性を考える。なるほど教養はすぐに役には立たない。しかしすぐに役に立たないことは即、価値がないということではない。すぐに役に立つものは、またすぐに役に立たなくなる。教養は蓄積が必要だ。ある程度の広がり・深まりがないと意味がない。教養に終わりというものはない。中途半端な教養(知識)が一番よろしくない。

教養は古典レトリックでいう「トポス」をイメージすると分かりやすいかもしれない。「トポス」はギリシア語で「場所」を意味する。レトリックでは「トポス」は弁論・議論の前提命題や論拠や論証の一般型が見つけられる「場所」(拠り所)のことだ。キケロの言う「論証=論拠の倉庫」。要するにさまざまな論拠の集合(参照ファイル)のことである。教養は良き判断の拠りどころを提供する場である。この世界(人生)を豊かにし、良く生きるための指針を提供する宝庫である。

「運命はわれわれを幸福にも不幸にもしない。ただ、その素材と種子を提供するだけだ。それを、より強いわれわれの心が好きなように加工したり、結びつけたりする。われわれの心が、幸福になるか不幸になるかの唯一の原因であり、支配者なのである。」（モンテーニュ『エセー』）

そこに生きる人の心の深浅によって、人生は豊かにも貧しくもなるものではないだろうか。

49 ❖渡部昇一『国民の教育』より

◉なぜ、今の日本でいじめ問題が深刻化しているのか。それについては、さまざまな解釈や議論がなされているが、これという明確な答えは出ていない。しかし、どうすれば「いじめ」の結果、自殺してしまう子どもたちを減らせるかははっきりしている。

今の日本で、いじめが陰惨を極めるようになった最大の理由は、逃げ場がないことである。

理由なき「いじめ」は学校に限らず、社会の至るところに存在する。肌の色や宗教の違いによる「いじめ」もあるし、また会社や組織のなかでも同種の「いじめ」が行われることもある。

要するに人間集団のあるところ、「いじめ」はつねに存在すると言ってもいい。

それなのに、なぜ学校の、とくに小・中学校の「いじめ」だけが極端に激しくなり、自殺者をも生み出すようになったのであろうか。それは、今の義務教育制度では、いじめられたときに、そこから逃げ出す方法がないからである。

かつての日本でもっとも「いじめ」が横行したのは江戸時代の牢屋であり、戦前の軍隊であったが、この二つに共通しているのは、どちらも逃げ場がないという点である。

江戸時代の牢屋でいかなる陰惨ないじめが行われたかは、時代小説にしばしば書かれている。牢の中には厳然とした階級があり、牢名《ろうな》主《ぬし》と呼ばれた人間は新入りの囚人を徹底的にいじめた。松本清張の小説によれば、文字どおり糞を食らわせることもあったらしいし、またときとして仕置きが激しすぎて死んでしまう者もいたようである。

このような悲劇が起きてしまうのも、いったん牢に入ってしまうと、いかに残酷ないじめをやられても逃げ出す術《すべ》がないからである。

同じように、戦前の軍隊でも古参兵の新兵いじめが行われた。さまざまな戦記物で書かれているから、今さら実例を紹介する必要もないであろう。これもまた、徴兵という、逃げ場のない制度が生み出した悲劇であった。

ひとたび入った学校をなかなか替えるわけにもいかないことが、今の小・中学校でのいじめをエスカレートさせる大きな要因となっている。高校ならば中退という道もあるが、義務教育の小学校、中学校の場合、中退はもちろんのこと、転校するのも実際には難しい。

しかし、塾を義務教育機関の一種と認定し、学校の設置基準をなくして私立の新設校を増やせば、この状況は大幅に変わるはずである。

いじめる同級生がいて、そのことを学校側に訴えても何の対処もしてくれないのなら、そのような学校にいつまでもいる義理はない。さっさと転校して、もっとましな学校に移ることが許されれば、それだけでもいじめの深刻化は防げるはずである。

（渡部昇一『国民の教育』産経新聞社、二〇〇一年）

［作者プロフィール］ 渡部《わたなべ》昇一（一九三〇―）。英語学者、評論家。一九五五年、上智大学大学院修士課程修了後、ドイツ、イギリスに留学。専門以外にも数多くの歴史・政治・社会評論を発表している。主要著書は『英語学史』『知的生活の方法』『日本語のこころ』など。政治的立場は保守的である。

［解説］ 文例は非常に論旨明快で、論述文のお手本ともいえる文章だ。

自分の主張はなるべく早く、できれば頭で提示すること。これは論述文の鉄則だ。文例は最初の段落で「いじめの」原因をはっきり名指している――「今の日本で、いじめが陰惨を極めるようになった最大の理由は、逃げ場がないことである」。しかもこの主張を、文章の要所（たとえば二番目の傍線部）で繰り返して強調している。大事なことはくどいくらいに念押ししたほうがいい。

しかし、この主張はあくまでも「仮説」にしかすぎない。この主張（仮説）を「証明する」ためにはしっかりとしたデータなり論拠を示さなければならない。そこで論者は小・中学校の「いじめ」と似た事例がないかどうかを検討することになる。

「似たもの」を捜す場合には二つの軸が考えられる。一つは横軸、つまり「共時的」方向だ。

似たものはないかと自分の回り（隣接領域）を見まわすこと（水平方向のリサーチ）。もう一つは縦軸、つまり「通時的」方向だ。似たものはないかと振り返って過去（前例）をさかのぼる（垂直方向のリサーチ）。

論者は縦軸の方向に探知機をのばして、「江戸時代の牢屋」と「戦前の軍隊」という二つの前例を見つけ出す。この両者は出口のない密室空間であるという点で軌を一にする。そしてこの二つの密室空間ではいずれも凄まじい「いじめ」が存在した。それではどうして、小・中学校が牢屋・軍隊と「似ている」のか。現行の制度下の義務教育では中退も転校もきわめて難しい、つまり逃げ場がないからだ。義務教育と牢屋・軍隊をパラレルな関係に置くことによって——帰納法によって——「逃げ場がないならば、いじめは陰惨化する」という冒頭の主張（仮説）は証明されたことになる。言い換えれば、この主張は論拠（大前提）たりうるものとなったわけである。

この文章の過半は「仮説」を「法則」にしようとする努力に割かれている。当然のことである。この論拠（大前提）さえ固められさえすればあとは演繹法に従って、いわば機械的に結論（いじめの打開策）は引き出されてくるからだ。論者が「どうすれば「いじめ」の結果、自殺してしまう子どもたちを減らせるかははっきりしている」と、のっけに大見得を切るゆえんである。

「逃げ場がないならば、いじめは陰惨化する」——これが正しいとすればその「対偶」もまた正しいものとなる。つまり「いじめの陰惨化がなくなるのは、逃げ場があるからだ」ということになる。「対偶」は数学で習ったと思うが、「pならばqが言える」ときには同時に「qでないならばpでない」が言えるということだ。そんなに難しく考えることはない。たとえば「ライオンならば哺乳類である」と「哺乳類でないならばライオンでない」は同じことを言っているということ。もとの命題で問題がうまく処理できない場合、その「対偶」（反対の事例）を考えると解決のヒントが得られることはけっこう多い。

対偶を考えたことによって「いじめの陰惨化がなくなるのは逃げ場があるからだ」という答えが見つかった。それでは次に義務教育の小・中学校に「逃げ場」を作るにはどうすればよいだろうかと考えを進める。まず誰もが思い浮かぶのは学校制度を変えることである。しかし現行の制度を変更するのは難しいし、時間もかかる。「いじめ」問題は、一刻も早い解決が求められている喫緊の問題である。だとすれば今の小・中を制度的にいじるのは断念するしかない。

ではどうすればいいのか。小・中の代わりになりうるような「似たもの」、代替教育機関はないだろうか。先ほどのパターンをここでも採用する。今度は水平方向のリサーチで横軸をたどると、「同じような」教育機関として「塾」にたどり着く。そこで塾――優秀な塾も多い――を正規の教育機関として「認知」したらどうだろうかという提案が出てくる。

ご覧のとおりである。文例は論拠の確立（帰納法＝類似性）、確立された論拠の適用（演繹法＝対偶）という二つのプロセスをうまく使い分けている。

文例に仕掛けられた論証のメカニズムを詳しく分析してみた。日本人の論述文の論証不足

49―渡部昇一『国民の教育』より

を、私は常々苦々しく思っていた。論の当否はともかく論証の手続きをしっかりと踏んでいる文章に出会ったので、ついついやらずもがなの分析に姫してしまった。姫しついでにさらに姫して、論を展開するときの主なチェック・ポイントを挙げれば次のとおりである。

（1）それを根拠づける「法則的なもの」はあるか

（2）それを例証する「経験的なもの」はあるか

（3）それを説明する理由・原因はあるか

（4）それと似た事例はないか。垂直方向のリサーチ（遠くを／過去をたずねる）／水平方向のリサーチ（近くを／現在をさがす）

（5）それと反対の、あるいは極端な事例を仮定してみる、など

霊異・妖怪

50

❖鈴木牧之「雪吹《ふぶき》」『北越雪譜』より

◉美佐嶋《みさしま》といふ原中に到《いたり》し時、天色倏急《てんしよくにはか》に変り黒雲《くろくも》空に覆ひければ　是雪中の常也　夫《をつと》空を見て大に驚怖《おどろき》、こは雪吹《ふぶき》ならんいかがはせんと踉蹡《ためらふ》うち、(1)暴風《はやて》雪を吹散《ふきちらす》事巨濤《おほなみ》の岩を越《こゆ》るがごとく、飈《つぢかぜ》雪を巻騰《まきあげ》て白竜峯《はくりやう》に登《のぼる》がごとし。(2)朗々《のどか》なりしも掌《てのひら》をかへすがごとく天怒地狂《てんいかりちくるひ》、寒風は肌《はだへ》を貫《つらぬく》の鎗《やり》、凍雪《とうせつ》は身を射《いる》の箭《や》也。夫《をつと》は蓑笠《みのかさ》を吹《ふき》とられ、妻《つま》は帽子を吹《ふき》ちぎられ、髪も吹《ふき》みだされ、咄嗟《あはや》といふ間《ま》に眼《め》口襟袖《くちゑりそで》はさら也、裾《すそ》へも雪を吹《ふき》いれ、全身凍《こごえ》呼吸迫《せま》り半身は已《すで》に雪に埋《う》められしが、命のかぎりなれば夫婦《ふうふ》声《こゑ》をあげほういほういと哭叫《なきさけべ》ども、往来《ゆきき》の人もなく人家《じんか》にも遠ければ助《たすく》る人なく手足凍《こごへ》て枯木のごとく暴風に吹僵《ふきたふさ》れ、夫婦頭《かしら》を並《ならべ》て雪中に倒れ死《しし》けり。此雪吹其日《このふぶきそのひ》の暮に止《やみ》、次日《つぎのひ》は晴天なりければ近村《きんそん》の者四五人此所《このところ》を通りかかりしに、かの死骸《しがい》は雪吹《ふぶき》に埋《うづめ》られて見えざれども赤子《あかご》の啼声《なくこゑ》を雪の中にききければ、人々大《おほい》に怪《あやし》みおそれて逃《にげ》んとするも在《あり》しが、剛気《がうき》の者《もの》雪を掘《ほり》てみるに、まづ女の髪の毛雪中《せつちゆう》に顕《あらはれ》たり。扨《さて》は昨日《きのふ》の雪吹《ふぶき》倒《たふ》れならん　里言にいふ所　とて皆あつまりて雪を掘《ほり》、死骸を見るに夫婦《ふうふ》手を引《ひき》あひて死居《ししゐ》たり。児《こ》は母の懐《ふところ》にあり、母の袖児《こ》の頭《かしら》を覆ひたれば児《こ》は身に雪をば触《ふれ》ざるゆゑにや凍死《こごえしな》ず、両親《ふたおや》の死骸の中にて又《また》声をあげてなきけり。雪中の死骸なれば生《いけ》るがごとく、見知《みしり》たる者ありて夫婦《ふうふ》なることをしり、我児《わがこ》をいたはりて袖をおほひ夫婦《ふうふ》手をはなさずして死《しし》たる心のうちおもひやられて、さすがの若者らも泪《なみだ》をおとし、児は懐《ふところ》にいれ死骸は蓑につつみ夫《をつと》の家《いへ》に荷《にな》ひゆきけり。

かの両親《ふたおや》は夫婦《ふうふ》娵《よめ》の家に一宿《とまりし》とのみおもひをりしに、死骸を見て一言《ひとこと》の詞《ことば》もなく、二人《ふたり》が死骸にとりつき顔《かほ》にかほをおしあて大声《おおこゑ》をあげて啼《なき》けるは、見るも憐《あはれ》のありさま也。一人の男懐《ふところ》より児《こ》をいだして姑《しうと》にわたしければ、悲《かなしみ》と喜《よろこび》と両行《りやうこう》の涙をおとしけるとぞ。

雪吹の人を殺す事大方《おほかた》右に類す。暖地《だんち》の人花の散《ちる》に比《くらべ》て美賞する雪吹と其異《そのことなる》こと、潮干《しほひ》に遊びて楽《たのしむ》と洪濤《つなみ》に溺《おぼれ》て苦《くるしむ》との如し。雪国の難義《なんぎ》暖地の人おもひはかるべし。

（鈴木牧之『北越雪譜』岩波文庫、一九七八年）

【現代語訳】美佐嶋《みさしま》という原の中にたどり着いたとき、空の色がにわかに変わり黒雲《くろくも》が空を覆ったので（こんなことは雪の中ではよくあること）夫《おっと》は空を見て大いに驚いて、これは吹雪になるぞ、どうしたらいいかと、躊躇しているうちに、疾風が雪を吹き散らすこと、まるで大波が岩を越えるようであり、辻風が雪を巻き上げて白竜が峰に登るようである。のどかだったのに手の平を返すように天は怒り、地は狂い、寒風は肌《はだえ》を貫く槍、凍った雪は身を射る矢である。夫《おっと》は蓑笠《みのがさ》を吹きとられ、妻《つま》は帽子を吹きちぎられ、髪も吹き乱され、あっという間に、目や口や袖は勿論のこと、裾《すそ》へも雪を吹きいれ、全身は凍え、呼吸が激しくなり、半身はすでに雪に埋《う》められたが、これが命の終わりかと思えば夫婦は声をあげ、おおいおおい、と泣き叫んでも通り過ぎる人もなく、人家《じんか》にも遠いので助けてくれる人もなく、手足も凍えて枯木のように暴風に吹き倒され、夫婦は頭《かしら》を並べて雪の中に倒れて死んでしまった。この吹雪はその日の夕方に止み、翌日は晴天だったので、近くの村の者が四、五人、このところを通りかかったが、かの死骸《しがい》は吹雪に埋められて見えなかったけれども、赤ん坊の泣く声を

雪の中に聞いたので、人びとは大いに不審に思い、恐れて逃げようとする者もいたが、勇気のある者が雪を掘ってみると、まず女の髪の毛が雪の中に現れた。そうか昨日の「雪吹倒《ふぶきたお》れ」(とこの地方ではいう)だろうと思って、皆があつまって雪を掘り、死骸を見ると、夫《ふう》婦《ふ》が手を取り合って死んでいた。子は母の懐《ふところ》にいて、母の袖が子の頭を覆っていたので、雪が身に触れなかったせいだろうか、子は凍え死ぬこともなく、両親の死骸の中でまた声をあげて泣いた。雪の中の死骸なのでまるで生きているようで、見知っていた者がいて夫婦《ふうふ》であることが分かり、わが子をかばい、袖をかけて夫婦《ふうふ》が手をはなさずに死んだ心のうちが思いやられてさすがの若者たちも涙を落とし、子は懐《ふところ》にいれ、死骸は蓑につつんで夫《おっと》の家《いえ》に担いで行った。かの両親は息子夫婦は嫁の家に泊まったとばかり思っていたのに、死骸を見て一《ひと》言《こと》の言葉もなく、二人《ふたり》の死骸にとりつき顔に顔をおしあて大声《おおごえ》をあげて泣いているのは見るも憐れのありさまだった。一人の男が懐《ふところ》より子ども出して姑《しゅうと》に渡すと、悲《かなしみ》と喜《よろこび》と両方の涙を落としたとか。

　吹雪が人を殺す次第はおおよそこんなふうである。暖地《だんち》の人が花の散るのに比べて賞美する雪吹との違いは、潮干《しおひ》に遊んで楽しむのと、津波におぼれて苦しむとの違いに似ている。雪国で暮らす苦労のほどを暖地の人は思いやらなければならない。

［作者プロフィール］鈴木牧之《ぼくし》(一七七〇—一八四二)。江戸時代末期の越後塩沢の商人、随筆家。家業は質屋だったが、縮織物や米の仲買にも従事していた。父の影響を受けて子どもの頃から学問や文芸に親しんだ。また旅が好きで、江戸をはじめ各地に足を伸ばし、その

先々で多くの人と親交をあたためた。友人には、山東京伝や、十返舎一九、曲亭馬琴といった著名な作家をはじめ、画家や書家、俳人、役者など多数を数えた。

『北越雪譜』(挿絵入り)は「雪国百科全書」ともいうべき本である。この本のなかには雪国に特有の風俗習慣や、多くの奇習・奇譚が紹介され、それらのエピソードを通じて、豪雪に耐え豪雪と懸命に闘っている人々の生活ぶりが印象的に語られている。

[解説] 文例は吹雪の恐ろしさを語るくだりである。暖国の人は桜花の散るのを花吹雪と優雅に愛でるが、豪雪の越後ではとんでもないことである。

塩沢から遠くない村に仲むつまじい若い夫婦がいた。篤実にして親孝行な若夫婦が夫の舅姑のすすめで、その年の九月に授かった男の子を妻の実家に連れて行くことになった。出発したときは好天気であったのだが、途中で天候が急変した。

文例はその天候の急変を物語る。傍線部(1)は直喩である。疾風を大波にたとえている。傍線部(2)は対照法(対句)で、天—地、風—雪、夫—妻を対比している。このレトリックの合わせ技は吹雪のすさまじさを活写する。

若夫婦は吹雪の犠牲になってしまったが、子を思う親の心が天に通じたものか、赤ん坊は命拾いした。不幸中のせめてもの幸いだ。最後のコメントは、同じ吹雪を前にして暖国と雪国の人が感じる落差の大きさを冷徹に剔出している。

❖鈴木牧之「織婦《はたおりをんな》の発狂《きちがひ》」『北越雪譜』より　51

◉ひととせある村の娘、はじめて上々のちぢみをあつらへられしゆゑ大《おほい》によろこび、金匁《きんせん》を論ぜず、ことさらに手際《てぎは》をみせて名をとらばやとて、績《うみ》はじめより人の手をからず、丹精の日数を歴《へ》て見事に織おろしたるを、さらしやより母が持《もち》きたりしとききて、娘ははやく見たく物をしかけたるをもうちおきてひらき見れば、いかにしてか匁《ぜに》ほどなる煤《すす》いろの暈《しみ》あるをみて、母《かか》さまいかにせんかなしやとて縮《ちぢみ》を顔にあてて哭《なき》倒れけるが、これより発狂《きちがひ》となり、さまざまの浪言《らうげん》をののしりて家内《かない》を狂ひはしるを見て、両親《ふたおや》娘が丹精したる心の内をおもひやりて哭《なき》になきけり。見る人々もあはれがりてみな袖をぬらしけるとぞ。友人なにがしがものがたりせり。

（鈴木牧之『北越雪譜』岩波文庫、一九七八年）

[作者プロフィール] →文例50

[現代語訳] 何年か前、ある村の娘が、はじめて極上のちぢみの注文を受けたので、たいそう喜び、値段のことは度外視して、とりわけ見事な腕前をみせて評判をとりたいとの一心で、糸のつむぎはじめから、人手を借りず一人で、丹精の日数を経て見事に織りあげた。その布を、さらし屋から母が持ってきたと聞いて、娘は早く見たくて、やりかけた仕事もやめて開けてみれば、なんとしたことか、小銭ほどの煤色の染みがあるのを見て、「母《かか》さま、どうしたらいいの、ああ悲しい」と、縮みを顔に押しあてて泣き崩れた。それから気がおかしくな

ってしまい、あられもない暴言の数々を口走り、家の中を走り狂うのを目にして、両親は娘が心を込めたその心の内を思いやって泣いたことだった。それを見た人々も、あわれを感じてみな涙を流したとか。友人なにがしから聞いた話である。

［解説］ 文例を理解するには、縮《ちぢ》みについての背景を知る必要がある。鈴木牧之がこの話の前後で開陳している説明をかいつまんで紹介することにする。

縮みは越後の名産といわれているが、実際に産するのは鈴木牧之の住む魚沼郡一郡だけである。縮みはこの地域の婦女子たちが、雪の季節におこなう手仕事の産物だ。前年の十月から糸をつくりはじめて、次の年二月半ばに晒し終わる。白縮みは一見したところ織りやすそうに見えるが、手際の巧拙が現れやすい。村々の婦女たちが縮みに籠める思いは想像を絶する。

場所を決め、身を清め、体調も整えて作業に取り組む。場所を決めずにあちこち動いて作業すれば、心が落ち着かず、それが糸の太さの不揃いに現れてしまう。わずか一反を織りあげるのにも、およそ二万五千回も手を動かさなければならない。じっと坐りながら根気を詰めて仕事に打ち込む。織りあげられてゆく布に、織っている人の情念が織り込まれる。

縮みを織る家では、嫁をえらぶにも器量は二の次で、縮みの技量を第一とする。だからどの親も、幼い頃より娘にこの技術を身につけさせようと厳しく躾ける。縮みを織る女たちにとっては、その出来栄えは名誉であり、誇りであり、生きがいである。

こんな背景を頭に入れながら、掲出の文例を読めばくだんの娘のショックのほど、また哀婉極まりない純情さが理解できるはずである。

文例の中で一箇所、ちょっと（いや、すごく）引っかかる表現がある。「両親《ふたおや》娘が丹精したる心の内をおもひやりて」である。娘が「丹精した」、心をこめてつくったのは縮みであるはずだ。つまり、ここには表現の二重写しがある。あるいはずらしがある。丹精をこめて作られた縮みと、その縮みを丹精をこめてつくった心。語学のほうで「転位形容詞」と呼んでいる特殊な用法だが、形容詞に限らず見られる現象なので、私は「転位修飾法」と呼んでいる。たとえば「怒り狂った声で男は叫んだ」。「怒り狂っている」のは男であるが、形容語が転位されて「声」にかかっている。ずらしによる焦点化の効果がある。文例中のケースはもっと微妙であるが、連想された「縮み」にかかるべき形容語が転位されて「心」にかかったのだ。この「転位」の中に、縮みゆえに狂った娘に対する、名状しがたい親心が投影されているように思えてならない。

52 三遊亭円朝『怪談牡丹燈籠』より

◉そのうち上野の夜の八ツの鐘がボーンと忍ケ岡の池に響き、向ケ岡の清水の流れる音がそよそよと聞こえ、山に当る秋風の音ばかりで、陰々寂寞《せきばく》、世間がしんとすると、いつもに変わらず根津《ねづ》の清水《しみず》の下《もと》から駒下駄の音高くカランコロンカランコロンとするから、新三郎は心のうちで、ソラ来たと小さくかたまり、額からあごへかけて膏汗《あぶらあせ》を流し、一生懸命一心不乱に雨宝《うほう》陀羅尼経《だらにきょう》を読誦《どくじゅ》していると、駒下駄の音が生垣の元でぱったり止みましたから、新三郎は止せばいいに念仏を唱えながら蚊帳《かや》を出て、そっと戸の節穴から覗いて見ると、いつもの通り牡丹花の燈籠を下げて米《よね》が先へ立ち、後には髪を文金の高髷《たかまげ》に結い上げ、秋草色染の振袖に燃えるような緋縮緬の長襦袢、その綺麗なこと云うばかりもなく、綺麗ほどなお怖く、これが幽霊かと思えば、萩原はこの世からなる焼熱地獄に墜ちたる苦しみです。萩原の家は四方八方にお札が貼ってあるので、二人の幽霊が臆して後へ下がり、

「嬢様とても入れません。萩原様はお心変わりがあそばしまして、昨晩のお言葉と違い、あなたを入れないように戸締りがつきましたから、とても入ることはできませんから、お諦めあそばしませ。心の変わった男はとても入れる気遣いはありません。心の腐った男はお諦めあそばせ。」

と慰むれば、

「あれほどまでにお約束をしたのに、今夜に限り戸締りをするとは、男の心と秋の空、かわりはてたる萩原様のお心が情けない。米や、どうぞ萩原様に逢わせておくれ。逢せてくれなければわたくしは帰らないよ。」

と振袖を顔にあてて、さめざめと泣く様子は、美しくもありまた物凄くもあるから、新三郎は何も云わず、ただ、

「南無阿弥陀仏南無阿弥陀仏。」

「お嬢様、あなたがこれほどまでに慕うのに、萩原様にゃアあんまりなお方ではございませんか。もしや裏口から入れないものでもありますまい。いらっしゃい。」
と手を取って裏口へ廻ったがやはり入られません。

（三遊亭円朝『怪談牡丹燈籠　怪談乳房榎』ちくま文庫、一九九八年）

[作者プロフィール] 初代三遊亭円朝（一八三九―一九〇〇）。江戸時代末期（幕末）から明治時代に活躍した落語家。別格扱いされるほどの名人中の名人。また、多くの演目を創作した。代表作は『怪談牡丹燈籠』『塩原太助一代記』『真景累が淵』など。その速記本の日本語が二葉亭四迷らに影響を与え、言文一致運動を促進した。

[解説]『怪談牡丹燈籠』は敵討ちと不義謀議と恋愛と三つの筋が複雑に絡み合う情緒纏綿たる物語である。

ここでは文例の理解を深めるためということで、最後の筋だけに説明を絞ることにする。主題は、「女子にして見まほしき優男」、萩原新三郎と旗本の一人娘、お露の間に繰りひろげられる純情な、だが、後の祟りの恐ろしい恋である。

旗本飯島平左衛門は妻が死ぬと、そのお付き女中だったお国という女を側室に迎えた。ところが娘のお露との折り合いが悪い。二人の不仲を見かねて父は仕方なく、しっかり者の女中お米を付き添わせて娘を柳島近辺の別墅《べっしょ》に移り住まわせることにした。だが、これが不幸の始まりだった。

新三郎は根津清水谷《しみずたに》の貸し長屋の家賃で生計を立てている独り身の浪人。借家人の伴蔵とお峯という中年の夫婦者に、家賃代わりに身の回りの世話をしてもらっている。この浪人、色男だがいたって内気、二十一にもなるのに浮いた話ひとつない。旗本の飯島家に出入りしている親友の医師が、見るに見かねて一計を案ずる。梅見を口実にして新三郎を連れだし、別荘に案内してお露に引き合わせる。するとお露はたちまち一目惚れ、新三郎もまんざらではない様子。だが、二人の態度は煮え切らない。ただもじもじするばかりである。お米の粋な計らいでなんとか、手だけはそっと触れあった。お露は自分の深い想いを、別れしなに「あなたまた来てくださらなければわたくしは死んでしまいますヨ」と、そっと男の耳もとにささやく（奇《く》しくも、この言葉は事実となる）。

新三郎はお露が懐かしくて仕方がない。もう一度柳島に行きたいと思う。ところが、親友の医師はその後とんとご無沙汰。やっと六月の末頃にお待ちかねの御仁がやって来たが、その口からお露が自分に恋い焦がれて亡くなった消息を聞かされる（お付きの女中も看病疲れであとを追うように死ぬ）。

ところが、である。盆の十三日の晩に死んだはずのお米とお露が家の前を通り過ぎる。そうして、その夜から新三郎とお露の、七夜の逢瀬が続く。しかしながら、借家人の伴蔵が独り者の住まいに女の声がするのを不審に思って中をのぞきこむと、女の幽霊が新三郎の首に取りすがっている。びっくりした伴蔵が同じ借家人の占い師に相談すると、その手づるで名僧から魔除けのお札とお守りを手に入れることができた。そのお札を、新三郎はさっそく家の至るところにぺたぺたと張りつける。お守りを身に帯びる。お経を唱え出す。

そして文例の場面となるのだが、ここで後日談を紹介しておく。

新三郎に逢いたいとむずかるお露の懇願にほだされて、お米は伴蔵に近づく。欲に目のくらんだ伴蔵は金百両の礼金に心を動かされる。百両あれば一生左団扇《ひだりうちわ》で暮らせると、妻のお峯も亭主をたきつける。お米と伴蔵のあいだで交渉が成立する。伴蔵はお守りをすり替え、お札を剝がす。この策略のせいで新三郎はお露の霊にとりつかれて、あえなく横死する。

文例（特に出だしの部分）はこの作品中もっとも有名なくだりだ。注目すべきは傍線を施した音喩（オノマトペ）の効果である。ボーンという鐘の音、そよそよという風の音。そしてカランコロンカランコロンと夜陰に高く響き渡り、しだいに近づいてくる駒下駄の音。幽霊の登場にまさに打ってつけのお膳立てだ。視覚に先立つ聴覚の恐怖。いや、視覚の恐怖をいや増す聴覚の先触れ。オノマトペは使い方が難しいが、ここはその音響的効果を存分に発揮している。

円朝の文章（速記本）は一八八四（明治十七）年が初出だ。明治のあの言文一致運動の手本の一つになったとも言われるが、百二十年以上もの星霜を閲《けみ》したとはとても思えない。いま読んでも実に新鮮である。

❖泉鏡花『草迷宮』より

53

◉「其《それ》が貴僧《あなた》、前刻《さつき》お話をしかけました、あの手毬《てまり》の事なんです。」

「ああ、其《そ》の手毬が、最《も》う一度御覧なさりたいので。」

「否《いいえ》、手毬の歌が聞きたいのです。」

と、うつとりと云《い》つた目の涼しさ。月の夢を見るやうなれば、変《かは》つた望み、と疑ひの、胸に起る雲《くも》消えて、僧は一膝《ひとひざ》進めたのである。

「大空の雲を当てに何処《いづこ》となく、海があれば渡り、山があれば越し、里には宿つて、国々を歩《あ》行《る》きますのも、詮《せん》ずる処《ところ》、或《ある》意味の手毬唄を……」

「手毬唄を。……如何《いかが》な次第でございます。」

「夢とも、現《うつつ》とも、幻とも……目に見えるやうで、口には謂《い》へぬ——而《そ》して、優しい、懐しい、あはれな、情《じやう》のある、愛の籠《こも》つた、ふつくりした、然《しか》も、清く、涼しく、悚然《ぞつ》とする、胸を掻《かき》挘《むし》るやうな、あの、恍惚《うつとり》となるやうな、まあ例《たと》へて言へば、芳《かんば》しい清らかな乳を含みながら、生れない前《さき》に腹の中で、美しい母の胸を見るやうな心持の——唄なんですが、其《そ》の文句を忘れたので、命にかけて、憧憬《あこが》れて、それを聞きたいと思ひますんです。」

此《こ》の数分時《すうふんじ》の言《ことば》の中《うち》に、小次郎法師《こじらうほふし》は、生れて以来、聞いただけの、風と水と、鐘の音《おと》、楽《がく》、あらゆる人の声、虫の音《ね》、木《こ》の葉の囁《ささや》きまで、稲妻の如く胸の裡《うち》に繰返し、猶且《なほか》つ覚えただけの経文《きやうもん》を、颯《さつ》と金字紺泥《こんじこんでい》に瞳《ひとみ》に描《ゑが》いて試みたが、其《それ》かと思ふのは更《さら》に分《わか》らぬ。

「して、其《そ》の唄は、貴下《あなた》お聞きに成つたことがございませうか。」

「小児《こども》の時に、亡くなつた母親が唄ひましたことを、物心《ものごころ》覚えた最後の記憶に留《と》めただけで、何《ど》う云《い》ふのか、其《そ》の文句を忘れたんです。

年を取るに従うて、まるで貴僧《あなた》、物語で見る切ない恋のやうに、其《そ》の声、其《そ》の唄が聞きたくツてなりません。」

(『鏡花全集　巻十二』岩波書店、一九四一年)

[語注] ◇金字紺泥に＝紺泥は紺粉を膠《にかわ》の液で泥のように溶かしたもの。「金色の文字で紺泥の地に」の意

[レトリック] ◇と、うつとりと云つた目の涼しさ＝体言止め。省略法◇疑ひの、胸に起る雲消えて＝疑いを雲に見立てる。「疑ひの雲」。ここは修飾関係が見えにくい。「疑いが胸に起こる」と読みたくなるが、「疑いの」は実は「雲」にかかっている。つまり、ここは自然な語順ならば「胸に起る疑ひの雲」となるべきところだ。修飾語を予想される語とは別のところにかけている。「転位修飾法」と呼んでいる強調のテクニックのバリエーションと見てよいだろう◇或意味の手毬唄を……＝黙説法◇風と水と、鐘の音、楽、あらゆる人の声、虫の音、木の葉の囁き＝列挙法

[作者プロフィール] 泉鏡花(一八七三―一九三九)。明治・大正の小説家。尾崎紅葉に師事し、『夜行巡査』『外科室』で認められ、『高野聖』で作家としての地位を確立。謡曲、浄瑠璃、読本など江戸文芸の影響を受け、怪奇趣味と神秘的なロマン主義に満ちた作品が多い。

自然主義の隆盛の余波を受けて不遇な時期もあったが、近年、幻想文学の先駆者として評価が高い。


[解説]『草迷宮《くさめいきゅう》』（一九〇八）は三浦半島秋谷《あきや》海岸の草深い古屋敷を舞台とする怪異譚である。

　修行のため諸国を行脚する小次郎法師は茶店の老婆からくだんの屋敷にまつわる、死人まで出る不思議な事件に興味を抱き、また老婆から回向を頼まれもしたのでその屋敷に泊まり込むことになった。しかしそこにはすでに先客の青年がいた。

　青年は屋敷の近くの川で手鞠を拾い、その持ち主を捜すべく、その屋敷に逗留することになったが、最初の晩に問題の手鞠は消え失せてしまった。彼は亡き母に歌ってもらった、今は忘れ果てた懐かしい手鞠唄をもう一度聞きたいとの一念で諸国をさすらっている。奇特な青年は、畳が逆立つ、ランプが宙に舞うなどの夜ごとの変異にもいっこう動ずる気配もない。

　青年は問われるままに自分の体験を法師に語りはじめるが、自分が恋慕してやまない、その対象の「次第」をいざ説明しようとした途端に、それを的確に言い表すべき言葉を見つけることがどうしてもできない。文例中の傍線部の長い長い類語法は、青年のそのもどかしさを見事に表現して余蘊がない。

❖泉鏡花『高野聖』より

54

●婦人《をんな》は衣紋《えもん》を抱き合せ、乳の下でおさへながら静《しづか》に土間を出て馬の傍《わき》へつつと寄つた。

私は唯《ただ》呆気に取られて見て居ると、爪立《つまだち》をして伸び上り、手をしなやかに空《そら》ざまにして、二三度鬣《たてがみ》を撫でたが。

大きな鼻頭《はなづら》の正面にすつくりと立つた。丈《せい》もすらすらと急に高くなつたやうに見えた、婦人《をんな》は目を据《す》ゑ、口を結び、眉を開いて恍惚となつた有様《ありさま》、愛嬌も嬌態《しな》も、世話らしい打解けた風《ふう》は頓《とみ》に失せて、神か、魔かと思はれる。

其時《そのとき》裏の山、向うの峰、左右前後にすくすくとあるのが、一ツ一ツ嘴《くちばし》を向け、頭を擡《もた》げて、此の一落《いちらく》の別天地、親仁《おやじ》を下手《しもて》に控へ、馬に面して彳《たたず》んだ月下《げつか》の美女の姿を差覗《さしのぞ》くが如く、陰々として深山《みやま》の気が籠《こも》つて来た。

生ぬるい風のやうな気勢《けはひ》がすると思ふと、左の肩から片膚《かたはだ》を脱いだが、右の手を脱《はづ》して、前へ廻し、ふくらんだ胸のあたりで着て居た其の単衣《ひとへ》を円《まる》げて持ち、霞《かすみ》も絡《まと》はぬ姿になつた。

馬は背《せな》、腹の皮を弛めて汗もしとどに流れんばかり、突張《つッぱ》つた脚もなよなよとして身震《みぶるひ》をしたが、鼻面《はなづら》を地につけて一摑《ひとつかみ》の白泡《しろあわ》を吹出したと思ふと前足を折らうとする。

其時《そのとき》、頤《あぎと》の下へ手をかけて、片手で持つて居た単衣《ひとへ》をふはりと投げて馬の目を蔽《おほ》ふが否《いな》や、兎《うさぎ》は躍《おど》つて、仰向けざまに身を飜し、妖気を籠《こ》めて朦朧《もうろう》とした月あかりに、前足の間に膚《はだ》が挟《はさま》つたと思ふと、衣《きぬ》を脱《だつ》して掻取《かいと》りながら下腹を衝《つ》と潜《くぐ》つて横に抜けて出た。
親仁《おやぢ》は差心得《さしこころえ》たものと見える、此《こ》の機《きつ》かけに手綱《たづな》を引いたから、馬はすたすたと健脚を山路に上げた、しやん、しやん、しやん、しやんしやん、しやんしやん、――見る間《ま》に眼界を遠ざかる。

（『鏡花全集　巻五』岩波書店、一九四〇年）

［作者プロフィール］→文例53

［解説］文例は魔性の女が帯を解き、霊力を駆使して馬を慰撫・使嗾する場面である。実はこの馬は富山の薬売りの成れの果てであった。

中篇小説『高野聖』は主に、汽車の車中で道連れになった旅僧が越前敦賀の冬の宿で「私」に語る寝物語という説話形式で書かれている。旅僧は高野山に籍を置く高僧である。ちなみに、作品名にもなっている高野聖とは高野山から説教のために全国に派遣される行脚僧のこと。旅僧は若い頃の高野聖の時代に怪異な体験をした。信州へ向けての飛騨越えの時のことである。

旅僧は地図を頼りに道をたどっていたが、分かれ道を前にした。本道のはずの道は大雨のせいで水浸しで、たどるのが難儀そうだ。そこに居合わせた、麓の茶屋で出会った富山の薬売りはちょっと迷ってから冠水していない間道を選んだ。思案している僧に、たまたま通りかかった百姓が先に行けば道はよくなるので本道をたどるように勧める。間道を行くと道に迷い込んで、飛んでもない羽目になるとも言った。

旅僧は教えられた道をたどりはじめたが、ふと薬売りの身が案じられる。厚かましく嫌味な男ではあったが、仏門に仕える身であってみれば、このまま座視することはできない。取って返して薬売りの後を追う。蛇と蛭のうごめく剣呑な道の連続であったが、ほうほうの体でとある一軒の人家にたどり着いた。あたりを払うような臈たけた美女、夫とおぼしき白痴の男、手伝いの老爺《ろうや》の三人暮らし。旅僧は女にいざなわれて、まずは近くの谷川での沐浴をすすめられる。そこで味わった夢のような陶酔の境地。戻ると老爺が馬市に出すといって一頭の馬を引いてくるが、僧を見るとその場で動こうともしない（この後に文例の場面が来る）。

翌日になって教えられたのだが、実はこの馬は薬売りで、好色のたたり、魔性の女の霊力で馬にされてしまったのだ。その晩旅僧は女のもてなしを受けるが、家の周りにただようのは、異様な雰囲気、獣たちや鳥たちの不気味なざわめき。

翌朝、後ろ髪を引かれる思いで、僧は妖しの家を後にする。そして馬市から戻る老爺とたまたま行き会う。魔性の美女に心惹《こころひ》かれる旅僧の心の内を見越して、老爺は女の正体を明かす。それによると、女は不思議な魔力をもっていて、病気も治せば、周りの人や物を自由に操ることもできた。おまけに好色で、道に迷った旅人を悩殺し、飽きるとサルやコウモリやウサギなどに変えてしまう。昨晩感じ取った家の周囲の魑魅魍魎はそんな男たちの成れの果てであった。老爺は旅僧に、生きてあることの幸運に感謝して一刻も早くこの地を立ち去るように促す。

古風な文章であるが、傍線部の直喩（深山の気を鳥に喩える）を除いては特に目につくレトリカルな表現はない。強いて挙げれば、傍点を伏した声喩（オノマトペ）が多用されていることと、「霞《かすみ》も絡《まと》はぬ姿になつた」（裸になった）という迂言法があるくらいだろうか。「陰々として」は漢語のオノマトペであるが、これについては文例89を参照していただきたい。

55 ❖柳田国男『遠野物語　六三』より

◉小国《おぐに》の三浦某というは村一の金持なり。今より二三代前の主人、まだ家は貧しくして、妻は少しく魯鈍《ろどん》なりき。この妻ある日門《かど》の前を流るる小さき川に沿いて蕗《ふき》を採《と》りに入りしに、よき物少なければ次第に谷奥深く登りたり。さてふと見れば立派なる黒き門《もん》の家あり。訝《いぶか》しけれど門の中に入りて見るに、大なる庭にて紅白の花一面に咲き雞《にわとり》多く遊べり。その庭を裏の方へ廻れば、牛小屋ありて牛多くおり、馬舎《うまや》ありて馬多くおれども、一向に人はおらず。ついに玄関より上《あが》りたるに、その次の間には朱と黒との膳椀《ぜんわん》をあまた取り出したり。奥の座敷には火鉢《ひばち》ありて鉄瓶《てつびん》の湯のたぎれるを見たり。されどもついに人影はなければ、もしや山男の家ではないかと急に恐ろしくなり、駆け出して家に帰りたり。この事を人に語れども実《まこと》と思う者もなかりしが、また或る日わが家のカドに出《い》でて物を洗いてありしに、川上より赤き椀一つ流れてきたり。あまり美しければ拾い上げたれど、これを食器に用いたらば汚《きたな》しと人に叱《しか》られんかと思

郵便はがき

料金受取人払

板橋北局承認

349

差出有効期間
平成27年1月
10日まで
（切手不要）

1748790

板橋北郵便局
私書箱第32号

国書刊行会 行

フリガナ ご氏名		年齢	歳
		性別	男・女
フリガナ ご住所	〒　　TEL.		
e-mail アドレス			
ご職業		ご購読の新聞・雑誌等	

❖小社からの刊行案内送付を　□希望する　□希望しない

愛読者カード

❖お買い上げの書籍タイトル：

❖お求めの動機

1. 新聞・雑誌等の広告を見て（掲載紙誌名：　　　　　　　　　　　　）
2. 書評を読んで（掲載紙誌名：　　　　　　　　　　　　）
3. 書店で実物を見て（書店名：　　　　　　　　　　　　）
4. 人にすすめられて　5. ダイレクトメールを読んで　6. ホームページを見て
7. ブログやTwitterなどを見て
8. その他（　　　　　　　　　　　　）

❖興味のある分野に○を付けて下さい（いくつでも可）

1. 文芸　2. ミステリ・ホラー　3. オカルト・占い　4. 芸術・映画
5. 歴史　6. 宗教　7. 語学　8. その他（　　　　　　）

＊通信欄＊

本書についてのご感想（内容・造本等）、小社刊行物についてのご希望、編集部へのご意見、その他。

購入申込欄＊

書名、冊数を明記の上、このはがきでお申し込み下さい。代金引換便にてお送りいたします。（送料無料）

書名：　　　　　　　　　　　　冊数：　　冊

最新の刊行案内等は、小社ホームページをご覧ください。ポイントがたまる「オンライン・ブックショップ」もご利用いただけます。http://www.kokusho.co.jp

ご記入いただいた個人情報は、ご注文いただいた書籍の配送、お支払い確認等のご連絡および小社の刊行案内等をお送りするために利用し、その目的以外での利用はいたしません。

い、ケセネギツの中に置きてケセネを量《はか》る器《うつわ》となしたり。しかるにこの器にて量り始めてより、いつまで経《た》ちてもケセネ尽きず。家の者もこれを怪しみて女に問いたるとき、始めて川より拾い上げし由《よし》をば語りぬ。この家はこれより幸運に向い、ついに今の三浦家となれり。遠野にては山中の不思議なる家をマヨイガという。マヨイガに行き当りたる者は、必ずその家の内の什《じゅう》器《き》家畜何《なに》にてもあれ持ち出《い》でて来べきものなり。その人に授《さず》けんがためにかかる家をば見するなり。女が無慾にて何ものをも盗み来ざりしが故に、この椀自ら流れて来たりしなるべしといえり。

○このカドは門にはあらず。川戸にて門前を流るる川の岸に水を汲み物を洗うため家ごとに設けたるところなり。
○ケセネは米稗《ひえ》その他の穀物《こくもつ》をいう。キツはその穀物を容《い》るる箱なり。大小種々のキツあり。

（柳田国男『遠野物語・山の人生』岩波文庫、一九七六年）

[作者プロフィール] 柳田国男（一八七五—一九六二）。日本の民俗学のパイオニア。学生時代は詩を書いていたが、東京帝国大学で農政学を学び、農商務省の役人になった。そして、しだいに民俗的なものへの関心を強めた。折しも、岩手県遠野町（現・遠野市）出身の青年、佐々木喜善と知り合った。佐々木は小説家・民話蒐集家であった。この青年から聞いた民話をまとめ、「古風にして新鮮な文体」（桑原武夫）で記述したのが『遠野物語』である。

[解説]『遠野物語』に登場するのは、民衆によって語り継がれてきた霊妙怪異な話の数々。その内容は天狗やヤマハハ、河童、山男、雪女、狐などに関する妖怪談、山の神、里の神、家の神、神隠し、死者などに関する霊異譚、民間信仰、民俗的行事など多岐におよぶ。『遠

野物語』は民俗学の記念碑的傑作である。『遠野物語』にでてくる話はどれも怪異なものばかりであるが、読んでいくうちに名状しがたい、ある郷愁がこみ上げてくる。どこかで聞いたことがある話だなと思われるのだ。『遠野物語』は農耕民族である日本人の心の奥にひそむ自然や神にたいする「畏怖」の情を表現し、日本人の心の古層を伝えているのだろう。

文例もそうした民話の類いで、正直者や無欲なものが幸いをさずかる、あるいは積善の家に余慶あり、というよくある話型である。

56

❖柳田国男『遠野物語　九九』より

◉土淵《つちぶち》村の助役北川清という人の家は字火石《あざひいし》にあり。代々の山臥《やまぶし》にて祖父は正福院といい、学者にて著作多く、村のために尽したる人なり。清の弟に福二という人は海岸の田の浜へ婿《むこ》に行きたるが、先年の大海嘯《おおつなみ》に遭《あ》いて妻と子とを失い、生き残りたる二人の子とともに元《もと》の屋敷の地に小屋を掛けて一年ばかりありき。夏の初めの月夜に便所に起き出《い》でしが、遠く離れたるところにありて行く道も浪《なみ》の打つ渚《なぎさ》なり。霧の布《し》きたる夜なりしが、その霧の中より男女二人の者の近よるを見れば、女は正《まさ》しく亡くなりしわが妻なり。思わずその跡をつけて、遥々《はるばる》と船越《ふなこし》村の方へ行く崎の洞《ほこら》あるところまで追い行き、名を呼びたるに、振り返りてにこと笑いたり。

男はとみればこれも同じ里の者にて海嘯《つなみ》の難に死せし者なり。自分が婿に入りし以前に互いに深く心を通わせたりと聞きし男なり。今はこの人と夫婦になりてありというに、子供は可愛《かわい》くはないのかといえば、女は少しく顔の色を変えて泣きたり。死したる人と物いうとは思われずして、悲しく情なくなりたれば足元《あしもと》を見てありし間に、男女は再び足早にそこを立ち退《の》きて、小浦《おうら》へ行く道の山陰《やまかげ》を廻《めぐ》り見えずなりたり。追いかけて見たりしがふと死したる者なりしと心づき、夜明けまで道中《みちなか》に立ちて考え、朝になりて帰りたり。その後久しく煩《わずら》いたりといえり。

（柳田国男『遠野物語・山の人生』岩波文庫、一九七六年）

［作者プロフィール］→文例55

［解説］ 明治二十九（一八九六）年六月十五日夜七時半ごろ三陸沿岸を地震が襲った。各地の震度は二〜三、だれも警戒しなかったが、その後、波の高さ二十八メートル余り、死者二万二千人ほどをもたらした大津波が押し寄せた。文例はこの地震にまつわる悲話である。柳田の文章はあくまでも抑制した簡潔な文語体だが、それがかえって自然の大災害で妻を亡くした男の未練と嫉妬を切々と伝えている。

この話は立場によって、たとえば男と女では、その評価が大きく変わるような気がする。

昔（明治の頃）は遠野地方に限らず結婚は、当人たちの意志とは関係なく、親や周囲の思惑で決められることが多かった。男女の恋愛結婚は「野合」といって軽蔑されたものである。きちんとした手続きを踏んで男と女は結ばれた。特に女性のほうが貧乏くじを引いた。この話で問題になっている女性も、好きな男性がいたのに、家の事情で婿を押しつけられたのだ

ろう。結婚してみれば、そこそこの幸せに恵まれ子供まで授かった。もし大津波がこなければそのまま夫と添い遂げたかもしれない。しかし、津波のお蔭で（？）あの世で昔の恋人と再会し、めでたく結ばれることになった。女の立場からいえば津波様々でルンルン気分のはずである。

だが夫の立場からいえば、妻の命を津波でさらわれ、おまけに、あの世で元恋人に妻の心もさらわれたのだ。夫としてまさに「弱り目に祟り目」である。「子供は可愛《かわい》くはないのか」は方便で、本当は「俺のことは」と言いたいところだろう。それを言わないところに男の遠慮が偲ばれる。「その後久しく煩《わずら》いたり」となるのも納得である。

ここから、男はロマンチストであり、女はリアリストであるという一般論を引き出すことはたやすい。しかしこの話からは、もっと深いメッセージが読み取れるのではないか。

この話は荒誕な話ではない。実話である。柳田に民話を提供した佐々木青年の叔父の身の上に起こった話である。叔父からこの話を聞いたとき青年はなにを思っただろうか。また、どんな思いでこの実話を柳田に語ったのだろうか。そのことを考えることが大切ではないか。第三者の目である。

語られた出来事は津波から「一年ばかり」のこと。時しも旧暦の盆の頃、死者たちが帰ってくる季節。場所は「浪《なみ》の打つ渚《なぎさ》」。海のかなたより色々なものが漂着する、彼我の境界領域。海に流された亡き妻との再会の場としては、うってつけの舞台である。妻はあの世での幸せを夫に伝えたくてこの世に戻ってきたのではないか。津波にさらわれたけれども、今はこうして昔の恋人と一緒になれて幸せよ、だからあなた、どうか心配しないで。もっとも、それを聞かされる夫にとっては、悲しい話ではある。だから、この話を語らない選択も語り手の佐々木青年にはあったはずだ。しかしながら、そうはしなかった。あえて語った。そこには語り手の死者への想いと、残された夫への思い遣りがこもごもに示されているのではないか。

人生はままならぬものである。死者や自然は敬い、畏れなければならない。ほかの男を想う女と結ばれ、三人の子をなし、妻の過去にこだわりながらもそこその幸せが得られた。けれども、津波によってその平にして凡な幸せも破壊されてしまった。これもまた人生である。津波によって命を奪われた不幸な妻はあの世で、結ばれるのを諦めた恋人とめでたく結ばれた。これもまた人生である。「久しく煩《わずら》」ったにせよ、男は二人の子供とともに与えられた残りの人生を生きるしかない。これもまた人生である。人生は無常である。しかしながら、その無常の人生をひたすらに生きること、それが、大津波の峻烈な教訓なのかもしれない。

57

❖石川淳「紫苑物語」より

◉月あきらかな夜《よる》、空には光がみち、谷は闇にとざされるころ、その境の崖のはなに、声がきこえた。なにをいふとも知れず、はじめはかすかな声であつたが、木魂《こだま》がそれに応《こた》へ、あちこちに呼びかわすにつれて、声は大きく、はてしなくひろがつて行き、谷に鳴り、崖に鳴り、いただきにひびき、がうがうと宙にとどろき、岩山《いわやま》を越えてかなたの里にまでとどろきわたつた。とどろく音は紫苑の一《ひと》むらのほとりにもおよんだ。岩山に月あきらかな夜《よる》には、ここは風雨であつた。風に猛《たけ》り、雨にしめり、音はおそろしくまたかなしく、緩急のしらべおのづからととのつて、そこに歌を発した。なにをうたふとも知れず、余韻は夜《よ》もすがらひとのこころを打つた。ひとは鬼の歌がきこえるといつた。

(『石川淳選集　第五巻』岩波書店、一九八〇年)

[作者プロフィール] 石川淳(一八九九―一九八七)。小説家、批評家。一九三六年、「普賢《ふげん》」で芥川賞受賞。第二次大戦中は軍部に睨まれて創作活動に制約を受け、江戸文学に耽溺した。戦後、「焼跡のイエス」など、戦争直後の風俗を活写し、太宰治、織田作之助、坂口安吾らとともに「無頼派」と呼ばれた。和漢洋にわたる博覧強記の学識とアナーキズムがない交ぜられたダイナミックな世界観。この独得な世界観に裏打ちされた石川の小説作品には、現代社会への痛烈な批判が生動している。小説の代表作に『至福千年』『狂風記』など、エッセー集の代表作に『夷斎筆談』『夷斎俚諺』などがある。

［解説］文例はおどろおどろしい怪異譚の掉尾《ちょうび》。血に飢えた国の守は獣の血では飽きたらず領民を殺しはじめる。ついには自分の支配を頑強に拒む辺境の、岩山の向こうに住む「血のちがう」民の里に踏み入る。そして、その民を護る、岩肌に彫りつけられた「ほとけ」を射抜く。その瞬間、ほとけの顔は悪鬼の相と化し、夜ごと魔性の声をあげることになったのである。

人外境、いや魔界から届くおどろおどろしい声。人間には理解しえない謎めいた歌。その不気味な声は対照法（傍点強調）と漸層法（傍線強調）の合わせ技によって喚起される。「かすかな声」がしだいに「とどろく音」に高まっていゆくプロセス（漸層法）。天地自然がこもごもに照応・交感する磅礴たる動き（対照法）。気韻生動の筆勢である。「技《ぎ》、神《しん》に入《い》る」とはこういう文章に使うべき評語にちがいない。

哲学・思想・学問

❖西郷隆盛『西郷南洲遺訓』より　58

◉道は天地自然の道なるゆゑ、講学の道は敬天愛人を目的とし、身を修するに克己《こっき》を以《もっ》て終始せよ。己れに克《か》つの極功《きょくこう》は「毋《シ》レ意毋《シ》レ必毋《シ》レ固毋《シ》レ我」○論語と云へり。総じて人は己れに克つを以て成《な》り、自ら愛するを以て敗るるぞ。能《よ》く古今の人物を見よ。事業を創起する人其事大抵《そのことたいてい》十に七八迄は能《よ》く成し得《う》れ共《ども》、残り二つを終《おわ》る迄成し得る人の希《ま》れなるは、始《はじめ》は能く己れを慎み事をも敬する故、功も立ち名も顕《あらわ》るるなり。功立ち名顕るるに随《したが》ひ、いつしか自ら愛する心起り、恐懼戒慎《きょうくかいしん》の意弛《ゆる》み、驕矜《きょうきょう》の気漸《ようや》く長じ、其《その》成し得《え》たる事業を負《たの》み、苟《いやし》も我が事を仕《し》遂《とげ》んとてまづき仕事に陥《おち》いり、終《つい》に敗るるものにて、皆な自ら招く也。故に己れに克ちて、睹《み》ず聞かざる所に戒慎するもの也。

（西郷隆盛『西郷南洲遺訓』岩波文庫、一九三九年）

【現代語訳】道というものは、天地のおのずからなる道理であるから、学問を究めるためには「天を敬い、人を愛すること」を目的とし、身を正しく修めて立派な行いをするためには自分に克《か》つということだけをひたすら心がけることである。自分に克つことの要諦は「意ナシ、必ナシ、固ナシ、我ナシ」（論語）だと言うことができる。すべて人間は己れに克つことによって事を成し、己れを愛することによって失敗するものだ。古今の人物をよく観察するがよい。事業を起こす人はその事業の七、八割まではたいてい達成できるのだが、残りの二、三割をやりとげる人が非常に少ないのは、初めはよく自分を慎み、仕事も丁寧に扱うから成功もし、名も知られるようにもなる。ところが、成功して有名になるにつれて、いつのまにか自分を愛する心が起こり、畏れ戒める心がゆるんで、驕り高ぶる気持ちがしだいに強くなり、やり遂げた仕事に心を許し、わが身も省みず功を焦ってまずい仕事をするようになり、ついには失敗するものであって、これらはみな、自業自得だ。だから、自分をしっかりと抑えて、人が見ていなくとも、聞いていなくとも、自分を戒め慎むことが肝心である。

[語注] ◇道＝天道、誠の道のこと◇講学＝学問◇敬天愛人＝天を敬い、人を愛する◇極功＝最高の仕事、究極の成果◇「毋レ意毋レ必毋レ固毋レ我」＝「意ナシ、必ナシ、固ナシ、我ナシ」門人の孔子評。孔子は次の四つのことを説いた。憶測をしないこと。無理押しをしないこと。頑固にならないこと。我を通さないこと◇名も顕るる＝有名になること◇恐懼＝おそれ、かしこまること◇戒慎＝言動を戒め慎むこと◇驕衿＝おごり高ぶること◇睹ず聞かざる所に＝人が見ていなくとも、聞いていなくとも

[作者プロフィール] 西郷隆盛（一八二七―一八七七）。幕末・明治期の政治家。大久保利通、木戸孝允とともに明治維新の三傑。薩摩藩の下級藩士の出。藩主・島津斉彬に取り立てられて、国事に挺身する。第二次長州征伐以後、討幕の中心人物として薩長同盟、戊辰戦争を領導し、江戸城の無血開城を実現。明治新政府では筆頭参議となり、廃藩置県に尽力した。その後、征韓論をめぐる政変で敗れ、下野、故郷鹿児島で私学校を開設し、士族の子弟の教育に当たった。一八七七（明治十）年、教え子たちが反乱（西南戦争）を起こすと、首謀者に担がれて、政府軍に敗れ、鹿児島城山で自刃した。

【解説】文例は「遺訓二一」の文章。志の高い大人《たいじん》の生き方である。ここに出ている「敬天愛人」という言葉は西郷の思想（生き方）をよく示している。「遺訓二五」にも次のような言葉が読める。「人を相手にせず、天を相手にせよ。天を相手にして、己れを尽《つくし》て人を咎めず、我が誠の足らざるを尋ぬべし。」

西郷の思想は「無私」「無欲」に集約される。明治維新の立役者として元勲の筆頭の重責を担っていたが、日本国のためを思って平和的交渉を提議したが「征韓論」と誤解され政変に発展した。自分の真意が受け容れられなかったと覚った秋《とき》、西郷はその職をあっさりと放擲して、故郷鹿児島に帰り、若者の教育に従事した。江戸城無血開城のお膳立てをした山岡鉄舟を西郷は次のように評した。

「命もいらず、名もいらず、官位も金もいらぬ人は、仕末に困るもの也。此の仕末に困る人ならでは、艱難を共にして国家の大業は成し得られぬなり。」（遺訓三〇）

この評はそのまま西郷に返すことができる。西郷は本当に「仕末に困る人」であった。だからこそ「維《こ》れ新《あら》たなり」という「国家の大業」を成し遂げることができたのだ。無私、無欲、至誠の人は器量の大きい人であるが、その一方で弱点も持っていた。自分を慕う人の「至誠」を拒むことができないのだ。そのことを示すのが、血気盛んな若者の要請を拒めず、「命もいらず」と敢えてその熱情に身をあずけた晩年の「愚挙」である。

幕末の風雲児、坂本竜馬は西郷の強さと弱さをつとに見抜いた。二人の間を取り持った勝海舟が、竜馬の西郷評を次のように伝えている。

「坂本が薩摩からかへつて来て言ふには、成程西郷といふ奴は、わからぬ奴だ。少しく叩けば少しく響き、大きく叩けば大きく響く。もし馬鹿なら大きな馬鹿で、利口なら大きな利口だらうといつたが、坂本もなかなか鑑識のある奴だョ。」（『氷川清話』）

英傑、英傑を知るとはこのことか。

59 ❖福沢諭吉「人間の安心」『福翁百話』より

◉宇宙の間に我《わが》地球の存在するは大海に浮べる芥子《けし》の一粒と云うも中々おろかなり。吾々《われわれ》の名づけて人間と称する動物は、この芥子粒の上に生れ又《また》死するものにして、生れてその生るる所以《ゆえん》を知らず、死してその死する所以を知らず、由《よっ》て来《きた》る所を知らず、去《さっ》て往《ゆ》く所を知らず、五、六尺の身体僅《わずか》に百年の寿命も得難《えがた》し、塵《ちり》の如く埃《ほこり》の如く、溜水《たまりみず》に浮沈する孑孑《ぼうふら》の如し。蜉《ふ》蝣《ゆう》は朝《あした》に生れて夕《ゆうべ》に死すと云うと雖《いえど》も、人間の寿命に較《くら》べて差したる相違にあらず。蚤《のみ》と蟻《あり》と丈《せい》くらべしても大象の眼《め》より見れば大小なく、一秒時の遅速《ちそく》を争うも百年の勘定の上には論ずるに足らず。左《さ》れば宇宙無辺の考を以《もっ》て独り自《みず》から観《かん》ずれば、日月《にちげつ》も小なり地球も微《び》なり。況《ま》して人間の如き、無智無力、見る影もなき蛆虫《うじむし》同様の小動物にして、石火《せっか》電光の瞬間、偶然この世に呼吸眠食し、喜怒哀楽の一夢中《いちむちゅう》、忽《たちま》ち消えて痕《あと》なきのみ。然《しか》るに彼《か》の凡俗の俗世界に、貴賤貧富、栄枯盛衰などとて、孜々《しし》経営して心身を労するその有様は、庭に塚築《つかつ》く蟻の群集が驟雨《しゅうう》の襲い来《きた》るを知らざるが如く、夏の青草《せいそう》に飜々《ほんぽん》たる蟋蚱《ばった》が俄《にわか》に秋風《しゅうふう》の寒きに驚くが如く、可笑《おか》しくも又《また》浅ましき次第なれども、既に世界に生れ出《いで》たる上は蛆虫ながらも相応の覚悟なきを得ず。即ちその覚悟とは何ぞや。人生本来戯《たわむれ》と知りながら、この一場《いちじょう》の戯《たわむれ》を戯とせずして恰《あたか》も真面目《まじめ》に勤め、貧苦を去《さっ》て富楽に志し、同類の邪魔せずして自《みず》から安楽を求め、五十、七十の寿命も永きものと思うて、父母に事《つか》え夫婦相親《あいした》しみ、子孫の計《はかりごと》を為し又戸外の公益を謀《はか》り、生涯一点の過失なからんことに心掛《こころがく》るこそ蛆虫《うじむし》の本分なれ。否《い》な蛆虫の事に非《あら》ず、万物の霊として人間の独り誇る所のものなり。唯戯《ただたわむれ》と知りつつ戯《たわむ》るれば心安くして戯の極端に走ることなきのみか、時に或《あるい》は俗界百戯《ひゃくぎ》の中に雑居して独り戯れざるも亦《また》可なり。人間の安心法は凡《およ》そこの辺に在《あり》て大なる過《あやまち》なかるべし。

(『福澤諭吉著作集第11巻　福翁百話』慶應義塾大学出版会、二〇〇三年)

［現代語訳］宇宙空間に私たちの地球が存在するのは大海に浮かぶケシの一粒のようだと言っても、まだまだうまく言い得ていない。私たちが名づけて人間と呼んでいる動物はこのケシ粒の上に生まれ、そして死ぬのであるが、生まれてもその生まれる理由を知らず、死んでもその死ぬ理由を知らず、どこから来たかも知らず、どこへ行くかも知らず、その五、六尺の身体はわずか百年の寿命も得られず、まるで塵《ちり》のようであり、埃《ほこり》のようであり、水溜まりに浮き沈みするボウフラのようである。カゲロウは朝方に生まれて夕方に死ぬというけれども、人間の寿命と比べてたいした違いはない。ノミとアリが背比《せいくら》べしても大きなゾウの目より見れば大きさに違いはなく、一秒早いか遅いかを競争しても、百年の物差しでは議論してもは

じまらない。だとすれば、宇宙は果てしなく広いという考えでもって独り自《みずか》ら思いをめぐらせば、太陽も月も小である、地球もまた微《び》である。ましてや、人間など、無智・無力にして見る影もないウジ虫と同じような小動物であって、電光石火の瞬間、たまたまこの世で呼吸し、眠り、食べて、喜怒哀楽の一瞬の夢のうちにたちまち消え去り、跡形もない。そうであるのに、その凡俗の俗世界で、貴賤貧富、栄枯盛衰などといって、熱心に計画を立て身を粉にしているその有様は、まるで庭に塚を築くアリの群れがにわか雨が襲ってくるのを知らないようであり、また、夏の青い草に飛び跳ねるバッタがとつぜん秋の風の寒さに驚くようであり、おかしくもあり、また浅ましいことではあるけれども、すでにしてこの世界に生まれ出た以上はウジ虫ではあってもそれ相応の覚悟がないといけない。では、その覚悟とはなんであるか。人生はもともと戯れと知りながら、この束の間の戯れを戯れとしないで、あたかも真面目《まじめ》に勤め、貧苦ではなく富楽をめざし、仲間たちの邪魔をしないで進んで安楽を求め、五十、七十の寿命も永いものと考えて、父母に仕え、夫婦仲良く、子孫の行く末を考え、また、世間の公益を考え、生涯に一点の過失もないように心がけることこそ、ウジ虫の本来の務めである。いや、ウジ虫のことではない、万物の霊として人間だけが誇れるものである。戯れに過ぎないと承知しながら戯れれば心は安らかで、戯れの果てまで突っ走ることもないだけでなく、時には俗界の百の戯れのなかに混じっていても独りだけ覚めて戯れないでいることもありうる。人間が安心でいるための方法はだいたいはこんなところで、この見当で大きな間違いはないはずである。

[語注]◇蜉蝣＝カゲロウ◇石火電光＝電光石火。稲妻や火打ち石が発する閃光。きわめて短くはかない時間のたとえ◇孜々＝熱心につとめ励むこと◇経営＝事をなしとげるために計画し実行すること

[作者プロフィール]福沢諭吉（一八三四―一九〇一）。幕末～明治時代の洋学者、啓蒙思想家、教育者。大坂で蘭学を緒方洪庵に学び、江戸に蘭学塾（のちの慶應義塾）を開設した。その一方で英学を独習し、三度幕府遣外使節に随行して欧米を視察した。維新後、新政府への出仕を固辞し、生涯在野で教育と著述に専念した。明治十五年、官民調和を唱えて『時事新報』を創刊。その思想は、人間の独立自尊、実学の必要性を説き、アジアの後進性からの脱却を訴えて「脱亜論」を唱道した。主な著作には『西洋事情』『学問のすゝめ』『文明論之概略』『福翁自伝』などがある。

[解説]福沢諭吉は十八世紀のフランスで活躍した啓蒙哲学者ヴォルテールに比することのできる明治時代のオピニオンリーダーで、黎明期の近代日本史に巨歩を残した人物である。個人の「独立自尊」、国家の自由独立を説く近代主義者の福沢諭吉には一見それと齟齬するような意外な側面があった。それは、人間を「蛆虫」、人生を「戯《たわむれ》」と見る独特な人生観である。

一歩まちがえばニヒリズムの奈落の底にも落ちかねない退嬰的な考え方が、なぜ「一身の独立」と「一国の独立」を精力的に唱道した合理的近代主義者、啓蒙家の頭に宿ったのだろうか。それも一時のことではない。福沢の生涯の信念であったらしい。ただ、はっきりと公

言されたのは最晩年になってからのことであるけれども。

　福沢は自説をあちらこちらで述べているが、文例の「人間の安心」がもっとも説いて委曲を尽くしている。まず注目しなければならない点は、福沢がミクロの視点とマクロの視点を使い分けていることだ。マクロの視点（宇宙）から見れば人間などちっぽけな、はかない存在でしかない。人間のはかなさ、つまらなさを福沢はこれでもかというようにレトリックに訴えて強調する。傍線部は直喩である。

　ただ、肝心なことは人間がこのマクロの視点を取りうるという事実である。これが人間を他の生きものから分かつゆえんだ。人間は自分のつまらなさを自覚している。すべてがこの一点にかかっている。たかが人間、されど人間である。蛆虫は蛆虫なりに相応の覚悟があるべし、というわけである。

　ここに見られる思考の逆転はかの有名なパスカルのそれを思わせる。

「人間は自然のなかで最も弱い、一本《ひともと》の葦にしかすぎない。だが、それは考える葦である。彼を押し潰すためには全宇宙が武装する必要はない。蒸気や一しずくの水でも人間を殺すには十分だ。しかしながら、たとえ宇宙が彼を押し潰そうとも、人間は彼を殺すものよりも尊いだろう。なぜなら、彼は自分が死ぬこと、また宇宙が自分よりも優れていることを知っているからだ。宇宙はそれについてなにも知らない。」（『パンセ』）

　要するに、福沢が説いている「人間の安心」法の要諦は、人間といい人生といい、大したものではないから肩肘を張らずに楽な気持ちで応接せよ、リラックスが一番だということだ。

こうした「安心法」が説かれているのは『福翁百話』（一八九七）に限った話ではなく、『福翁自伝』（一八九九）を繙けば生涯の人生観でもあったことが知れる。ただ正面切って提案されたのは『百話』が最初であった。

『福翁自伝』には、「安心《あんじん》」とか「安気」とかいう語が随所に出てくるが、それは「人間万事頓着と覚悟」する達観のことであり、『百話』の「安心」と意味するところはほぼ同じと見て差し支えない。その具体例は、福沢の畢生の大事業である慶應義塾の経営に見ることができる。その経営哲学について福沢は次のように述べる。

「腹の底に極端の覚悟を定めて、塾を開いたその時から、何時《なんどき》でもこの塾を潰してしまうと始終考えているから、少しも怖いものはない。平生は塾務を大切にして一生懸命に勉強もすれば心配もすれども、本当に私の心事の真面目《しんめんぼく》を申せば、この勉強心配は浮世の戯れ、仮の相《そう》ですから、勉めながらも誠に安気です。」（『自伝』）

「安心法」は経営哲学にとどまらず福沢の人生哲学でもあった。『福翁自伝』の末尾のあたりで自分の人生を総括する形で福沢は次のように吐露する。

「私の流儀は仕事をするにも朋友に交わるにも、最初から捨て身になって取って掛り、たとい失敗しても苦しからずと、浮世の事を軽く視《み》ると同時に一身の独立を重んじ、人間万事、停滞せぬようにと心の養生をして参れば、世を渡るにさまでの困難もなく、安気に今日まで消光《クラ》して来ました。」

❖中江兆民『一年有半』より

60

◉わが日本《にほん》古《いにしえ》より今に至るまで哲学なし。本居篤胤《もとおりあつたね》の徒は古陵《こりょう》を探り、古辞を修むる一種の考古家に過ぎず、天地性命の理《り》に至《いたっ》ては瞢焉《ぼうえん》たり。仁斎徂徠《じんさいそらい》の徒、経説《けいせつ》につき新意を出《いだ》せしことあるも、要《よう》、経学者《けいがくしゃ》たるのみ。ただ仏教僧中《ちゅう》創意を発して、開山作仏《さくぶつ》の功を遂げたるものなきにあらざるも、これ終《つい》に宗教家範囲《はんい》の事にて、純然たる哲学にあらず。近日は加藤某《それ》、井上某《それ》、自《みずか》ら標榜して哲学家と為《な》し、世人もまたあるいはこれを許すといへども、その実は己《おの》れが学習せし所の泰西某々《たいせいたれそれ》の論説をそのままに輸入し、いはゆる崑崙《こんろん》に箇《こ》の棗《なつめ》を呑めるもの、哲学者と称するに足らず。それ哲学の効いまだ必ずしも人耳目《じんじもく》に較著なるものにあらず、即ち貿易の順逆、金融の緩慢、工商業の振不振《しんふしん》等、哲学において何の関係なきに似たるも、そもそも国に哲学なき、あたかも床の間に懸物《かけもの》なきが如く、その国の品位を劣《れつ》にするは免《まぬが》るべからず。カントやデカルトや実に独仏の誇なり、二国床の間の懸物なり、二国人民の品位において自《おのずか》ら関係なきを得ず、これ閑是非《かんぜひ》にして閑是非にあらず。哲学なき人民は、何事を為《な》すも深遠の意《い》なくして、浅薄《せんぱく》を免れず。

（中江兆民『一年有半・続一年有半』岩波文庫、一九九五年）

［現代語訳］　わが日本には昔より現在に至るまで哲学というものはあったためしがない。本居宣長、平田篤胤の仲間は天皇の古い墓を探り、古語を学ぶ一種の考古学者に過ぎず、天地生命の真理に至ってはその言うところは曖昧である。伊藤仁斎、荻生徂徠の仲間は経書に関す

る学説に関して新しい解釈を提出したことはあるけれども、所詮は儒学者であるにとどまる。ただし、仏教僧のなかに独創的な考え方を示して、新宗派を起こし悟りに達するという快挙を成し遂げたものがないわけではないが、それにしても、結局は宗教家の仲間内を出るものではなく、本当の意味での哲学ではない。近頃は加藤弘之、井上哲次郎が哲学家と自称し、世間の人もそれを認めているけれども、その実際をいえば、自分が勉強した西洋の誰それの学説をそのまま輸入しているだけで、いってみればナツメの実を噛まずにそのまま飲み込んでいるようなもので、本当に理解しているわけではないから、哲学者と名乗るにはとても値しない。それに、哲学の効用についてはまだ必ずしも、人びとの目に明らかではない、つまり、貿易の順逆、金融の緩慢、商工業の振不振などが哲学となんの関係もないように見えるけれども、そもそも国に哲学がないこと、あたかも床の間に掛け軸がないようなもので、その国の品位を落とすことは避けられない。カントやデカルトは実に独仏の誇りである。両国の床の間の掛け軸である。掛け軸があることは、両国国民の品位とおのずから関係がある。このことは無用な判断のようであって、実は無用な判断ではない。哲学を持たない国民は、何事をおこなっても、深遠の心がなくて、浅薄であることを免れないのである。

[語注] ◇本居＝本居宣長。江戸時代中期の国学者◇篤胤＝平田篤胤。江戸時代後期の国学者◇古陵＝古い天皇の墓◇瞢焉＝曖昧なこと◇仁斎＝伊藤仁斎。江戸時代前期の思想家◇徂徠＝荻生徂徠。江戸時代中期の儒学者◇経説＝経書に関する解説・学説。経書は儒教のもっとも基本的な教えを表した書物のこと◇経学者＝儒学者◇加藤某＝加藤弘之。明治時代の政

治学者。進化論の立場から国家を根拠づけ、明治政府を擁護して国体の哲学的基礎づけをした◇井上某＝井上哲次郎。明治・大正時代の哲学者。哲学を修めるためドイツに留学後、日本人として最初の東京帝国大学哲学教授に任ぜられた◇崑崙に＝嚙まずにそのまま◇箇の棗を呑めるもの＝物事をしっかり味わわない、把捉しないことのたとえ◇較著＝明らか◇閑是非＝無用な分別・判断

［作者プロフィール］ 中江兆民（一八四七―一九〇一）。明治時代の思想家、政治家、ジャーナリスト。一八八一年、岩倉使節団とともに渡欧してフランスに留学。ジャン＝ジャック・ルソーを日本へ紹介して、自由民権運動に大きな影響を与えた。一九〇〇年、喉頭癌で余命わずかと宣告されてからはいっさいの公的活動から身を引き、思索に没頭、『一年有半』『続一年有半』を書き残した。

［解説］「わが日本古より今に至るまで哲学なし」――ずばりと核心を衝く揚言である。ここまでの迫力は求めないが文章を書くときには「結論を先に」もってくることが断然おすすめだ。理由（論拠）を挙げてから結論を述べる書き方は理由を挙げているうちに（それも多く挙げるほど）いつのまにか話があらぬかたに逸れてゆくおそれがある（とりわけ日本語は）。言い換えれば「結論を先に」という書き方は結論をくっきりと印象づける効果があるだけでなく、思わぬ副産物として話の展開をすっきりさせるという効果もあるのだ。結論をあらかじめ示してあるので後に来る理由づけ（論拠）はいくら長くなっても論を乱すことはない（むしろ理由づけの補強になる）。文例はまさにそのケースで、挙例法と列挙法の見事な合わ

せ技と言うべきである。

61

❖夏目漱石「私の個人主義」より

◉私はそれから文芸に対する自己の立脚地を堅《かた》めるため、堅めるといふより新らしく建設する為《ため》に、文芸とは全く縁のない書物を読み始めました。一口でいふと、自己本位といふ四字を漸《ようや》く考へて、其《その》自己本位を立証する為に、科学的な研究やら哲学的の思索に耽り出したのであります。今は時勢が違ひますから、此辺《このへん》の事は多少頭のある人には能《よ》く解せられてゐる筈《はず》ですが、其頃は私が幼稚な上に、世間がまだそれ程進んでゐなかつたので、私の遣り方は実際已《やむ》を得なかつたのです。

私は此《この》自己本位といふ言葉を自分の手に握つてから大変強くなりました。彼等何者ぞやと気慨が出ました。今迄茫然と自失してゐた私に、此所《ここ》に立つて、この道から斯《こ》う行かなければならないと指図をして呉れたものは実に此《この》自我本位の四字なのであります。

自白すれば私は其《その》四字から新たに出立したのであります。さうして今の様にただ人の尻馬にばかり乗つて空騒《からさわ》ぎをしてゐるやうでは甚《はなは》だ心元ない事だから、さう西洋人振らないでも好いといふ動かすべからざる理由を立派に彼等の前に投げ出して見たら、自分も嘸《さぞ》愉快だらう、人も嘸《さぞ》喜ぶだらうと思つて、著書其他の手段によつて、それを成就するのを私の生涯の事業としやうと考へたのです。

其時私の不安は全く消えました。私は軽快な心をもつて陰鬱な倫敦《ロンドン》を眺めたのです。比喩で申すと、私は多年の間懊悩した結果漸く自分の鶴嘴《つるはし》をがちりと鉱脈に掘り当てたやうな気がしたのです。猶《なお》繰り返していふと、今迄霧の中に閉ぢ込まれたものが、ある角度の方向で、明らかに自分の進んで行くべき道を教へられた事になるのです。

（『漱石全集　第十六巻』岩波書店、一九九五年）

［作者プロフィール］→文例1

［解説］日本の学問の実態は主に、奈良・平安の昔から現代まで海外の学説を紹介・祖述することであった。夏目漱石はこうした学問のありかたに疑問を感じる。この問題は彼の場合、文学とはなにかという問いに集約されることになる。
漱石自身は漢文学の素養が深く、同じ文学という名前でくくられる英文学（西洋文学）と漢文学の齟齬に悩まされた。学生時代、駆けだしの教師時代、英国留学中、漱石は文学の本質を討究しつづける。そしてついに、自分の間違いを思い知らされることになる。英国の学者の物差しを金科玉条とあがめていたこと、つまり「他人本位」の行き方の愚を覚ったのだ。彼自身は英国文化・英文学に心底しっくりしないものを常々感じていたが、皮肉にも、その英国文化・英文学に教えられることになった。なにを教えられたのか。それは自己本位であり、個人主義である。漱石は自分の中に巣くう日本文化、日本人の宿痾《しゅくあ》である「党派心」と「他人本位」に気づかされたわけである。

漱石がつかみとった「自己本位」（ならびに「個人主義」）の問題の重要性は、現代の日本文化と日本人が今なお抱えている問題であり、その問題性はいささかも減じていない。「自己本位」の問題は漱石が「現代日本の開化」のなかで問いかけた異文化受容の問題とも深く関連している。西洋の開化は「内発的」であったのに対して、日本の開化は「外発的」である、と漱石は考えた。特に西洋から受けた開化は衝撃的、かつ強烈だった。そのため「現代日本の開化」は大いなる「曲折」を強いられることを余儀なくされた。

こうした日本の開化の外発性から漱石は「極めて悲観的の結論」を引き出してしまったが、漱石をしてそうした判断に導いたものは文化とは内発的であらねばならないというすぐれてヨーロッパ的な発想である。自己本位の個人版が「個人主義」であり、文化版が文化の内発性と見ることができるだろう。漱石におけるヨーロッパの問題は重い。

文例は漱石における「自己本位」の意味を語るくだりである。彼は積年の「懊悩」の末についに自分の行くべき方向を発見した。彼はそれを坑夫が念願の鉱脈を掘り当てた営為になぞらえる。漱石は書く、「自分の鶴嘴《つるはし》をがちりと鉱脈に掘り当てたやうな気がした」と。これは直喩である。これは見事な比喩である。漱石のしてやったりという喜びが伝わってくる。ただ、この直喩は注意して読み返してみると文法的にちょっとおかしい。ここには「倒装法」が使われている。倒装法は修飾関係を逆転させる文彩である。問題の表現は普通なら「自分の鶴嘴《つるはし》が／でがちりと鉱脈を掘り当てたやうな気がした」となるはずだ。漢文のほうで時々出てくる文彩だ。漱石は漢文の素養が深かったので、文法的なミスというよりは意識

61—夏目漱石「私の個人主義」より

的な使用と考えるべきだろう。漱石のレトリシアンぶりはこんな高等テクニックにもうかがえる。

漱石は「自己本位」の発見がよほどうれしかったのだろう。霧中に道を発見した体験にもたとえている――「今迄霧の中に閉ぢ込まれたものが、ある角度の方向で、明らかに自分の進んで行くべき道を教へられた事になる」。こちらは隠喩だが、まあおとなしい比喩ではある。

文例にはほかにも色々と文彩がさりげなく仕掛けられている。

まずは訂正法が「堅《かた》めるため、堅めるといふより新らしく建設する為に」のなかに使われている。「堅める」では表現が弱いと感じて「新らしく建設する」と言い換えている。ここに見られるように、訂正法とはすでに述べたことに関して、その表現を修正したり、取り下げたりする文彩である。表現の実質だけを問題にするのであれば「堅《かた》めるため、堅めるといふより」の部分は不要である。「立脚地を新らしく建設する」で十分である。訂正したものだけを示せばいいのに、わざわざ原案を披露するのは、対照（対比）することによって強調したいからである。そういう意味では訂正法は「対照法」のバリエーションと考えることもできる。この効果は、古文書や写本で使われる、誤字・誤記を消さないで残して訂正する「見せ消《みけ》ち」の手法を思わせる。

「文芸とは全く縁のない書物」――ここには迂言法が使われている。ただ、あまりにもさりげない形なので、迂言法と見る必要はないのかもしれないが。迂言法は簡潔な言い方があるのにわざわざ遠回しに、間接的に表現することである。右の場合では「哲学」とか「心理学」とか「科学」とかはっきり名指してもよかったはずだが——少し後では「科学的な研究やら哲学的の思索に耽り出した」と少しストレートに書く——、そんなことをすれば仰々しすぎるという配慮（照れ）が働いたのかもしれない。

あまり注目する人はいないけれども、迂言法には非常に大切な用法がある。この文彩は同一語句の反復を避けるための手だてとして使用されることがある。ヨーロッパ語の場合は同一語句の連続的使用を忌避するためこのタイプの迂言法はちょくちょく出てくる。日本語の場合は同一語句の繰り返しはあまり気にしないので出番が少ない。それだけにその効果が目に立つ。文例の第二段落から第三段落のはじめの言い換えがそうである——「此自己本位といふ言葉」↓「此自我本位の四字」↓「其四字」。漱石が英文学に親しんでいたからだろう。最後に「自分も嘸《さぞ》愉快だらう、人も嘸《さぞ》喜ぶだらう」。これはさりげない対照法か。

❖白川静『孔子伝』より 62

◉儒教は、中国における古代的な意識形態のすべてを含んで、その上に成立した。伝統は過去のすべてを包み、しかも新しい歴史の可能性を生み出す場であるから、それはいわば多の統一の上になり立つ。儒の源流として考えられる古代的な伝統は、まことに雑多である。その精神的な系譜は、おそらくこの民族の、過去の体験のすべてに通じていよう。孔子は、このような諸伝承のもつ意味を、その極限にまで追求しようとした。詩において、楽において、また礼において、その追求が試みられたことは、すでにみてきた通りである。そしてその統一の場として、仁を見出したのである。過去のあらゆる精神的な遺産は、ここにおいて規範的なものにまで高められる。しかも孔子は、そのすべてを伝統の創始者としての周公に帰した。そして孔子自身は、みずからを「述べて作らざる」ものと規定する。孔子は、そのような伝統の価値体系である「文」の、祖述者たることに甘んじようとする。しかし実は、このように無主体的な主体の自覚のうちにこそ、創造の秘密があったのである。伝統は運動をもつものでなければならない。運動は、原点への回帰を通じて、その歴史的可能性を確かめる。その回帰と創造の限りない運動の上に、伝統は生きてゆくのである。儒教はそののち二千数百年にわたって、この国の伝統を形成した。そしていくたびか新しい自己運動を展開したが、そのような運動の方式は、すでに孔子において設定されていたものであった。孔子が不朽であるのは、このような伝統の樹立者としてである。

（白川静『孔子伝』中公文庫、二〇〇三年）

【作者プロフィール】白川静（一九一〇—二〇〇六）。東洋学者。古代漢字学の業績で知られる。字書三部作『字統』『字訓』『字通』は白川学のエッセンスである。

【解説】論者が言及している孔子（前五五一—前四七九）の言葉の原文は「述べて作らず、信じて古《いにし》えを好む」である。周公（前一一〇〇年頃）といえば、孔子が理想化して、夢に見るまで尊崇した聖人である。すぐれた為政者であり、祭祀者であったとされる。孔子は晩年、

「周公の夢を見なくなった、私も衰えたものだ」と慨嘆したという。

文例は学問・教育の要諦を語って余蘊がない。キーワードは「無主体的な主体の自覚」だ。これこそが二千数百年にわたる儒教の息の長い生命、言い換えれば枯れることのない「創造の秘密」を解く鍵だ。「無主体的な主体の自覚」といえば言葉は難しいが、平たくかみ砕けば「真理を前にしての謙虚さ」のことである。「真理」は「師」と言い換えてもよろしい。「師」に対するひたすらな「信服」である。

学問・教育に携わるものは必ず「師」をもたなければならない。「師」は権威である。越えられない理想である。逆にいえば或る者を、絶対的な権威であり、越えられない理想と認定したとき、その時はじめてその或る者は師と呼べるのだ。

前引の孔子のことばの、「信じて」に注目する必要がある。「師はすぐれた立派な人だ」という「信」だけが師弟を結ぶ紐帯である。考えてもみよ。孔子が「師」と仰いだ周公は五百年以上も昔の人物だ。現代のわれわれに置き換えてみれば、戦国時代の人、まさに伝説的な人間を問題にしているわけで、その実像なぞ分かるはずがない。孔子の周公像は大いなる理想化があると考えていい。しかし、それでいっこうに差し支えない。師に対しては理想化がある、むしろ理想化が必要だ。「師」は尊くて遠い存在でなければならない。

「師」との距離、これが創造のバネである。自分はいまだ十分な境位に達していない、まだ修行しなければならない身である、この謙虚さがたえざる向上心をかき立てる。実際には弟子のほうが師を越えている場合もあるだろう。にもかかわらず、弟子は師に信服して精

62—白川静『孔子伝』より

進を怠らない。そこにオリジナルなものが生まれる可能性がある。しかし、弟子はあくまでも師の考えを「述べている」、祖述しているだけだと思っている。独創がある、「作っている」とは夢にも思っていない。弟子が師を越えたと思ったとき、弟子の進歩は止まる。弟子はどこまでも謙虚でなければならないのだ。

それにつけてもここで想い起こされるのは道元のケースである。

道元は日本の誇る独創的な思想家だ。その彼が「菩提の初心のとき、菩提心退転する〔菩提心を失う〕こと、おほくは正師にあはざるによる」（『正法眼蔵』「発菩提心」）と確言している。じじつ、道元は良き師（正師）を求めて遠く宋国まで赴いた。その甲斐あってついに天童如浄に逢い、師事することができた。時に如浄六十三歳、道元二十五歳。道元は生涯師に対する感謝の気持ちを忘れなかった。客観的に見ると道元のほうが明らかに上である。しかし道元はそんなことを夢にも思わなかった。弟子は「古仏のまねび」に徹した。そこから独創性が生まれたのだ。そのことを示唆する興味深いエピソードが残されている。

道元は「身心脱落」を大悟したことによって師の如浄から正伝を授かったのであるが、「身心脱落」という言葉は「心塵脱落」の聞き違いではないかという説がある。中国側の資料を基に、高崎直道が提案した説だ（『仏教の思想11』角川書店）。面白い提案である。禅の面授（師が弟子と直接向き合って伝授すること）は文字を介さない音だけのコミュニケーションであるから、こうした聞き違えはありえないことではない。「心塵」ならば、本来汚れのない人間の心が後天的に塵のような煩悩によって汚される、そういう考え方が問題になっている。なるほど、この考え方は仏教の基本的な立場であり、非常にわかりやすい。けれども、そこに独創性は見られない。もしかすると如浄は大思想家ではなかったのかもしれない。もし聞き違いがあったとすれば、すでにして道元の思想は師を越えていたことになる。

師は師をもたなければならない、弟子は師をもたなければならない。学問・教育を支えるのは師弟の信頼関係である。それはフレンドリーとは無縁である。「上下」の関係である。師に対する信頼・尊敬を失ったとき学問・教育は荒廃する。市場原理の横行している現在の教育現場でいちばん求められていることは教師の「威厳」である。「述べて作らず、信じて古《いにし》えを好む」――教育関係者はこの言葉を心して噛みしめるべきだろう。

62—白川静『孔子伝』より

軽妙・洒脱・辛辣・諷刺

❖斎藤緑雨の寸言集より

63

◉一歳の者を以《もつ》て、十歳の者に比較すれば、実に十分の一なれども、それよりたがひに十年を経《へ》たりとせよ、十歳と二十歳は、僅《わづか》に二分の一のみとは、或道《あるみち》の先輩がしたり顔なるに激したる人の言なり。興《きよう》ありといふべし。（「ひかへ帳」）

○善も悪も、聞《きこ》ゆるは小《せう》なるものなり。善の大《だい》なるは悪に近く、悪の大なるは善に近し。顕《あらは》るるは大なるものにあらず、大なるものは顕るることなし。悪に於《おい》て殊《こと》に然《しか》りとす。（「眼前口頭」）

○強きを挫《くぢ》き弱きを扶《たす》く、世に之《こ》れを侠《けふ》と称すれども、弱《じやく》に与《くみ》せんは容易《たやす》き事なり、人の心の自然なり。義理名分《めいぶん》の正しき下《もと》に、強《きよう》に与せんはいといと難《かた》し。悶《もだ》ゆる胸の苦《く》少《すくな》きを幸福《かうふく》といはば、弱者は強者よりも寧《むし》ろ幸福なり。（「眼前口頭」）

○理《り》ありて保《たも》たるる世にあらず、無理ありて保たるる世なり。物に事に、公平ならんを望むは誤《あやまり》なり、惑《まどひ》なり、慾深《よくふか》き註文《ちうもん》なり、無いものねだりなり。公平ならねばこそ稍《やや》めでたけれ、公平を期すといふが如《ごと》き烏滸《をこ》のしれ者を、世は一日《じつ》も生存せしめず。（「眼前口頭」）

○それが何《ど》うした。唯《ただ》この一句に、大方《おほかた》の議論は果てぬべきものなり。政治といはず文学といはず。（「眼前口頭」）

○使ふべきに使はず、使ふべからざるに使ふ、是れ銭金の本質にあらずや。疑義を挟むを要せず。（「青眼白頭」）
○按《あん》ずるに筆は一本也《なり》、箸は二本也。衆寡敵《しゅうくわてき》せずと知るべし。（「青眼白頭」）
○人類《じんるゐ》と猿類《ゑんるゐ》の区別を究《きは》むるも、亦須要《またすうえう》の一学科なりとは、坪井博士の言也《げんなり》。易きほどの事哉《かな》、そは只《ただ》繋がれたる鎖の目に見ゆると、見えざるとのみ。（「半文銭」）
○花のハデを経ざれば、実のジミは来《きた》らず。気障《きざ》も花なり、厭味《いやみ》も花なり、青年は寧《むし》ろ欠点あれかし。（「半文銭」）

（『明治の文学第15巻　斎藤緑雨』筑摩書房、二〇〇二年）

［語注］◇或道の先輩がしたり顔なるに激したる人の言なり＝「したり顔なるに」の後に読点があると思えばいい。「ある道の先輩が偉そうにしているので、それにカチンときた人が口にした言葉である」◇侠＝侠気◇烏滸のしれ者＝烏滸は「愚かなこと」。しれ者は「愚か者」。無駄な語を重ねること（冗語法）によって意味を強調している◇按ずるに＝よく考えれば◇筆は一本也、箸は二本也。衆寡敵せずと知るべし＝文章を生み出す筆は一本、食べるための箸は二本。これでは、数の上でとても勝ち目はない。真の文筆家は貧乏で飯が食えるはずがない◇坪井博士＝坪井正五郎（一八六三―一九一三）。日本の人類学のパイオニア。日本の先住民族がアイヌ伝説中のコロボックルであると主張したことで知られる

［作者プロフィール］斎藤緑雨（一八六七―一九〇四）。ジャーナリスト、批評家、小説家。江戸の文人気質を受け継ぎ、戯作者の生残りを自任して著述した「反近代」の文人。舌鋒鋭い批評は筆禍事件をたびたび起こしたが、晩年のアフォリズムは評価が高い（晩年とはいっても享年三十七だったが）。

【解説】緑雨のアフォリズムは「逆説法」を武器としている。逆説法とは常識を逆なでするような言辞を弄することであるが、それだけでは十分でない。表現法も、気のきいたものでなければならない。同じ内容でも言い方が違えばまったく別物になる。だからこそ、文章家《レトリシヤン》の存在理由《レゾン・デートル》があるのだ。

斎藤緑雨の文章表現のスタンスは次の発言によく示されている。

「燈下《とうか》古人《こじん》に見る、奇思《きし》既《すで》に古人に尽きたり。案上《あんじよう》〔机の上で〕西人《せいじん》に聞く、妙想《めうさう》既《すで》に西人《せいじん》に尽《つ》きたり。われ復《また》何をか加へん。」

すべては言い尽くされている。この時にあたってすがるべきは筆一本しかない。だが、筆一本では身を養うことができない。誠実な物書きであればこのジレンマに身を裂かれざるをえない。

では、どう対処すべきか。筆一本で立ち向かうしかないのだが、緑雨は才なき物書きの不運を嘆く。しかしながら、この自己卑下を真《ま》に受けてはいけない。「皮肉法」と見るべきだ。その裏には自分の文章にたいする並み並みならぬ自信の程がうかがえる。そうでなければ「奇思、妙想既に尽きたり」といった自分の存在理由を脅かすような剣呑な発言をわざわざ自分から開陳するはずがない。ここには練達の文章家のしたたかな自己韜晦がある。

啖呵を切るような小気味のいい語り口。歯に衣着せない舌鋒の鋭さ（筆禍事件も起こすはずだ）。斜《しや》に構えた狷介。いわば斎藤緑雨の文章はこわもての、偏屈な旦那の講釈である。ファンにとっては堪らない魅力だが、それ以外の人にとってはこんなに神経を逆なでする嫌みな文章もないだろう。緑雨は読者を截然と二つに分かつ。毒舌家の文章には得てしてこの種の陥穽が待っている。

64 芥川龍之介『侏儒の言葉』より

◉クレオパトラの鼻が曲つてゐたとすれば、世界の歴史はその為に一変してゐたかも知れないとは名高いパスカルの警句である。しかし恋人と云ふものは滅多に実相を見るものではない。いや、我我の自己欺瞞は一たび恋愛に陥つたが最後、最も完全に行はれるのである。

アントニイもさう云ふ例に洩れず、クレオパトラの鼻が曲つてゐたとすれば、努めてそれを見まいとしたであらう。又見ずにはゐられない場合もその短所を補ふべき何か他の長所を探したであらう。何か他の長所と云へば、天下に我我の恋人位、無数の長所を具へた女性は一人《ひとり》もゐないのに相違ない。アントニイもきつと我我同様、クレオパトラの眼とか唇とかに、あり余る償ひを見出したであらう。その上又例の「彼女の心」！　実際我我の愛する女性は古往今来《こおうこんらい》飽き飽きする程、素ばらしい心の持ち主である。のみならず彼女の服装とか、或は彼女の財産とか、或は又彼女の社会的地位とか、——それらも長所にならないことはない。更に甚しい場合を挙げれば、以前或《ある》名士に愛されたと云ふ事実乃至《ないし》風評さへ、長所の一つに数へられるのである。しかもあのクレオパトラは豪奢と神秘とに充ち満ちたエヂプトの最後の女王ではないか？　香《こう》の煙の立ち昇る中に、冠の珠玉でも光らせながら、蓮の花か何か弄んでゐれば、多少の鼻の曲りなどは何人《なんぴと》の眼にも触れなかつたであらう。況《いわん》やアントニイの眼をやである。

かう云ふ我我の自己欺瞞はひとり恋愛に限つたことではない。我我は多少の相違さへ除けば、大抵《たいてい》我我の欲するままに、いろいろ実相を塗り変へてゐる。たとへば歯科医の看板にしても、それが我我の眼にはひるのは看板の存在そのものよりも、看板のあることを欲する心、――牽《ひ》いては我我の歯痛ではないか？　勿論我我の歯痛などは世界の歴史には没交渉であらう。しかしかう云ふ自己欺瞞は民心を知りたがる政治家にも、敵状を知りたがる軍人にも、或は又財況を知りたがる実業家にも同じやうにきつと起るのである。わたしはこれを修正すべき理智の存在を否《いな》みはしない。同時に又百般の人事を統《す》べる「偶然」の存在も認めるものである。が、あらゆる熱情は理性の存在を忘れ易い。「偶然」は云はば神意である。すると我我の自己欺瞞は世界の歴史を左右すべき、最も永久な力かも知れない。

つまり二千余年の歴史は眇《びょう》たる一クレオパトラの鼻の如何《いかん》に依つたのではない。寧ろ地上に遍満した我我の愚昧に依つたのである。哂《わら》ふべき、――しかし壮厳な我我の愚昧に依つたのである。

（『芥川龍之介全集　第七巻』岩波書店、一九七八年）

［語注］◇古往今来＝昔から今に至るまで。古今◇「偶然」は云はば神意である＝芥川が愛読したフランスの文学者、アナトール・フランスに次のような言葉がある。「偶然――人生においては、偶然というものを考慮に入れなければならない。偶然は、つまるところ、神である。」（『エピクロスの園』）◇眇たる＝非常に小さい、取るに足りない

[レトリック] ◇壮厳な我我の愚昧＝壮厳な愚昧。通常は結びつかない異質なものをあえて結合する撞着語法である。

[作者プロフィール] ↓文例17

[解説] 人間の自己欺瞞、ひいては愚昧さを完膚無きまでに諷した文章である。芥川の鋭利な知性の鋒鋩が人間の愚かさを腑分けしている。これでもかこれでもかと繰り出される挙例の数々。第二段落の、「恋愛における自己欺瞞」の挙例はよく見ると、弱いものから強いものへと並べられている。レトリックでいう「漸層法」だ。第三段落では、自己欺瞞は恋愛から人事百般にまで拡大されている。最後に、自己欺瞞が世界の歴史を動かしてきたのではないかという大胆な主張が披露される。

まず恋愛の話題で読者をつかみ、しだいに世界の歴史の真相に肉薄する。芥川の段落の構成は見事だ。根拠として例を挙げながらいつの間にか大胆な仮説にいざなう。例と例の間には論理的関係があるわけではない。そこにあるのは類似性だ。「似た例」が次から次へと示される。集められたデータから、最後に大胆な仮説が引き出される。帰納法の、論理の飛躍、飛躍の論理をよく示す文章である。

この文章の展開は次のように図示できる。

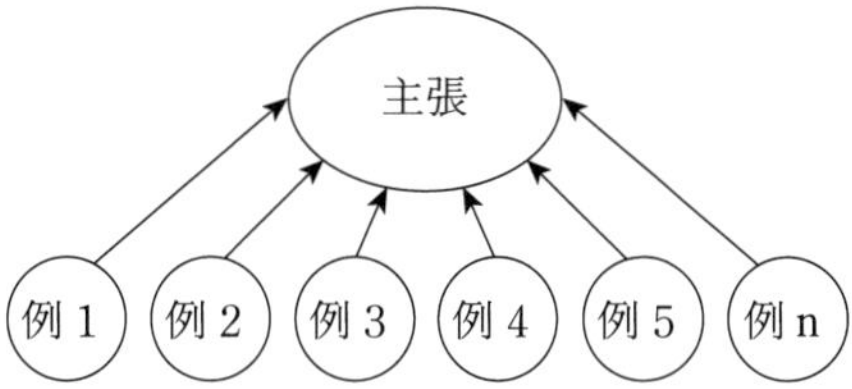

すべての段落を踏まえて、最後の段落の「つまり」以下で主張（結論）が示されている。この文章の場合、パスカルの警句に反論をするというスタンスを通して、第一段落で主張の方向性が示されている。「結論（主張）は頭に」が実用文ではおすすめだが、エッセーの場合は言い切らずにほのめかすという手もあり、だ。この場合は非常に効果的である。

65 ❖内田百閒「特別阿房列車」より

◉気を持たせない為に、すぐに云っておくが、この話しのお金は貸して貰う事が出来た。あんまり用のない金なので、貸す方も気がらくだろうと云う事は、借りる側に起《た》っていても解る。借りる側の都合から云えば、勿論《もちろん》借りたいから頼むのであるけれど、若《も》し貸して貰えなければ思い立った大阪行をよすだけの事で、よして見たところで大阪にだれも待っているわけではなし、もともとなんにもない用事に支障《ししょう》が起こる筈もない。

そもそもお金の貸し借りと云うのは六《む》ずかしいもので、元来は有る所から無い所へ移動させて貰うだけの事なのだが、素人《しろうと》が下手《へた》をすると、後で自分で腹を立てて見たり、相手の気持をそこねたりする結果になる。友人に金を貸すと、金も友達も失うと云う箴言《しんげん》なぞは、下手がお金をいじくった時の戒《いまし》めに過ぎない。

一番いけないのは、必要なお金を借りようとする事である。借りられなければ困るし、貸さなければ腹が立つ。又《また》同じいる金でも、その必要になった原因に色色あって、道楽の挙げ句だとか、好きな女に入《い》れ揚《あ》げた穴埋めなどと云うのは性質《たち》のいい方で、地道な生活の結果脚《あし》が出て家賃が溜《た》まり、米屋に払えないと云うのは最もいけない。私が若い時暮らしに困り、借金しようとしている時、友人がこう云った。だれが君に貸すものか。放蕩したと云うではなし、月給が少くて生活費がかさんだと云うのでは、そんな金を借りたって返せる見込は初めから有りやせん。
そんなのに比べると、今度の旅費の借金は本筋である。こちらが思いつめていないから、先方も気がらくで、何となく貸してくれる気がするであろう。ただ一ついけないのは、借りた金は返さなければならぬと云う事である。それを思うと面白くないけれど、今思い立った旅行に出られると云う楽しみは、まだ先の返すと云う憂鬱《ゆううつ》よりも感動の度が強い。せめて返済するのを成《な》る可《べ》く先に延《の》ばす様に諒解《りょうかい》して貰った。じきに返さなければならぬのでは、索然《さくぜん》として興趣を妨《さまた》ぐる事甚《はなは》だしい。いずれ春永《はるなが》にと云う事になって、難有《ありがた》く拝借した。

（『阿房列車　内田百閒集成1』ちくま文庫、二〇〇二年）

［語注］◇索然＝心ひかれるものがなくて興ざめするさま。空虚なさま◇春永に＝都合のよい時に。そのうちに

［作者プロフィール］内田百閒《ひゃっけん》（一八八九－一九七一）。小説家、随筆家。ふと襲ってくる不気味な恐怖や幻想的な夢を描いた小説、独特なユーモアに満ちた飄逸な随筆で知られる。また鉄道マニアで、いっぷう変わった鉄道紀行「阿房《あほう》列車」シリーズもある。

［解説］文例はそのシリーズの第一作。内田百閒は借金の名人だ。その借金の筋がちょっと、いや、すこぶる面妖なのだ。なんの用事もないのに、ただ列車に乗りたいがために大阪へ旅行することを考える。いろいろと計画を練る。ところが肝心の旅費の算段がつかないので、思案投げ首、折りを見て「心当たりに当たって見た」。そこから借金談義が始まる。それが文例の「借金哲学」。言われてみればそのとおりなのだが、下手な説明は無用だろう。その

独特なロジックを、とくとご賞味あれ。

66

❖花田清輝「楕円幻想」より

◉円は完全な図形であり、それ故に、天体は円を描いて回転するというプラトンの教義に反し、最初に、惑星の軌道は楕円を描くと予言したのは、デンマークの天文学者ティコ・ブラーエであったが、それはかれが、スコラ哲学風の思弁と手をきり、単に実証的であり、科学的であったためではなかった。プラトンの円とおなじく、ティコの楕円もまた、やはり、それがみいだされたのは、頭上にひろがる望遠レンズのなかの宇宙においてではなく、眼にはみえない、頭のなかの宇宙においてであった。それにも拘《かかわ》らず、特にティコが、円を排し、楕円をとりあげたのは、かれの眺めいった、その宇宙に、二つの焦点があったためであった。すくなくとも私は、ティコの予言の根拠を、かれの設計したウラニエンボルクの天文台にではなく、二つの焦点のある、かれの分裂した心に求める。転形期に生きたかれの心のなかでは、中世と近世とが、歴然と、二つの焦点としての役割をはたしており、空前の精密さをもって観測にしたがい、後にケプラーによって感謝されるほどの業績をのこしたかれは、また同時に、熱心な占星術の支持者でもあった。いかにかれが、星の人間にたいする影響力を深く信じていたかは、決闘によって自分の鼻の尖端を切り落されたとき、その原因のすべてを星に帰し、いさぎよく諦めてしまったという、無邪気な挿話からでもうかがわれる。

〔中略〕

いうまでもなく楕円は、焦点の位置次第で、無限に円に近づくこともできれば、直線に近づくこともできようが、その形がいかに変化しようとも、依然として、楕円が楕円である限り、それは、醒めながら眠り、眠りながら醒め、泣きながら笑い、笑いながら泣き、信じながら疑い、疑いながら信ずることを意味する。これが曖昧であり、なにか有り得べからざるもののように思われ、しかも、みにくい印象を君にあたえるとすれば、それは君が、いまもなお、円の亡霊に憑かれているためであろう。焦点こそ二つあるが、楕円は、円とおなじく、一つの中心と、明確な輪郭をもつ堂々たる図形であり、円は、むしろ、楕円のなかのきわめて特殊のばあい——すなわち、その短径と長径とがひとしいばあいにすぎず、楕円のほうが、円よりも、はるかに一般的な存在であるともいえる。ギリシア人は単純な調和を愛したから、円をうつくしいと感じたでもあろうが、矛盾しているにも拘《かかわ》らず調和している、楕円の複雑な調和のほうが、我々にとっては、いっそう、うつくしい筈《はず》ではなかろうか。ポーは、その『楕円の肖像画』において、生きたまま死に、死んだまま生きている肖像画を示し——まことにわが意を得たりというべきだが、それを楕円の額縁のなかにいれた。その楕円の額縁は、うつくしい金いろで、ムーア風の細工がしてあり、燭台《しょくだい》の灯に照され薄闇のなかで仄かな光を放っていた。

（花田清輝『復興期の精神』講談社学術文庫、一九八六年）

—**〔レトリック〕**◇頭上にひろがる望遠レンズのなかの宇宙においてではなく、眼にはみえない、—

頭のなかの宇宙においてであった＝換語法◇かれの設計したウラニエンボルクの天文台にでではなく、二つの焦点のある、かれの分裂した心に求める＝換語法◇君にあたえるとすれば、それは君が＝「君」とは読者のことで、読者に呼びかけている。呼びかけ法◇矛盾しているにも拘らず調和している＝撞着語法◇いっそう、うつくしい筈ではなかろうか＝設疑法

［作者プロフィール］花田清輝（一九〇九－一九七四）。評論家、作家。第二次大戦中には、主として『文化組織』に評論を発表し、それを、戦後の一九四六年に『復興期の精神』としてまとめた。華麗なレトリックを駆使した、そのユニークな評論が注目された。現代を「転形期」として捉えながら変革をめざす思想は、大きな影響力をもった。その後、共産党に入党して活動、党の規律に触れて除名されたものの、左翼的な立ち位置から発言を続けた。

［解説］花田清輝はしばしば「レトリックと韜晦の批評家」と評されるが、文例はそんな彼の考え方と書き方の特徴がよく出ている文章である。実にレトリカルな文章だ。その上、ここには花田の原型的イメージとキーワードも登場している。「楕円」と「転形期」である。「円」はギリシア以来完結した完全な形と見なされていたが、それは体制・権威の象徴ともいえるだろう。それに対して「楕円」は二つの中心をもつ、分裂した「複雑な調和」である。転形期を図形化したものといえようか（「転形」は辞書には見えない語で、花田の造語である）。転形期とはまさしく時代が転じて（あるいは時代を転じて）別の形になろうとする時代だ。その時代を生きるには「対立物を、対立させたまま統一する」という力業、あるいは離れ業が求められる。自分の生きている時代に真摯にコミットする人間にとっては、時代は

常に「転形期」の相貌を帯びてこざるをえない。彼はたえず時代を挑発し、変化（動揺）を使嗾する。文例中にもあるが、花田が読者に疑問を投げかける設疑法（花田清輝は設疑法の名手で、つぎつぎと疑問を読者に突きつけながら読者を自分の土俵のなかに引きずり込んでしまう）を多用するのも故なしとしない。花田の韜晦・華麗なレトリックはそうした彼の内面の屈曲した、しかしながら、しなやかなダイナミズムを体現している。そういう意味では、傍線を施した二つの交差反復法（→反復法）は花田の屈折した思考法をよく体現しているだろう。それにしても、「醒めながら眠り、眠りながら醒め、泣きながら笑い、笑いながら泣き、信じながら疑い、疑いながら信ずる」——こんな大仕掛けな交差反復法には今まで出逢ったことがない。

❖北杜夫『どくとるマンボウ航海記』より

67

◉夜、十一時に出航の予定だが、それまでは閑《ひま》である。サード・オフィサー達は大使館のレセプションに行っており、この土地では夜一人で賭博場へ乗りこむ気もしないし金ももうあまりない。ただ本場のカレーだけは食べておこうと思って、ニホンホテルへ出かけた。「カリー」と頼むと「チキン？」と言うからうなずいて、さて運ばれてきた料理を見ると、皿の真中に鶏の腿肉《ももにく》がのり、それに赤っぽい汁がたっぷりかかっている。日本のカレーの概念より、完全にトウガラシの赤い色なのである。そのほか別皿にたっぷりボロボロした飯が盛《も》ってある。なにほどのことやあらんと一口すすってみて驚いた。舌が曲りそうなのである。

しかし私は生れつき辛《から》いものが好きなので、このくらいなことで参るものかと、なお幾口か食べた。すると口中が火のごとく燃えてきた。私は天井《てんじょう》までとびあがりたかったが、さあらぬ態《てい》で、ビールを命じ水の代りを命じた。それらを交互に飲むとやや落着いてきたので、更にカレーを口に運んだ。そのたびに口中はヨウコウロのごとくなり、天井までとびあがらぬため椅子にしがみつき、ビールと水でウガイをしては断末魔の吐息をついた。

(北杜夫『どくとるマンボウ航海記』新潮文庫、一九八七年)

[作者プロフィール] 北杜夫(一九二七―二〇一一)。小説家、エッセイスト、精神科医。斎藤茂吉の次男。『夜と霧の隅で』(芥川賞)『楡家の人びと』(毎日出版文化賞)など純文学の作品も多いが、日本では数少ない本格的なユーモア作家としても評価が高い。

[解説] 文例は北杜夫の『どくとるマンボウ航海記』(一九六〇)からの抜粋。この作品は水産庁の漁業調査船に乗り込んだ若い船医がおよそ半年間(一九五八年十一月から翌年の四月にかけて)、アジア、アフリカ、ヨーロッパ各地を遍歴し、そこで見聞した異国の体験を、軽妙洒脱な文体で綴った型破りの旅行記である。

北は好奇心と含羞の作家である。そのことは『航海記』の「あとがき」によく示されている。

「私はこの本の中で、大切なこと、カンジンなことはすべて省略し、くだらぬこと、取るに足らぬこと、書いても書かなくても変りはないが書かない方がいくらかマシなことだけを書くことにした。」

自己卑下的な皮肉な著者の筆には、目先の大義名分や実利主義（大切なこと、カンジンなこと）に振り回される時代風潮に対する痛烈な批判精神が込められている。

誇張法（傍線部）はユーモアに通じる。文例はセイロンはコロンボで本場のカレーを食べたときの描写だ。「口中が火のごとく燃えてきた」「口中はヨウコウロのごとく〔熱く〕なり」は直喩に訴えた誇張法。誇張法をこんなふうに羽目を外して操るには遊び心（心の余裕）が必要である。

誇張法といえば、ほかにも次のような例が出てくる。

「忽《たち》ち彼〔サード・オフィサーの友人〕はずんぐりした体軀《たいく》をゆすぶって笑いだす。内臓がとびだしそうだ。」

「次第々々に暑くなってくる。日本を出たときは冬支度だったのを数日おきにシャツを脱《ぬ》いでゆかねばならない。このぶんで行くと終《しま》いには皮でもはぐより仕方なさそうだ。」

67—北杜夫『どくとるマンボウ航海記』より

68 ❖山本夏彦「株式会社亡国論」より

◉つかぬことを言うようだが、私は永年日本語を日本語に翻訳している。翻訳はもと外国語を日本語に移すことを言ったが、私は日本語を日本語に移すのである。

たとえば、いくら資本金が多くても、それが不動産会社なら「千三つ屋」と訳す。証券会社なら「株屋」と訳す。

私は翻訳は批評だと心得ている。土地家屋の周旋人のことを、戦前は「千三つ屋」と呼んだ。千に三つ、まとまるかどうか分らない、あてにならぬ商売だから、世間は正業とみとめなかった。だから、業者の数も少なかった。

それがなん千なん万とふえたのは、戦災による住宅難のせいである。彼らは不動産業者という歴《れっき》とした名を名乗って、店舗もあり免許も持っているが、その実態はご存じの通りである。

証券会社には、何度か全盛時代があった。これからもあるだろう。株に浮沈はつきもので、だから昔は堅気《かたぎ》なら手を出さなかった。財産として所有することはあったが、朝《あした》に買って夕《ゆうべ》に売ることはなかった。あれば、それを商売にする「株屋」である。

株屋なら一夜にして成金にもなろうし、乞食にもなろう。それは覚悟の上で、店を支えきれなくなれば、これまた夜逃げするか首をくくった。「助けてくれ」と国にすがるとは、株屋の風上《かざかみ》にもおけぬと、戦前なら笑われた。今は笑わないが、第三者なら笑ってもよかろう。アハハハ——誰も笑わないから、ひとり私は笑わせて貰う。

近代的な証券会社は、昔日《せきじつ》の株屋ではないと、山一以外の大会社なら言うだろう。けれども、その幹部諸君は株屋出身である。出身でないまでも、株屋の血はまだ脈々と流れている。それがなくならない限り、私は翻訳することをやめない。

山一が倒産すれば、他も倒れ、ひいては銀行まで危いから政府はやむなく助けたのだろう。山一はそれを頼みに政府にすがった。すがったというより迫った。それなら脅迫である。

証券会社全盛のころは、わが翻訳は常にイヤな顔で迎えられた。彼らが馬脚をあらわして以来、イヤな顔をされること少なくなった。いつまたどうなるか知れたものではないが、しばらく晴れて株屋、また千三つ屋と翻訳できることは、私の欣快《きんかい》とするところである。

（山本夏彦『茶の間の正義』中公文庫、一九七九年）

［作者プロフィール］ 山本夏彦（一九一五—二〇〇二）。エッセイスト、編集者。舌鋒鋭いコラムで知られる。

［解説］ ずばずばと言い切る、なんとも小気味のいい文章である。辛口すぎるこの人のエッセーは読者を選ぶ。歯に衣着せぬ物言いに生理的な嫌悪を感じる読者も多いはず。私の近くにもそんな女性がいる。私は大ファンである。言葉づかいがちょっぴり古風であるが、ずばりと核心を突くその直言には溜飲が下がる。

本人も自認しているが、山本は同じことを何度も繰り返す。しかし何度聞かされてもやはり面白い。いったい何故かとつらつら考えるに、その「斜《しゃ》に構えた」語り口の面白さではな

いかと思い当たった。いい落語は何度聞いても飽きない、そんな語りの妙である。

「私は永年日本語を日本語に翻訳している」――この言葉には現代文明に対する痛罵がこめられている。日本人は婉曲法（遠まわしな言い方）が好きである。もちろん、これは日本文化の美質であることは承知しつつも、やはり度が過ぎれば問題だ。たとえば日中戦争を「日支事変」、「敗戦」を「終戦」、占領軍を「進駐軍」、日米関係を「国際関係」、首切りを「リストラ」、少女売春を「援助交際」など。カタカナの使用も一種の婉曲法だ。

確かにカタカナにしたほうが上品で高級なイメージが演出できる。昨今、役人や政治家がやたらに横文字（片仮名）を口にする。目に余る横行である。たとえば「インフォームド・コンセント」(informed consent)。初めてこの言葉を聞いたときにはなんのことかと戸惑った。横文字をそのまま使えば確かに正確なことは分かるが、やはり日本語へ翻訳する努力はすべきだろう。

山本の「翻訳」は新造語で無用な混乱を避けたい、古い日本語で用を足せるのならそれで済ますべきだという「伝統主義」である。正論である。ただ近年、問題になることが多いのは新しい概念に対する対処法である。明治時代の西周《にしあまね》らの翻訳の凄さが改めて想い起こされる。「インフォームド・コンセント」は果たして日本語としてなめらかに機能しているのだろうか。長たらしい舌を嚙みそうな言葉だ。なんとかならないものだろうか。「事前確認」ではペケなのだろうか。衆知を集めればいくらでもいい案が見つかると思うのだが。

カタカナの氾濫する昨今の日本の風潮を前に、日本語を日本語に翻訳する努力を怠ってはならない、と私は思いを新たにする。

69 ❖山本夏彦「何用あって月世界へ」より

◉「何用あって月世界へ――月はながめるものである」という文章を、かねがね私は書きたいと思っていた。

そこで、こうして書いてみた。

「何用あって月世界へ」

これは題である。

「月はながめるものである」

これは副題である。

そしたら、もうなんにも言うことがないのに気がついた。これだけで、分る人には分る。分らぬ人には、千万言を費やしても分らぬと気がついたのである。

それでも西洋人なら、千万言を費やすだろう。幸か不幸か、私は日本人で、このごろいよいよ日本人である。

何度も言うが、私は自動車を認めていない。ラジオもテレビも認めていない。あんなもの、なくてもいいものである。あっても人類の福祉とは何の関係もないものである。

十なん年前までテレビはなかった。なかった当時の我々の生活は貧弱だったか。痛くもかゆくもなかったと言えば、分る人には分るだろう。ただ、出来てしまったものは、それがなかった昔には返らない。それは承知している。

けれども、これではあんまりだと承知しない人もあるだろう。だから同じことを、再び三たび言うことを許していただきたい。

〔中略〕

アポロは月に着陸したという。勝手に着陸し、次いで他の星へも行くがいい。神々のすることを人間がすれば、必ずばちがあたると言っても、分りたくないものは分るまいが、わずかに望みをつないで、かさねて言う。

何用あって月世界へ?――月はながめるものである。

（山本夏彦『毒言独語』中公文庫、一九八〇年）

［作者プロフィール］↓文例68

［解説］山本夏彦はタイトルの名人として大江健三郎の名前をたびたび挙げた。「芽むしり仔撃ち」「見るまえに跳べ」「万延元年のフットボール」。だが、ご本人もなかなかの名人である。「すべてこの世は領収書」「判をもらえ判を」「キャンペーンならみんな眉唾」「人生は短く本は多い」「つかまえる人とつかまる人」「習慣重んずべし」「恋に似たもの」「分際を知れ分際を」「役人は役人をしばらない」「広告しないものは存在しない」「首相の月給は安すぎる」「衣食足りて礼節いまだし」「みんな世の中が悪いのか」「私はときどき犬になる」「笑わ

ぬでもなし」「毒言独語」「茶の間の正義」など。「名著はタイトルから」というではないか(あれ、違ったかな)。うまいタイトルは読まなくても内容がそれとなく分かるのをよしとする。そうだとすれば「何用あって月世界へ」は一等賞だ。この名タイトルを目にしたときウーンとうなってしまった。芭蕉は「言いおおせて何かある」と揚言したが、このタイトルはそれを裏付ける傑作である。

科学はともすれば暴走する。知的探求の自由を振りかざし、歯止めがきかない。地球の環境破壊、遺伝子の組み換えなどはその好例である。貧困、差別、戦争など地上はさまざまな問題を抱えているのに、どうして宇宙空間か。そんな疑問も浮かぶ。科学にも倫理が求められる。そうでなければ人類は破滅するだろう。だが、こんな分かりきったこともやはり通じない人には通じないのだ。「理屈と膏薬はどこへでも付く」。けれどもそんなことをしていれば、人類がこの世から消え失せるのは必定《ひつじょう》だ。しかしながら、分からない人には、やはり分からない。山本夏彦の名タイトルには、そんな苛立たしさも込められているのではないか。

70 ❖丸谷才一「英雄色を好む」より

◉わたしは概して「歴史にイフはない」といふ考へ方に反対したいたちの人間でして、すくなくとも「イフ」をすこしは考慮に入れるほうが歴史はよくわかる、と思つてゐます。しかし、

「歴史にイフはない」といふのは歴史の展開が個人の恣意とかそれとも偶然のいたづらよりももつと格が上の、時代の流れとか社会の構造とかによつて決るもの、と思ふせいなんですね。そしてたいていの歴史的事件は、幸か不幸か（この言ひ方をかしいかしら）、さういふ史的決定論的な理屈のつけ方がかなり可能である。ところがこの朝鮮侵略の場合は、時代の流れとか社会の構造とかによつてはどうも説明しにくい。そのことは先程引いた三人の学者の説で推定できるでせう。そこで、単なる個人の妄想とか、あるいはもつとはつきり言つてボケとかが原因だと思ひたくなる。若年のころは単なる放言であつたものが、老いて権力を握ると、もう現実的条件による歯止めがかからなくなつた、と思ひたくなる。そのほうがすつきりする。困るんですね、これは。歴史家が一老人の妄想とつきあはなくちやならなくなるわけで、そして普通の歴史学にはかういふときの対応策はどうもないらしい。いや、歴史小説作法にも対応策はないんぢやないかな。小生不学にして、あの戦争を叙述して成功した歴史小説のあることを知らない。

（丸谷才一『絵の具屋の女房』文春文庫、二〇〇七年）

［作者プロフィール］↓文例47

［解説］ 文例は、諸説紛糾する「豊臣秀吉の朝鮮侵攻」を俎上に載せるエッセーの前半を採った。この問題に対して丸谷は「手のつけようがないくらゐ下らないもの」と、なかなか手厳しい。

ご覧のとおり、硬軟よろしきを得た自由闊達な文体だ。「この言ひ方をかしいかしら」という挿入句はちょっとキザだが、心憎い。一般には「だ・である体」（常体）と「です・ま

す体」（敬体）の混用は避けるべきだとされている。文例もこのケースに抵触するが、そんな常識はいっさい無視。文章を書き慣れない人はよくこの混用をなんの考えもなしに平気でするが、ここではもちろん確信犯だ。この伸びやかな文体と博覧強記が相まって、丸谷のエッセーは無類におもしろい。まさしく名人芸である。

71

❖外山滋比古『考えるとはどういうことか』より

◉もともと、知識と経験は相性がよくありません。放っておくと、この二つはなかなか手を結ばない。それを結びつけて新しいものを生み出すには、何らかの触媒が必要でしょう。化学の世界では、そのままでは化合しないAとBという物質があるとして、Cという触媒を使うことで両者を反応させる手法が確立しています。化合したものの中にはCが存在しないのです。そのままでは結びつかない、相性の悪い知識と経験を化合させるのに必要な触媒は何でしょうか。

それは、人間の思考力にほかなりません。別々に存在している知識と経験に創造的な思考を加えることで、新しい価値を生み出す。私はそれを「触媒思考」と呼んでいます。これがなければ、いくら知識や経験だけを積んでも、生きた知恵にはなりません。

この触媒思考を小規模ながらやっているのが川柳だと思います。川柳は、実際にあった出来事（経験）をそのまま書いたものでもなければ、既存の知識を右から左に伝えたものでもありません。その両方を自分の頭の中で触媒的に化合させた結果、「隣の花は赤い」といった新しい化合物＝発見が生まれるのです。

こうしたケースは、俳句にもないわけではありません。たとえば滝瓢水《たきひょうすい》という江戸中期の俳人は、知識と経験を見事に結びつけた句を数多く残しました。彼はもともと播州（現在の兵庫県）の富裕な商家に生まれましたが、やがて家が落ちぶれて経済的に逼迫《ひっぱく》し、生活するのにかなりの苦労を味わいました。その経験と知見を結び合わせる触媒をもっていたようです。

たとえば、あるとき旅の僧が瓢水を訪ねてきました。しかし瓢水は不在で、家の者に聞くと「風邪をこじらせたので薬を買いに出かけた」という。それを聞いた僧は、「悟りを開いたといわれるが、瓢水も命が惜しくなられたか」と嫌みをいって帰ります。帰宅してその話を聞いた瓢水は、こんな句を詠みました。

浜までは　海女も蓑着る　時雨かな

海女はどうせ海に入ってずぶ濡れになるのに、雨が降っていれば蓑を着て浜まで行く。そうやってわが身をいとおしむのは床しい。美しい。自分も死ぬまでは立派に生きたいのだ――という気持ちを、この句に込めたのです。生きていくための知恵として、ことわざに匹敵する力を持った俳句だといえるのではないでしょうか。

蔵売って　日当たりのよき　牡丹かな

これも瓢水の句です。破産して蔵を売らざるを得なくなったが、蔵がなくなったおかげで、いままでは日陰にあった牡丹に日が当たるようになった。財産を失うという辛い経験も、一方でいままで気づかなかった新しい価値をもたらしてくれる、ということです。知識一辺倒の人間からは出てこない深い洞察がそこにはあります。知識と経験の化合には、何ともやわらかくて温かみのある世界が生み出されるのです。

（外山滋比古『考えるとはどういうことか』集英社インターナショナル、二〇一二年）

【作者プロフィール】 外山滋比古《とやましげひこ》（一九二三—）。英文学者、評論家、エッセイスト。専門の英文学以外にも言語論、日本語論、教育論など幅広い活躍をしている。

【解説】 大学教師になる前に英語関係の雑誌の編集長を務めていただけに、著者はいつも一般読者の目線を意識している。だから、文章がとても分かりやすい。短文で、歯切れがいい。そして、なにげない話題を取り上げながらも、ハッとする知見が随所に光る。文例もその例にもれない。

「まえがき」で所収のエッセイについて「憚《はばか》りながら私の自由思考の軌跡です」と揚言しているが、確かに文例は著者みずからが提唱している思考法を実践している。

現在とかく日本人から忘れられがちな「ことわざの知恵」に外山は注意を喚起する。ことわざは先人たちの経験則の宝庫だ。しつけや教育に使わない法はないというわけだ。そして著者は一歩進めて諺と俳句・川柳の関係に注目する。俳句・川柳に「触媒思考」を見る——これは意外な着想である。おまけに引合いに出された俳人は知る人ぞ知る、近世の畸人である。

例を挙げる場合は普通はよく知られたものを挙げるのが鉄則だ。あまり知られていない場合はあきらめるのか。そんな必要はない。説明しながら使えばよろしい。文例のように、文章家はその説明もまたうまく自分の文章に取り込んで、彩りを添えることになる。解説しながら引用する、これは諺や名言を引合いに出す場合にはとても参考になるテクニックである。

72 ❖椎名誠「「東京スポーツ」をやたらと誉めたたえる」より

◉駅のホームのゴミバコから新聞をひっぱり出してタダ読みする、という人はけっこう多い。あれはちょっとミットモナイという気分もあるけれど、でもそんなに恥ずかしいことでもないように思うのだ。そうしたからとて誰か迷惑する、というわけでもないのである。

ゴミバコからもう一度ひっぱり出され、改めて別な男が一面からずっと読み、それはまた電車のアミ棚に置かれ、それが別の男の手に渡り、そうしてゴミバコへ。それをまた別の男が……というケースもけっこう多いだろうと思うのだ。

新聞だってチンケな男に一度パラパラッと読まれただけでポイと捨てられ、それで一生を終えるよりも、別な人々に二度、三度と読まれていったほうが嬉《うれ》しいだろうと思うのだ。いろいろな男から男へ渡っていくうちにボロボロになり、あちこち傷ついていくだろうけれど、でも、「それであたいはしあわせだった」と思っているのにちがいないのだ。

そういう読まれかたをする新聞は夕刊紙が多い。
その中でもとくに「東京スポーツ」が圧倒的に多いのである。「日本経済新聞」や「朝日」の朝刊なんかは「くそ、まだいたのか！」なんてかならずゴミバコに突っかえされてしまうのである。

（椎名誠『場外乱闘はこれからだ』文春文庫、一九八四年）

［作者プロフィール］ 椎名誠（一九四四―）。作家、エッセイスト、写真家、映画監督など、どん欲な好奇心で多彩な活動を展開している。

［解説］ 文例はエッセーの掉尾《ちょうび》から採ったが、冒頭で立派なものとそうでないものとの比較論がある。オールドパー対オーシャン、ホテルニューオータニ対目黒エンペラー、「そして新聞でいうと、これは当然、「朝日新聞」と「東京スポーツ」という関係になってくるのである」と。この後に「東京スポーツ」の凄さが二点紹介される。一つは、同じ紙面で、「大阪スポーツ」とか「九州スポーツ」とか販売する地域によって新聞名が変わってしまうこと、もう一つは過激なデカ見出し。「朝日にこの真似ができるか、エッ！　と言いたい」と凄んでから、文例へと「話はすすむ」。

椎名の文体は「昭和軽薄体」と呼ばれたが、実は本人みずから名乗りでた呼称だ。従来の「重厚体」一派の生真面目な権威主義をおちょくったのだ。昭和軽薄体はくだけた話し言葉に近い。軽妙と饒舌が特徴で、「立派な」文体では語れない、下世話な「せこい」話題も俎上に載せる。

文例についていえば、片仮名の意識的な使用が目につく。本来、漢字や平仮名で書くはずの単語を片仮名で表記すると、特殊なニュアンスを帯びる。椎名はこの効果をうまく使って、「軽薄な」印象をかもしだしている。

カタカナの使用もさることながら、もっと効果的なのは「擬人法」の使用である。擬人法はモノやコトを人間に見立てる「言葉の綾」で、日常でもよく見かけるテクニックだ。たとえば自然災害を人間になぞらえて、「災害は忘れた頃にやってくる」。ここではその使い方が秀逸なのだ。男の手から男の手へと渡り歩くスポーツ新聞を都会の片隅の「淪落の」女にたとえている。銀座のスナックの女性ではなくて、場末の安酒場のオンナという見立てか。「それであたいはしあわせだった」というちょっぴり捨て鉢なセリフが実にきいている。

❖斎藤美奈子「「それってどうなの主義」宣言」より 73

●「それってどうなの主義」宣言

「それってどうなの主義」とは、何か変だなあと思ったときに、とりあえず、「それってどうなの」とつぶやいてみる。ただそれだけの主義です。

つぶやいたところで急に状況が変わるわけでも、事態が改善されるわけでもありません。それでもこの「つぶやき」には、ささやかな効用があります。

一、「それってどうなの」は違和感の表明である。

世間に流通している常識、言葉、流行、情報、報道などに違和感を感じたときには「それってどうなの」と口に出して言ってみる。その違和感は、たとえ小さくても、長く心に保存・蓄積され、世の中を冷静に見る癖をつけてくれるでしょう。

一、「それってどうなの」は頭を冷やす氷囊《ひょうのう》である。

人生の中で重要な決定を下すとき、大きな波に呑まれそうになったときには「これってどうなの」と自問する。それは頭の熱を下げ、自分を取り戻す時間を与えてくれるでしょう。

一、「それってどうなの」は暴走を止めるブレーキである。

だれかが不当な扱いを受けていると感じたとき、周囲でよからぬことが進行していると感じたときには「それってどうなの」と水を差す。相手がふと立ち止まるキッカケになるかもしれません。

一、「それってどうなの」は引き返す勇気である。

会議の席で寄り合いの場で、あれよあれよと物事が決まっていくことに抵抗を感じたら、手をあげて「それってどうなんでしょうか」と発言する。意外な賛同者が現れ、流れが変わるかもしれません。

「それってどうなの主義」とはすなわち、違和感を違和感のまま呑み込まず、外に向かって内に向かって表明する主義。言い出しにくい雰囲気に風穴を開け、小さな変革を期待する主義のことなのです。「それってどうなの」に大声は似合いません。小さな声でぼそぼそと、が効果的。ではみなさん、小さな声で唱和してみましょう。それってどうなの？


それってどうなの主義者連盟（略称「そ連」）

（斎藤美奈子『それってどうなの主義』白水社、二〇〇七年）


【作者プロフィール】斎藤美奈子（一九五六—）。文芸評論家。児童書の編集者を経て、『妊娠小説』でデビュー。サブカルチャーや、風俗に関する著作もある。

【解説】斎藤美奈子は頭の回転の速い、しなやかな思考回路の女性と見た。しかも歯に衣着せぬ伝法な物言い、変幻自在な文体。男性作家でいうと丸谷才一がいちばん近いかも知れない。いや、違うかな。でも私のなかではこの二人の作家はペアである。

斎藤の文章を読んでいていちばん感心するのは物事をぱっと大づかみに捉えるマクロの視点の持ち主だということだ。ややこしい対象をうまく腑分けして箇条書きにまとめる。文章術ではよく箇条書きの効用を説くが、その適例が斎藤の文章に見いだされるのではないかと常々思っている。文例もその一例である。

「それってどうなの主義」は「自由検討の精神」の発露であるが、そんなに肩肘を張ったものではない。肩の力を抜いた自然体である。そう、「〜主義」「〜宣言」の権威主義・難解さを「おちょくっ」ている。「〜主義宣言」のパロディーである。略称は今はなき超大国「ソ連」を諷しているのだろう。

74 斎藤美奈子「バーチャルな語尾」より

◉あら、ごめんなさい。でもフォアグラを選ぶなんてあなたらしくないわ。ガチョウの魂はのぞいたの？　かわいそうに、それはつらかったはずよ。あなたはきっと、あえて目をそむけたのね。


これは、たまたま手元にあった最新のイギリスの通俗小説の日本語訳の一節である。あなた、これを読んでおかしいと思わなくて？　だってこれ、いまの日本語じゃないんですもの。こんなしゃべり方をする女、いまの日本にはいなくてよ。

「あ、ごめん。しっかし、フォアグラを選ぶか、ふつう」

とか、そんな感じだと思うわ。そうなの。これはメディアの中にしかないバーチャルな日本語なのよ。そりゃあ明治の女学生は語尾が「てよ」や「だわ」の「てよだわ言葉」でしゃべっていたかもしれないわ。でも、いまの言語感覚でいくと、これは「おねえ言葉」よね。バーチャルな日本語だから、バーチャルな女性に愛されているのだわ。こんな日本語を読むと、だから私は『トッツィー』に出てきた女装姿のダスティン・ホフマンを思い出すわ。

しかし、思えばメディアの中だけで流通する日本語は、女言葉以外にもいろいろある。たとえば、老人が話す「わしゃ……じゃよ」という主語と語尾はどうじゃろか。そんな風にしゃべる古老が本当におるのじゃろうか。階級的な訛《なま》りだか、地方語だかを表現するときの「おら……しただ」はおかしいと思わねえだか。おらは聞いたことねえだがな。

思い出してみると、こうした日本語にわれわれがはじめて出会ったのは、翻訳物のお伽噺《とぎばなし》や児童文学の中でであった。村岡花子訳の『赤毛のアン』や竹山道雄訳の『ハイジ』はこんな人々ばかりである。幼児期の刷り込みはおそろしい。子ども向けにキャラを際立たせる必要があったにしても、五十代のFBI行動分析官が『赤毛のアン』の語調でしゃべっていると思えば、そのおかしさがわかるってものだ。翻訳物だけの話でもない。私自身、自分の出ているインタビュー記事で「……だわ」としゃべっている自分を目にして驚愕《きょうがく》することがある。と、ここまで来て、同じ『論座』にダスティン・ホフマンへのインタビューが載っているのを発見した（伊藤千尋「イラクの人々が何人殺されたのか、我々は知らされていない」）。『トッツィー』ではなく、地のダスティン・ホフマンいわく。

なぜ俳優を志したかというと……ほかに選択肢がなかったからさ。

こうは思わないか？　このインタビューが始まってから考えたことをすべてそのまま書き留めなければならないとしたら、とても無理だろう？

これもかなりバーチャルな日本語だとは思わないか？　まるでCNNの吹き替えみたいだ。でなきゃ村上春樹の小説さ。ほんとにそんな口調だったのかい？　興味深いな。

（斎藤美奈子『それってどうなの主義』白水社、二〇〇七年）

［作者プロフィール］→文例73

［解説］文例は「それってどうなの主義」の実践である。

雑誌『論座』で同時通訳者の鳥飼玖美子がテレビ番組の吹き替えの女性語語尾が「……の／のよ／わ」であったり、高い可愛らしい声であったり不自然だと指摘した。わが意を得たりとばかり、斎藤は「活字も同じだ」と同調する。そして文例が来る。斎藤は得意の「文体」模写を駆使して「バーチャルな語尾」の不自然さが発信するデフォルメされたメッセージのおそろしさに警鐘を鳴らす。諸手を挙げて賛成である。

ちなみに、文例中の『トッツィー』は一九八二年作ダスティン・ホフマン主演のアメリカ映画。売れない実力派男優が女装してスターになってひきおこす騒動をとおして、男女差別を諷刺したコメディーである。

75

❖小田嶋隆『イン・ヒズ・オウン・サイト』より

◉20年以上前、駿台予備校の夏期講習で、古文の授業を受けた。素敵な授業だった。教師は、「源氏物語の特徴」と題して、黒板に以下のようなことを書いた。

*主語の欠落
*目的語の欠落
*論理の飛躍
*時間の停滞・飛躍・逆行
*話題の急転換

で、これらについて一つひとつ詳しく説明した後、最後にこう付け加えた。

つまり悪文なんですね。

おお！　我が意を得たり、とはこのことである。そうだったのだ。前からそうじゃないかとは思っていたけど、源氏物語は悪文だったのである。実際、出来の悪い生徒は、こういう文章を書きますよ。

おおお。先生、ありがとうございます。そうですね、先生、紫式部ってのは、ありゃ、バカだったんですね。

……いいえ、だからどうだってことじゃありません。私は源氏物語が嫌いだ、ってそれだけのことです。

源氏物語は、あれは、千年前の作品だということを差し引いたとしても、箸にも棒にもかからない駄作だと思う。同じ時代の女流が書いたものなら、枕草子の方がずっと面白い（ま、おそろしいばかりに気取っていてイヤミったらしくはあるけど）。主婦の皆さんをターゲットにしたカルチャー講座では、相変わらず源氏物語講読が人気のようですが、一度虚心に読んでみてください。そこいらへんのエロ本以下ですよ。（小田嶋隆『イン・ヒズ・オウン・サイト――ネット巌窟王の電脳日記ワールド』朝日新聞社、二〇〇五年）

［作者プロフィール］ 小田嶋隆（一九五六―）はコラムニスト。辛口のコラムで知られる。
［解説］ 小田嶋はネットがホームグラウンドだ。その文体は話し言葉で、非常にくだけている。この文体はみかけほどやさしくない。へたをすると品位がなくなり、読むにたえなくなる。そのことは、ネット上のブログやツイッターの文章を見れば明らかだ。しかしながら、小田嶋の文章は違う。くだけながらも、ちゃんと一線を守っている。身も蓋もない話になるが、これはもう文才というしかない。持って生まれたセンスである。
この文章を読んだとき私は思わず内心で快哉を叫んだ。よくぞいってくれた、である。実は私も『源氏物語』が苦手である。どうも波長が合わない。何度か挑戦してみたのだが、どうしてもダメで匙を投げた。ダメなものはダメなのである。ほかにもビッグネームを挙げると、現代文学では志賀直哉、川端康成、小林秀雄、三島由紀夫などがどうも相性が悪い。思想がどうのこうのという高級な話ではない。文章の問題だ。前の三人についていえば問題は、

井上ひさしの術語を借りれば「文間」（文と文のつながり）であり、三島はその文体の、芬々たるバタ臭さである。

食べ物と同じように、文章にもやはり好き嫌いがある。そのことをある時期からさとった。古典だから、名作だからと風評を鵜呑みにし、無理してつきあう必要はない。自分の古典、自分の名作を見つけだすのも読書の楽しみである。

宗教・倫理

❖源信『横川法語』より　76

◉夫《それ》一切衆生《いっさいしゅじょう》三悪道《さんまくどう》をのがれて、人間に生《うまる》る事、大なるよろこびなり。①身はいやしくとも畜生におとらんや。家まづしくとも餓鬼にはまさるべし。心におもふことかなはずとも、地獄の苦しみにはくらぶべからず。世のすみうきはいとふたよりなく、人かずならぬ身のいやしきは、菩提をねがふしるべなり。このゆゑに人間に生まるる事をよろこぶべし。

②信心あさくとも本願ふかきがゆゑに、頼ばかならず往生す。念仏もの憂《う》けれども、唱ればさだめて来迎《らいごう》にあづかる功徳莫大《くどくばくだい》なり。此ゆゑに本願にあふことをよろこぶべし。

又、妄念はもとより凡夫《ぼんぶ》の地《じ》体《たい》なり。妄念の外に別の心もなきなり。臨終の時までは、一向に妄念の凡夫にてあるべきとこころえて念仏すれば、来迎にあづかりて蓮台にのるときこそ、妄念をひるがへしてさとりの心とはなれ。妄念のうちより申しいだしたる念仏は、濁《にごり》にしまぬ蓮《はちす》のごとくにして、決定《けつじょう》往生うたがひ有《ある》べからず。

③妄念をいとはずして信心のあさきをなげきて、こころざしを深くして常に名号《みょうごう》を唱ふべし。

（『日本古典文学大系83　假名法語集』岩波書店、一九六四年）

［現代語訳］すべて生きとし生けるものが悪行の三つの罰をのがれて、人間に生まれるということは、大きな喜びである。たとえ身は卑しくとも畜生よりは悪くはないだろう。家が貧しくても、餓鬼よりはましだろう。心に思うことが手に入らなくても、地獄の苦しみには比べ

ようもない。この世が住みにくいといってもこの世を厭って出家する機縁もないので、物の数にもはいらないこの身の卑しさこそが悟りを願う手引きなのだ。だから、人間に生まれたことを喜ぶべきなのである。

たとえ信心は浅くても、阿弥陀仏の、救済の本願は深いので、帰依すれば必ず極楽に生まれ変わる。念仏を唱えるのはなんとなく大儀であるけれども、唱えれば、仏の救いが必ず得られる御利益はとてつもなく大きい。だから本願に会えることを喜ばなければならない。

それにまた、心の迷いは凡人のならいである。迷う心以外に別の心はない。死ぬときまでは、心の迷いは凡人にはつきものだと心得て、ただひたすらに念仏を唱えれば、仏の救いにあずかって極楽の蓮の台座に乗るときこそ、迷いの心をさっとひるがえして悟りの心とはなる。迷いの心から唱えられた念仏は、さながら濁りに染まらない蓮のようであって、かならず極楽浄土に生まれ変われることは疑いなしなのである。

迷いの心を嫌わず、信心が浅いことを悲しみ、心をこめて常に南無阿弥陀仏と唱えなさい。

［語注］◇三悪道＝悪行に対する三つの罰、地獄、餓鬼、畜生◇くらぶべからず＝比べものにならない◇世のすみうき＝住みづらさ◇いとふたより＝この世を厭って出家する機縁、きっかけ◇人かずならぬ＝人並みにちゃんと扱ってもらえない◇しるべ＝手引き◇本願＝阿弥陀仏が約束したすべての人々を救おうという願い◇頼ば＝信仰すれば、帰依すれば◇往生す＝極楽に生まれ変わる◇来迎＝死ぬとき阿弥陀仏が迎えに来ること、ここでは仏の救いにあずかること◇妄念＝迷いの心、心の迷い◇地体＝根本、本性◇一向に＝ひたすらに◇蓮台＝阿

弥陀如来の座する蓮華の台座、極楽の蓮の台座◇濁にしまぬ＝濁りに染まらない◇決定往生＝必ず極楽浄土に往生すること、生まれ変われること◇名号＝仏の名、南無阿弥陀仏

[作者プロフィール] 源信（九四二―一〇一七）。平安中期の僧。比叡山の横川《よかわ》に住していたので「横川僧都」とも呼ばれた。『往生要集』によって日本浄土教の祖とされ、法然や親鸞に大きな影響を与えた。

[解説] 名文である。抄録ではない。これ（四九一文字）で全文である。

三悪道とは、自分が犯した悪行の結果として死後にたどる苦しい迷いの世界のことである。地獄道・餓鬼道・畜生道の三つの世界がある。この迷いの世界の様子は、詳しくは源信の『往生要集』に説かれている。まず、地獄は悪業を積んだ者が堕《お》ちる。種々の責め苦が用意されて、無間地獄まである。次いで、餓鬼道は生前に嫉妬や吝嗇に奔った人間が堕《お》とされる場所で、食べ物が与えられない、飢えと渇きに苦しむ世界として描かれている。最後に、畜生道は、牛馬など動物の世界である。動物たちは、あるいは人間に使役され、あるいは殺され、あるいは互いに殺し合い、ほとんど本能だけで生きている。畜生道は仏の教えに無縁で、救いから見放された、苦しみに満ちた世界である。

「人《にん》見て法を説け」という言葉があるが、説法や法語は庶民を対象にしているので、平易を心がけて身近な例や分かりやすい喩えに訴える。

文例は特にレトリカルな文章である。傍線部（1）は漸層法で程度を順々に高めている。傍線部（2）（3）は対照法（対句）で比較・対照することによって両項をあざやかに映発

させている。まず《畜生道→餓鬼道→地獄→この世》の漸層法で「人間として生まれることのありがたさ」を強調する。次いで人間の小ささ（弱さ）と仏の慈悲の大きさ（強さ）を対照して救済への信頼を促す。まさにお見事と言うしかない修辞的説得、念仏のすすめである。

77 ❖道元「生死」より

●生《しやう》より死にうつると心うるは、これあやまりなり。生はひとときのくらゐにて、すでにさきあり、のちあり。かるがゆゑに、仏法の中には、生すなはち不生《ふしやう》といふ。滅《めつ》もひとときのくらゐにて、又さきあり、のちあり。これによりて、滅すなはち不滅といふ。生といふときには、生よりほかにものなく、滅といふとき、滅のほかにものなし。かるがゆゑに、生《しやう》きたらばただこれ生、滅《めつ》きたらばこれ滅にむかひてつかふべし。いとふことなかれ、ねがふことなかれ。

（道元『正法眼蔵（四）』岩波文庫、一九九三年）

［現代語訳］生より死へ移ると考えるのは誤りである。生は生としてその時の状態（一時のくらい）としてあり、すでに先があり後がある。だから仏法では「生はとりもなおさず不生である」（生すなわち不生《ふしょう》）と言う。滅も一時の状態であり、また先があり、後がある。だから「滅はとりもなおさず不滅である」（滅すなわち不滅）と言う。生と言えば生より外にものはなく、滅と言えば滅より外にものはない。そうであるから、生が来れば生に立ち向かい、滅

が来れば滅に立ち向かって、ただそのものに対処すべきである。滅とて、いとうてはならない。生とて、願うてはならない。

[作者プロフィール] 道元（一二〇〇―一二五三）。鎌倉中期の禅僧で、日本曹洞宗の開祖。幼くして比叡山に学んだが、教学上の疑問を抱き、良き師を求めて一二二三年、宋に渡り、天道如浄の印可を受ける。帰国後、精進と学問に専心し宗風を高めたが、既成宗派の弾圧を誘い、一二四三年、越前に移り、永平寺を創設した。「只管打坐《しかんたざ》」（ひたすらなる座禅）を通して釈迦に還ることを説き、理論よりも実践を重視した。その深遠峻烈な思想は『正法眼蔵』にまとめられている。鎌倉時代を代表する偉大な宗教家であるばかりでなく、世界に通用する独創的な思想家で、主著『正法眼蔵』は西洋の哲学者からも注目されている。

[解説] 文例が提起している「生と死」の問題を考えるとき、事物の「前後はありながら途切れている在り方」（「前後際断」）と、その、一時的状態としての在り方（「一時のくらい」「法位」）に注目する必要がある。道元はそれを「薪」と「灰」の関係をたとえに使って次のように説明している。

「たき木ははひとなる、さらにかへりてたき木となるべきにあらず。しかあるを、灰はのち、薪《たきぎ》はさきと見取《けんしゅ》すべからず。しるべし、薪は薪の法位に住して、さきありのちあり。前後ありといへども、前後際断せり。灰は灰の法位にありて、のちありさきあり。［たき木は燃えて灰となる。それがまたもとにかえってたき木になるということはない。しかしそれをいちがいに、灰はのちで、たき木はさきだからと考えてはならない。知るがよい、たき木はたき木というあり方（法位）においてその前後があり、しかも前後はありながら前後はとぎれて（前後際断して）いるのである。灰は灰というあり方においてそれの前後があるのである。」（「現成公案」）

この説明を念頭に置いて、文例を読むとずっと分かりやすくなるはずだ。ここで指弾されている誤解は、まさしく分別のなせるわざだ。問題になっている「不生」「不滅」は空の思想を踏まえている。この世に存在するすべてのものは、「縁起」「無我」「空」であるから、本当をいえば生ずることもなく、滅することもない。大乗仏教のダイジェスト版といえる『般若心経』には「この諸法は空相にして、生ぜず、滅せず……」とある。また、ナーガールジュナの『中論』冒頭にも「不生、不滅……」とある。ご覧のように道元はこの方向をさらに押し進める。今の生が唯一の生であり、今の死が唯一の死である。そのほかにいかなる生も、いかなる死もない。だから、この一瞬は永遠の生であり、永遠の死である。生にまっすぐに向き合う道元の真摯を見る思いがする。

78 ❖親鸞『歎異抄』より

◉善人なをもて往生をとぐ、いはんや悪人をや。しかるを世のひとつねにいはく、悪人なを往生す、いかにいはんや善人をやと。この条《でう》、一旦そのいはれあるににたれども、本願他力《ほんぐわんたりき》の意《い》趣《しゅ》にそむけり。そのゆへは、自力作善《じりきさぜん》のひとは、ひとへに他力をたのむこころかけたるあひだ、弥陀《みだ》の本願にあらず。しかれども、自力のこころをひるがへして、他力をたのみたてまつれば、真実報土《しんじつほうど》の往生をとぐるなり。煩悩具足《ぼんなうぐそく》のわれらは、いづれの行《ぎやう》にても生死《しやうじ》をはなるることあるべからざるをあはれみたまひて、願《ぐわん》をおこしたまふ本意、悪人成仏《あくにんじやうぶつ》のためなれば、他力をたのみたてまつる悪人、もとも往生の正因《しやういん》なり。よて善人だにこそ往生すれ、まして悪人はと、おほせさふらひき。

（親鸞『歎異抄』岩波文庫、一九五八年）

［現代語訳］ 善人でさえ、往生を遂げる。まして悪人はなおさらである。それなのに、人びとはいつも言う、「悪人でさえ往生する、善人は言うまでもない」と。このことは、一応はもっとものようにみえるけれども、本願と他力の趣旨に反している。そのわけは、自力で善をおこなう人は仏の他力をひたすら頼る心が欠けているので、阿弥陀仏の本願からは外れているからである。そうではあるけれども、自力を頼る心をさっと転じて、他力におすがり申し上げれば、真実の浄土に往生することができるのである。煩悩をたっぷり身に帯びているわれわれは、どのような修業によっても生死という苦の境地を脱することができないだろうと気の毒に思し召した仏の本来の御心は、悪人が仏となることにあるのだから、他力を頼み申し上げる悪人こそがもっとも往生にふさわしい器ということになるのである。それゆえに、「善人でさえも往生する。ましてや悪人はなおさらだ」と〔親鸞聖人は〕仰せられました。

［語注］ ◇善人なをもて＝善人でさえ◇一旦＝一応◇自力作善のひと＝自分の力で往生成仏のため善をなす人、すなわち善人◇弥陀の本願にあらず＝弥陀の救いの目的でない、目的から

外れている◇真実報土＝真実の浄土としての地、極楽浄土◇煩悩具足の＝煩悩をたっぷり身に帯びている◇いづれの行にても＝どのような修業によっても◇生死をはなるること＝生死という苦の境地を解脱すること◇もとも＝もっとも◇正因＝本当の因縁、本当の原因◇よて＝よって、だから

[作者プロフィール] 親鸞（一一七三―一二六二）。鎌倉時代前半・中期の僧。浄土真宗の開祖。はじめ比叡山で修業したが、奈良に遊学し夢のお告げで法然に帰依、他力念仏門の教義の研鑽に励んだ。一二〇七年、師法然の法難に連座して越後に流された。一二一一年に流罪を解かれてからは、常陸国を中心に二十年間、東国各地で精力的な布教活動に挺身した。そのかたわら『教行信証』の執筆も進め、真宗の基礎をすえた。六十歳を過ぎて京都に戻ったが、在来宗派の弾圧に遭い、主として著述を通じて伝道につとめた。親鸞の教義は他力の信心が中心で、阿弥陀仏への絶対的信仰を往生の要諦とした。それを象徴するのが「悪人正機」の思想である。『歎異抄』は弟子の唯円《ゆいえん》がまとめた親鸞の語録である。

[解説] 文例は、『歎異抄《たんにしょう》』中もっとも有名な部分で、他力本願の要諦を説く。ここで問題になる善人・悪人は道徳的観点ではなくて宗教的な観点から捉えられていることに注意すべきだろう。

普通は悪人が救われるならなおさら善人は救われると考える。それが常識的論理だ。だが、親鸞はその常識的論理を突き崩す。彼の狙いは底辺の人間、つまり無力な弱い民衆を救うことだ。最底辺の民衆、それを代表するのが、すべてのものから見放されて絶望し、罪に走る

悪人である。悪人が救われることが肝腎なのだ。悪人こそが救われなければならない。

絶対的な信としての念仏が人を救うという点からすると、自力作善の人はむしろふさわしくない。悪人が救われるという点が大切なので、善人さえ救われるのだから、まして悪人は、ということになる。このすぐれて逆説的な論理こそ、親鸞の宗教思想の徹底性を示し、仏教が最底辺の民衆のところにまで降り、そこで生きることを可能にしたのである。

ところで、悪人は自分に絶望し、自分など当てにならないことをよく知っている。また、自分に愛想が尽き、自分など頼むに足らぬこともよく知っている。その意味では自分の限界（弱さ）をわきまえている。だから他からの働きかけがあれば、それを素直に受け容れる心の準備ができている。いっぽう、絶対的な信仰としての念仏（他力本願）が人を救うという点からすれば、自力作善の人はむしろふさわしくない。自己を頼むからだ。この逆説的論理は『聖書』の次の言葉を思い出させる。「心のまずしい人たちは、さいわいである」（「マタイによる福音書」五―三）。金や権力があって自分に自信のある人はややもすれば自分を恃み、とかく神をないがしろにする。それにひきかえ、自分が貧しいことを知っている人間は謙虚であり、素直に神を受け容れる。自分の無力さを自覚している人間は神にすがるしか術がないことをよく心得ているからだ。彼らは神の前にぬかずく。信仰においては自己の限界を知る謙虚さが重要な契機だ。理性のつまずいたところから信仰がはじまるのである。

❖阿部次郎『三太郎の日記』より

79

◉我らは何ゆえに「おのれ」ならぬものに奉仕せざるべからざるか。この世にはかぎりなき享楽の対象がある。自然も美しく、女も美しく、酒もまた美しい。しかるに我らは何ゆえにこれらのものの甘美なる享楽を捨てて――時にはいっさいの享楽を可能にする自己の肉体の生命を犠牲にしてさえ、「おのれ」ならぬものに奉仕せざるべからざるか。

答えて曰《いわ》く、我らの本質を真正に生かすために。もし奉仕とは我らの本質を真正に生かすものでないならば――もし奉仕とはあらゆる意味において我らの自我を殺すものにすぎないならば、我らはもとより何物に対しても奉仕の義務を負うことができない。この意味における奉仕は、ただ外から強制することを得るのみである。この場合において我らの感ずる奉仕の義務は、ただ屠《ほふ》らるるものの余儀なき諦め、首絞らるる者が自己の悲痛を紛らすための自欺にすぎない。我らはただ屠らるる牛のごとく、悲鳴をあげつつ奉仕する外に途《みち》はないであろう。しかし我らのここに考察せんとするところは、かくのごとき強制的奉仕ではないのである。我らが心から感ずる奉仕の義務、我らが悦《よろこ》びをもって遂行する奉仕の行為――これらいっさいの内面的奉仕は、ただそれが我らの自我の本質を生かすときにおいてのみ始めて可能である。「おのれ」を捨てることがかえって自我の本質を肯定する所以《ゆえん》であるという信念の上に立たざるかぎり、――もしくは奉仕することによって自我の本質が肯定さるる悦びを知らず識らず自己の内面

(5)に感ぜざるかぎり、いかなる道徳の教えも、我らに奉仕の義務を是認させることができない。

（阿部次郎『新版合本三太郎の日記』角川選書、二〇〇八年、傍点原文）

【作者プロフィール】 阿部次郎（一八八三―一九五九）。教養主義、人格主義の担い手として大正から昭和にかけてのオピニオンリーダーとして活躍した倫理学者。夏目漱石の「個人主義」を越える、自己の内にあるエゴイズムと他者の個性や生き方の調和を企図する倫理を追求した。

【解説】 一九一四（大正三）年に発表された『三太郎の日記』は「青春のバイブル」として多くの若者たちに読み継がれた。『三太郎の日記』は一人の平凡な青年の内面の模索・葛藤を哲学的手記の形で綴った作品である。

まず、文彩を指摘する。キーワード「奉仕」の繰り返し。傍線部（1）の設疑法と問答法。傍線部（2）の列挙法。傍線部（3）（5）の平行法（同一構文の反復）。傍線部（4）の直喩。

ご覧のとおり、文例は表現の上で非常にレトリカルであるが、それが真摯な思索を補強している。修辞（形式）は思想（内容）の説得力を高めるのである。

❖九鬼周造「日本的性格」『人間と実存』より

80

◉日本の道徳の理想にはおのづからな自然といふことが大きい意味を有《も》つてゐる。殊更らしいことを嫌つておのづからなところを尊ぶのである。自然なところまで行かなければ道徳が完成したとは見られない。その点が西洋とはかなり違つてゐる。いつたい西洋の観念形態では自然と自由とは屢々《しばしば》対立して考へられてゐる。それに反して日本の実践体験では自然と自由とが融合相即して会得《えとく》される傾向がある。自然におのづから迸り出るものが自由である。自由とは窮屈なさかしらの結果として生ずるものではない。天地の心のままにおのづから出て来たものが自由である。自由の「自」は自然の「自」と同じ「自」である。「みづから」の「身」も「おのづから」の「己《おのれ》」もともに自己としての自然である。自由と自然とが峻別されず、道徳の領野が生の地平と理念的に同一視されるのが日本の道徳の特色である。更にまた日本の国民道徳が忠と孝とを根幹としてゐることもそれがおのづからな道であるからにほかならぬ。神を祭る「祭り事」と人民を治める「政」とが天皇において一つになつてゐることもおのづからな自然であり、一家の奉仕を受ける主体と一家の統御を司る主体とが親において一つになつてゐることもおのづからな自然である。同じことが日本の藝術の理想にもあらはれてゐる。和歌にしても俳句にしても、絵画、建築にしても、茶道、花道から造庭術に至るまで、日本の藝術では自然と藝術との一致融合といふことが目標となつてゐる。日本の生花と西洋の生花とを比較したり、日本の庭と西洋の庭とを比較するときに、この特色が著しく目立つてゐることは今更いふまでもない。日本の道徳にあつても藝術にあつても道とは天地に随《したが》つた神ながらのおのづからな道である。なほ、自然といふことは自然の情といふ意味をも取つて来るから、日本的性格の有つてゐる自然といふ契機を捉へることと、日本文化が情的であるといふ見解との間にも深い関聯が看取されるのである。

（『九鬼周造全集　第三巻』岩波書店、一九八一年）

［作者プロフィール］ 九鬼周造（一八八八—一九四一）。九鬼は西洋哲学を西洋人のように本格的に習得した、日本では稀有な哲学者である。独仏を中心に足かけ八年に及んだヨーロッパ留学、ハイデガー、ベルクソンらとの交流がその哲学を形づくった。帰国後、京都帝国大学で、フランス哲学や近世哲学史、現象学などを講じた。しかしその一方で、留学時代から日本文化への関心も深めて『「いき」の構造』（一九三〇）を発表した。主著は、必然性を中心に展開された西洋哲学への根本的な問い直しを提起する『偶然性の問題』（一九三五）である。

［解説］ まず文例の文章に注目していただきたい。第二次大戦前といえばドイツ系観念論、カントだとかヘーゲルが日本の哲学界を席巻していて、哲学の論文（翻訳も）は難解だというのが定評だった。むしろ難解な文章のほうが有り難みがあるかのような風潮さえあった。西田幾多郎とか田辺元の呪文のような文章が通用した時代である。そんな状況のなかで九鬼周造の文章はまともに読める点で出色であった。明晰そのものだ。この美点はいくら強調してもしすぎることはない（文例81の三木清の文章も例外的に明晰である。九鬼も三木もフラン

ス哲学に通じていたからだろうか)。

文例を理解するためには、まず、その前提として語義の整理・確認が必要である。というのも、ここで問題になる「自由」と「自然」という二語には、明治以後の翻訳語としての新しい意味と伝統的な意味とのあいだに大きな懸隔が見られるからである。

「自由」は中国で古くから使われていた語で字義どおり「自《みずか》らに由《よ》る」という意味で、自主的、独立的ありようを指している。初期仏典の漢訳では解脱の自由な境地の意味で使われたこともあるが、しだいに「自在」に取って代わられるようになった。しかし禅の文献ではそのまま、束縛のない境地を意味するものとして使われつづけた。

いずれにしても個人の心の境位を表し、欧米語のような政治的＝社会的な意味合いを込めて使われることはついぞなかった。

問題といえば「自然」も本来の意味と翻訳語でずいぶんと開きがある。元の意味はいま見た「自由」と非常に近いものとして受け取られていた。老荘の「無為自然」という言葉からも分かるように、「自然」は「おのずからしかあること」、つまり「自然さ」の意味で使われていた。しかし「自然」は伝統的には名詞で使われることは少なく、「自然に」「自然な」という形で使われ「おのづから」という意味を表していた。ただし「ジネン」と読むと必然性が強調されるという使い分けもあったらしい。

いずれにしても、現代語の「自然」はnatureの訳語に由来し、日本人が古来、慣れ親しんでいる「天地・万物」という意味とはかけ離れている。この点については、九鬼周造が

『偶然性の問題』のなかで「おのづから」「みづから」「じねん（自然）」の語義を踏まえて問題にしている。

九鬼によれば、日本語では因果的偶然は「おのづから」「みづから」「じねん（自然）」の三語によって表現されるが、「おのづから」が基本的である。「みづから」（自由）と「じねん」（自然）は正反対の関係に立つ。「おのづから」（非決定的自発性）の積極面（自由）を「みづから」が受け持ち、消極面（自然＝おのずからそうあること）を「じねん」が受け持っている。

「東洋の思想にあつては自由と自然とは乖離的対立をしないで融合相即して見られる傾向が著しい。「みづから」の有《も》つ目的的必然性と「じねんに」の有つ因果的必然性とが「おのづから」なる自発性に止揚された段階と見ることが出来るかも知れぬ。」

この興味深い論点を『偶然性の問題』ではその場ではないと切り上げてしまったが、後年に書かれた論文「日本的性格」で膨らませることになる。文例はそのエッセンスである。

日本的な自由の概念がもつ「自由さ」は注目に値する。

この自然を尚ぶ自由さは「日本の道徳の特色」であるばかりでなくて、芸術の特色でもある。ある対象を与えられたもの（自然）と見るか、作られたもの（人為）と見るかによって、くだんの対象の意味（価値）は大きく変わってくる。問題になってくるのは「自然（無為）／作品（人為）」の二項対立的図式である。ヨーロッパ的な自由観と日本的な自由観の違いは美的対象を前にしたときのスタンスにもよく示されている。ヨーロッパ人は自然と人為をはっきり区別し対立的に捉えるが、日本人は必ずしもそうではない。日本人は「自ずから然《しか》あるもの」を好もしいと考えるが、ヨーロッパ人はそうではない。「しかあるべきもの」をよしと考え、それを「自ずから然あるもの」に押しつけようとする。そこに見られるのは自然の人工化＝人為化である。自由な偶然性を排除し、様式化された必然性に変えることである。日本人は自然の自然らしさに自由を感じ、ヨーロッパ人は自然の人間らしさに自由を感じ取る。

総じて日本人は「あれか、これか」と決めつけるのを好まない。「自由」についても同様で、日本人は柔軟に対処するのである。

81 ❖三木清「成功について」より

◉今日の倫理学の殆どすべてにおいて置き忘れられた二つの最も著しいものは、幸福と成功というものである。しかもそれは相反する意味においてそのようになっているのである。即ち幸福はもはや現代的なものでない故に。そして成功はあまりに現代的なものである故に。

古代人や中世的人間のモラルのうちには、我々の意味における成功というものは何処にも存しないように思う。彼等のモラルの中心は幸福であったのに反して、現代人のそれは成功であるといってよいであろう。成功するということが人々の主な問題となるようになったとき、幸福というものはもはや人々の深い関心でなくなった。

成功のモラルが近代に特徴的なものであることは、進歩の観念が近代に特徴的なものであるのに似ているであろう。実は両者の間に密接な関係があるのである。近代啓蒙主義の倫理における幸福論は幸福のモラルから成功のモラルへの推移を可能にした。成功というものは、進歩の観念と同じく、直線的な向上として考えられる。しかるに幸福には、本来、進歩というものはない。

〔中略〕

成功と幸福とを、不成功と不幸とを同一視するようになって以来、人間は真の幸福が何であるかを理解し得なくなった。自分の不幸を不成功として考えている人間こそ、まことに憐れむべきである。

（三木清『人生論ノート』PHP研究所、二〇〇九年）

［作者プロフィール］ 三木清（一八九七―一九四五）。哲学者、評論家。一九二七年末に創刊された岩波文庫に協力し、巻末の「読者子に寄す」は三木の手になると言われている。「構想力の論理」を軸にマルクス主義の組み替えを企図したものの、雄図むなしく未完に終わった。しかしながら、ファシズム・軍国主義に一貫して反対し、「新しいヒューマニズム」運動を実践した。戦前昭和期のもっとも輝かしい思想家の一人である。

［解説］ 三木の文章は明快そのものであるが、その思想的射程は遠く深い。理解に供するために、文例の拠って立つ思想的背景を摘記しておこう。

古来、人間はいかにしたら幸福になれるかと問いつづけてきた。一般的にいえば、幸福とは人間の欲求、あるいは要求が持続的に満足されることである。幸福を感じる主体をどう捉えるか、あるいは何をもって幸福と感じるかによってさまざまな幸福概念がありうる。だが、倫理的学説としては次の五つのタイプに分類可能である。

（1）幸福を、個人の感覚的満足である快楽に求める（エピクロス派）

（2）不快・苦痛がない状態、つまり禁欲・克己によってもたらされる自足・無欲を幸福と見なす（ストア派、仏教）

（3）幸福は快楽のためにあると考え、快楽を人生の究極目標とするが、個人の快楽と社会の快楽を調和させること（最大多数の最大幸福）を考える（功利主義、マルクス主義）

（4）倫理的行為（善）は結果だけが問題なのではなくて、その過程が同時に目的であるような活動である。最高の倫理的行為とは幸福であり、自己の自然（本来の自己）を実現すべく良く生きること、良く行為することにこそ幸福は求められる（アリストテレス）

（5）現世での幸福を認めず来生での絶対者との合一のなかに至福を願う（キリスト教）

この五つのなかで幸福を倫理の最高目的として掲げたのは、古代のアリストテレスと近代の功利主義である。

幸福をめぐる議論は要するに「質」のトポスと「量」のトポスの問題に還元される。この新しいトポスは「新レトリック」のペレルマンが提案したものだ。「質」のトポスとは通常より「卓れた少数のもの」をよしとするスタンスであり、「量」のトポスとは「一般的で多数のもの」をよしとするスタンスである。「質」のトポスは「価値」にこだわり、「量」のトポスは「有益」にこだわる。価値判断を迫られるときは「質か量か」の選択に関わることがほとんどだ。現代社会を見ると、三木清がつとに危惧したように「量」のトポス（成功度）が大手をふるってまかり通っているようだ。困った状態だ。なんとかならないものだろうか。

82 内田樹『街場の現代思想』より

◉短期的には合理的だが、長期的には合理的でないふるまいというものがある。あるいは少数の人間だけが行う限り合理的だが、一定数以上が同調すると合理的ではないふるまいというものがある。

例えば、「他人の生命財産を自由に簒奪《さんだつ》してもよい」というルールは、力のあるものにとって短期的には合理的であるが、それが長期にわたって継続すると、最終的には「最強のひとり」にすべての富が集積して、彼以外の全員が死ぬか奴隷になるかして共同体は崩壊する。

子どもを育てることは女性の社会的活動にハンディを負わせる。だから、「私は子どもを産まない」という女性は他の女性よりも高い賃金、高い地位を得る可能性が高い。しかし、女性全員が社会的アチーブメントを求めて子どもを産むのを止めると、「社会」がなくなるので、賃金も地位も空語となる。

ある戦略が「長期的に継続しても合理的かどうか」「一定数以上の個体が採択した場合にも合理的かどうか」については、かならず損益分岐点が存在する。しかし、それを見切れるのは卓越した知性に限られており、私たちのような凡人にはなかなかむずかしい。

だから、共同体の合理性を配慮して、「長期的に継続した場合」や「一定数以上の個体が採択した場合」にはベネフィット〔利益〕よりもリスクが高くなるような生存戦略についてはこれをまとめて「非」としたのである。

だから倫理が「非」とするものの中には、「短期的にだけ行われた場合」や「一定数以下の個体しか行わない場合」には、ベネフィットの方が多いような行動も含まれている。

それゆえ、倫理に対する異議申し立てのほとんどすべては「短期的に見た場合」「自分だけがそれをした場合」には合理性にかなっているから、という論拠に基づいてなされることになる。

「人を殺してどうして悪いんですか」

と訊ねる子どもは、誰かが彼ののど元にナイフを当て、「ねえ、人を殺してどうして悪いんですか」とまわりの人間に訊ねているときにも、自分もその問いに唱和できるかどうかを想像していない。

ユダヤ人を迫害したドイツ人たちは、「ドイツ人だから」という理由で、ひざまずいて通りを歯ブラシで磨かされている自分の姿を想像していない。

倫理的でない人間というのは、「全員が自分みたいな人間ばかりになった社会」の風景を想像できない人間のことである。

（内田樹『街場の現代思想』NTT出版、二〇〇四年）

［作者プロフィール］内田樹《たつる》（一九五〇―）。フランス現代思想研究者、評論家、武道家、翻訳家。ユダヤ系の宗教家レヴィナスの研究・翻訳から出発し、その後、現代思想論、映画論、教育論など幅広いテーマを精力的に論じている。

［解説］内田樹は山本夏彦の再来である。まず、そのずばずばとした語り口がよく似ている。それと、こちらは少し見えにくいが、難しい内容を分かりやすく言い換えてくれることである。山本夏彦は「私は永年日本語を日本語に翻訳している」と揚言した。しかし山本の場合、それは単語の次元の問題であったが、内田の場合は「思想」の翻訳である。実にそのお手並みは見事だ。構造主義でも、ユダヤ思想でも、この「翻訳者」の手にかかれば驚くほど明快になってしまう。難しいことをやさしく説明できる、これはなかなかできることではない。
文例も内容的にはかなり微妙で、むずかしい問題である。しかし内田は手際よく処理する。内田は「むずかしい問題を考えるときのコツ」は「逆から考える」ことだと立言する。たとえば「死とは何か？」という問いに対しては「もし、人間が死ななかったらどうなるか？」を考える（『死と身体』）。やっかいな問題を考えるときは「逆のケース」を考えるべし、で

ある。逆のケースは「反対のケース」「極端なケース」と言い換えても差し支えない。論理学でいえば背理法、あるいは「対偶」命題を考えるということ。文例でいえば「短期的」「部分的」「自分の」を「長期的」「全体的」「他人の」に読み替えることだ。そのポイントは、「反対のケース」を想像することができるか否かだ。大切なのは想像力があるかないかである。

言葉・文章・文学

❖林達夫「文章について」より

83

◉一般に自然的文体として嘆賞されている文章は、殆《ほとん》ど例外なく最も苦心努力された文章統制のたまものである。或る種のわざとらしい不自然な文章が努力と工夫の跡を匂わしているからと言って、そこからいきなり、だから文章上の苦心と工夫が無用であり邪道であると考えるものがあるなら、それは自然的文章の正体を見誤っていると言わなければならぬ。自然的文章とは苦心と工夫なしにある文章のことではなくして、苦心と工夫のあとの見えない文章のことであろう。名舞踏家が最も自然的な動勢とステップとを以て踊り、名歌手が最も自然的な発声でうたい、名優が最も自然的な所作で演技し得るためには、どんなに莫大な人為的努力が払われていることであろう。そのように文章技術においても、「自然らしさ」は、コンジアックの言ったように「習性の状態になった技能」のことであろう。「上手に作られたもので早く作られたものはない」という西洋の諺がある。作家が永年やってきた自分の文章修業、或《あるい》はもっと詳しく言うと、文章修業の悪《あ》しき方向や思わしくない結果を省みて、その殻から脱け出ようとするとき、彼の念頭に浮ぶのは、いつもきまって文章的「自然に還《かえ》れ」のスローガンである。日常、人が話す通りに書け、というのもつまりはこのナチュリスムの素朴的表現形態の一種なのであろう。しかし何の註釈も告解もなく、いきなりこの言葉を初心者の前に投げ出すならば、それは人を誤らすだけの効果しかないであろう。人はそれを苦心の必要と尊重の教訓として受取るよりも、苦心の不必要と軽蔑のそれとして受取るであろう。若《も》しも文章が現実の日常語の様態をそのまま摸写するだけでよいなら、それは文章の自殺であって、それでは文章的行為を一種の速記者的自働器械の地位に墜《おと》しめるものである。それに、典型的と見做《みな》されているような話される言葉は、その実書かれた言葉のうちにその模範をもっているということも見落されてはならない。かくて浄化と統制、つまり人為のないところに文章はないのだ。況《いわ》んや自然的文章をや。

（林達夫『思想の運命』中公文庫、一九七九年）

【語注】◇コンジアック＝コンディヤック。すべての認識は感覚に基づくと主張した十八世紀フランスの哲学者◇文章的「自然に還れ」＝この表現は、社会の害悪（因襲）による悪しき影響から脱して、人間本来の自然の状態に還れという、フランスの十八世紀の啓蒙思想家ジャン＝ジャック・ルソーのモットーを踏まえている◇ナチュリスム＝naturisme（仏語）自然主義、自然崇拝

【作者プロフィール】林達夫（一八九六—一九八四）。思想家、評論家。フランスを中心とするヨーロッパ文化に対する該博な知識と華麗な文体を武器に、自由主義的な思想家として、政治・思想・文化の幅広い分野で鋭い評論活動を展開した。第二次大戦前は岩波書店の進歩的雑誌『思想』の編集長、戦後は平凡社『世界大百科事典』（一九五四—一九五八）の編集長を務めた。西洋思想・文化論に関する著作が多い。主著に『思想の運命』『歴史の暮方』『共産主義的人間』など。

【解説】このエッセーの冒頭で（ちなみに文例は末尾から取った）林は「文章技術を教える文

学者たちによって、近頃しばしば持ち出されている」「話すとおりに書け」というスローガンに断固反対している（このスローガンは現在でも作文教育でよく見かける）。このスローガンは「話される言葉と書かれる言葉との区別を無視している」（「話される言葉」「書かれる言葉」は翻訳調なので以下、「話し言葉」「書き言葉」と言い換える）。話し言葉は発話場面（コンテクスト）に寄りかかった言語であり、即興的であり、未完成的であり、その場限りで消え去ってしまうものだ。それにひきかえ書き言葉は、発話場面から自立した言語であり、推敲や彫琢のプロセスを経た完成品であり、活字としてあとあとまで残る。

この二つの言語の本質的な違いをよく弁えないと、そこからとんでもない誤解が生まれる。自然的文章とは「話すとおりに」書くことなのだという誤解が。実をいえば、自然的文章とは欠陥だらけの「不自然」なしろ物である。

林は話し言葉と書き言葉という切り口で論を展開しているが、なぜこの問題が起こってくるのかという視点がすっぽりと落ちている。もしかすると、その必要性を認めなかったのだろうか。「自然対技巧」の問題は、実は古来いろいろと論じられてきた古くて新しい論点なのである。

なぜ繰り返し「自然対技巧」の問題が蒸し返されたのだろうか。それはここに文章の根本的な原理が関わっているからだ。その原理とは「文章は説得行為なり」である。もし説得を意図しないのであれば、文章なんて相手を気にせず好きなように書けばいい。ところが、そういうことにはならないのだ。自分の感じていること、思っていること、考えていることを相手にしっかりと伝えたい、相手にもそれに共感・同意してもらいたい、そう思えばこそ相手を意識し、表現に気を配りながら文章をつづるのだ。まさしく文章は「最も苦心努力された文章統制のたまもの」なのである。

そうだとすれば、なぜ自然的文体が好まれるのか。推奨されるのか。それは「自然対技巧」という二項対立図式は「誠実対作為」のそれと連動しているからだ。技巧に頼るのはだます意図が隠されているからだ、と人びとは邪推する。そうした人びとの発想を封じ込めるために、古来レトリックはこの問題に真剣に取り組んだ。

レトリックは説得の技術である。ほかの技術と同様にレトリックは技術の宿命を免れることができない。技術が前景に出て目立ちはじめると効果が期待できなくなる。レトリックは自分が技術であることをひたすら否定しようとつとめる技術だ。綿密に組み立てられたものではなく即興であることを強調したり、自己の議論の拙劣さ・不完全さを弁解したり、激情に突き動かされた自発性を告白したりするのは発言内容の真実性（無作為・無技巧）へ注意を促すと同時に、というよりかそれ以上に発言者の誠実さにも注意を喚起しているのだ。したがってレトリックは、逆説的にも「自然らしさ」と「無技巧」を求めるようになる。そして「自然らしさ」と「無技巧」を強調する「技法」を探求しさえするようになるのだ。多くの弁論家が繰り返し繰り返し忠告してきたように、もっとも効果的なレトリックとはそれとまったく気づかれないレトリックのことだ。「気づかれない修辞が最高の修辞である。」（ロンギノス『崇高について』）あるいは古来、みずから無能ぶりを認めることが説得力を高めることになると推奨されてきたのだ。シェークスピア作『ジュリアス・シーザー』のなかでアントニーは「私は雄弁家ではない、ブルータスのようには」と言うだろう。

なぜこのような現象が出来《しゅったい》することになるのか。それは「文を書く」という営為がきわめて人間的なものであるからだ。人は文章に対して「人間（原因）対文章（結果）」の二項対立図式を当てはめる。語られることを通して語る人のエートス（誠実さ）を問題にする。「文は人なり」という警句の深い意味がここにある。文章技術の問題の行きつく先はどうやらというか、やはりというか、人間の問題であるようだ。

❖石川淳「摸倣の効用」より

84

◉泥棒の縁語でいえば、文学上にヒョーセツ〔剽窃〕というやつがある。ヒョーセツについては、つとに大むかしにアナトール・フランスが卓説を述べているね。今さら先人の卓説をヒョーセツするにもおよばないが、アナトール・フランスの忠告にしたがえば、蟻が砂糖のかたまりをまるごと引張るように盗むな、蜜蜂が花から蜜を吸いとるように盗めという。たとえばモリエール以前にもドン・ジュアン〔ドン・ファン〕伝説に材を取って仕組んだものはいろいろあったが、モリエールの「ドン・ジュアン」に至ってドン・ジュアン精神を一手に絞りあげたような形式を現前している。「守銭奴」もまたすべての守銭奴像を収斂しているね。こういうものをヒョーセツとはいわない。他人の詩句なんぞをそっくり盗むやつは、こいつ完全にまるごと引張るのだから、どうしたっていけませんよ。唐の詩人にヒョーセツの故事はあるが、それは弁疏《べんそ》〔言い訳〕にならない。ヒョーセツが悪徳だというのは、じつにこれ愚劣だからだよ。しかし芸術上の方法についていえば、厳密には方法を盗むということはまあできない相談だね。作者みずから意識しないような方法を、他人が意識的に盗むとは、どういうことか。いや、どういうことでもない、単に無意味だよ。芸術上の方法はこれを泥棒でいっぱいの市場のまん中に投げ出しておいても、絶対に盗まれるきづかいは無い。ひとが見たら蛙になるさ。これでは盗むどころか真似もできないだろう。方法とは無意識の発明に係るものなのだから、一子相伝の奥儀なんぞというものは、芸術には絶対にありえない。芸の秘伝とか称するやつ、高く買っても、その関係するところはたぶん技術上の操作の限界だろう。これはもともと秘すべきものではなく、よろしく公開すべきものだよ。ところで、技術一般について、鍛錬上後人が先人を摸倣するということがある。この摸倣は泥棒かね。とんでもない。悪徳でもなし、愚劣でもなし、これは技術鍛錬にはどうしても欠かせない操作だよ。しかるに、ひと真似はけしからん、独創を示せという声がかかる。ちょっと待って下さい。はなしはまだそこまで進行しない。じつは、技術鍛錬に関するかぎり、ひと真似はけしからんというやつこそ、どうもけしからん悪思想だよ。技術上の操作に道徳的意味を塗りつけようという悪だくみらしい。悪思想ほど道徳を好むやつはないいね。精神上の泥棒はどうやらこの悪思想の中に潜入しているのかも知れない。

（石川淳『夷斎筆談　夷斎俚言』ちくま学芸文庫、一九九八年）

［作者プロフィール］→文例57

［解説］石川淳のエッセーには、和漢洋の該博な学識をバックに現代社会への批判精神がこめられている。

独創性と模倣の問題は洋の東西を問わず古来から係争の的になっている。近年は独創性と個性の讃美がかまびすしいが、この現象の淵源は近代、つまり十八世紀から十九世紀にかけてヨーロッパを席巻し、「自我の解放」を叫んだロマン主義にある。この風潮は明治以来、日本にも輸入されて現在に至っている。

近代以前には、西洋ではギリシア・ラテンを規範とする古典主義の美学が連綿と受け継がれてきたし、東洋でも孔子は「述べて作らず」と祖述者の分をわきまえていた。

模倣を否定する発想は、歴史的にみればかなり新しいものであると言えなくもない。長い伝統をもつ正論、模倣＝独創説を唱えることは現在ではかえって異端・邪説めいた印象を与えることになる。けだし歴史の皮肉である。しかし見る人はさすがに見るべきものを見ている。

「蜜蜂が花から蜜を吸いとるように盗め」という助言をフランスの小説家、アナトール・フランスに帰しているが、この説は古くからあり、私の記憶ではギリシア・ラテンにさかのぼるはずだが、あいにく、それを証左する資料がいま手もとにないので、モンテーニュが子供の教育を論じている『エセー』の一節を引いておく。

「真理や理性はみんなの共有物であって、先に言った人のものでも、後から言った人のもの

84—石川淳「摸倣の効用」より

でもありません。プラトンが言ったからとか、私が言ったからとかに関係はない。というのも、プラトンも私も同じように理解し、見ているのですから。蜜蜂はあちらこちらの花をあさって、そのあとで蜜を作ります。この蜜はすべて彼らのものです。もはや、たちじゃこう草でもマヨラナ草でもありません。」

文例は真面目な芸術論だが、その語り口は与太を飛ばしたり、読者に語りかけたり、煙に巻いたりと、べらんめえ調で、話柄と語りの「破調」(ミスマッチ)が絶妙である。文例の内容をずばり言えば小林秀雄の次の立言になるだろう。

「模倣は独創の母である。唯《ただ》一人のほんとうの母親である。二人を引離して了《しま》ったのは、ほんの近代の趣味に過ぎない。模倣してみないで、どうして模倣出来ぬものに出会えようか。」(「モオツァルト」)

❖中野好夫「言葉の魔術」より

85

◉言語への過信が近代人最大の迷妄の一つではないかと思う。人間の言葉というものが、そんなに完全なものとでも思ったら、とんでもないこれは大間違い。言語の買い被りくらい危険なものはない。言葉とはおよそ不完全な道具なのである。結局どちらに転んだにしたところで、大して変りないようなことを言い合っている間こそ、言葉も一応便利、重宝なものだが、一度ギリギリ一ぱいの重大な事柄でも伝えようということになると、いかに言葉というものが不完全で、むしろ誤解ばかり生み出すものであるか、身にしみてわかるはずである。

〔中略〕

いってみれば言語とは、ひどく粗雑な出来合の計器類に似ている。たとえばぼくらが真実言いあらわしたいと思うことは三・一四一五であったり、三九・六四二八であったり、ひどい場合は永久に完結しないあの循環小数のような、ひどくデリケートなものであるのに、かんじんのそれを表出する言語と呼ばれる計器は、一、三、五、七といったような整数倍の重錘《じゅうすい》〔分銅〕しかもたぬ、きわめて粗っぽい不出来の計器なのである。なにしろこうした粗雑な計器で、前述のようなデリケートな内容をあらわそうというのだから、いきおい猛烈な切捨て、切上げが行われるのはやむをえぬ。三・一四一五は、いきおいよく三に切捨てるし、三九・六四二八は、エイ、面倒なとばかり四〇に切上げるといった按排。結局ぼくらの日常使っている言語表現というのは、厳密にいえばすべて近似値にしかすぎぬのである。もどかしかったり、誤解が生れるのは、当然といわねばならぬ。

ところが面白いもので、この言葉の不完全さ、粗雑さということこそ、一面ではまた非常に大きな言語の効用として役立っているのである。いや、単に面白いだけなら特に取立てていうほどのこともないが、実はこの言葉の消極的性格が、ある特定の目的のために巧みに利用されると、これはきわめて危険な、ぼくらとして警戒の上にも警戒を必要とするような効果を発揮する。いわゆる言語の魔術とか、言葉の呪術的効果とかといった名前で呼ばれるものが、それである。

ところで、そうした言葉の呪術性が、もっとも大きな効果を発揮するのは、それが一定の標語化され、スローガン化された場合である。説明するまでもないが、標語とか、スローガンとかいうものは、できるだけ簡潔で、わかりよくて、しかもさらに大事なことは、決して厳密にその内容が規定されていない、いわば中身は必要に応じて何にでもすりかえうる紙袋のような概念表現をもって最上とするらしい。即ち、そうした標語なり、スローガンを、来る日も来る日も朝から晩まで、根気よく相手の意識の中に流しこんでいると、相手の心の中には、最初は影も形もなかったような心的状態でさえが、いつのまにか注文通りにでき上ってしまう。そこが悪質な、それだけにおそるべき、人間心理の研究者である煽動政治家などの巧みに利用するつけ目であり、それには言語の不完全さ、粗雑な計器であるということが、むしろ必須要件でさえあるのだ。なぜならば、スローガンとか標語とかいうものは、相手をして考えさせるのではなくて、思考の中断を起させる、いいかえれば、思い切った思考の切捨てや切上げを要求するものであるからである。スローガン、標語のもつ危険さについて、さすがにドイツの旧軍人フォン・ゼークトは実に鋭く指摘している。

「自己の頭脳をもって思考しえぬ人々にとっては、標語は必要欠くべからざるものである。たとえば同じく平和主義という名を冠しても、経験あり責任を自覚せる人士が当然抱くところの平和愛好の念から、いかなる犠牲を払うも平和を求めんとする卑屈な屈従に至るまで、この概念の包括するところは、すこぶる広範である。即ち、平和主義が明白な意志を欠くところの標語となるゆえんである。……標語はまことに命取りである。これに対する護符は、ただ一つ——即ち、『明らかに考えること』である」と。

いいかえれば、標語の狙いは思考を麻痺させ、中絶させるところの呪術なのである。果して厳密に三・一四一五であったか、三・一五一六であったかなどと、首をひねり出されては困るのだ。そこで大ざっぱに三だ、三だと、そこはわかりよい切捨てを、朝から晩まで耳元に放送してやっていると、ついいつのまにか当の相手も、いっそ面倒だ、三にしておけ、といった気持になってくれれば、それでもう大成功なのである。

（中野好夫『悪人礼賛』ちくま文庫、一九九〇年）

［作者プロフィール］ 中野好夫（一九〇三—一九八五）。英文学者、評論家。英文学の翻訳で活躍したが、「大学教授では食っていけない」と東大を辞職して、健筆をふるった。歯切れのいい辛口の評論で知られる。また、進歩派知識人として護憲・平和運動にもたずさわった。

［解説］「言語への過信が近代人最大の迷妄の一つではないかと思う。」——この冒頭の一文にこの文章の主張（結論）が凝縮されている。言葉の不完全性（おおざっぱな表現力）、そしてそれをあざとく利用するスローガンの呪術性。——この文章が剔出するのは「近代人最大の迷妄の一つ」である「言語への過信」にほかならない。その批評意識を支えるのは「言語は不完全な道具なり」という命題である。

文例はエッセーの初めの三割弱を抜いたが、このあと、話柄は戦前・戦後の「標語」「スローガン」へと流れてゆく。軍部が流し続けた「非常時」「A・B・C・D包囲陣」「赤」

「国賊」などが秘める、思考を麻痺させる「呪術的効果」。そうかと思えば敗戦直後の民主的勢力が喧伝した「文化」「民主主義」「保守反動」、保守勢力が呼号した「自衛」「再軍備」。戦中・戦後の左右両陣営が演じてみせた言語の誤用・悪用。中野の言説の背景にはそうした苦々しい暗い体験がトラウマのように蟠結している。確かに言葉には悪しき側面がある。口舌の徒はこのことをいつも自戒しなければならない。

言葉の不完全性の確認はとても大切なことだ。だが、それが言語不信に行き着いてはならない。中野の言語へのスタンスを百八十度回転させると、実は言語の創造性が見えてくる。

以下は中野の言説に触発された私の「偶感」である。

言葉というものは不思議なものだ。ふだん結びつかないものでも強引に並べてみると、なんとなく折り合いがついてしまう。たとえば「緑の黒髪」という古風な言い方がある。「緑」と「黒」は常識的には矛盾する観念だが、この場合は立派に通用している。ここでは「緑の」は隠喩化して——本来の意味から転用されて——、《(緑の葉のように) つやのある美しい》という意味を表している。これはレトリックでいう撞着語法で、いわば「誤用」を逆手にとったあざとい表現法だ。撞着語法の場合、一方の語が比喩化していると見なすと説明がつくことが多い。

「緑の黒髪」は現在では慣用句だが、当初は斬新な表現であったにちがいない。だが、このひねった表現法に私たちは日常生活でも出会わないわけではない。「慇懃無礼」「有難迷惑」「公然の秘密」などの成句。言葉の「意味」は驚くほど伸縮自在で柔軟である。

撞着語法といえばいつも私の脳裏によみがえってくるのは、『ロミオとジュリエット』第一幕一場でロミオが「正気の狂気」（恋）を親友に語る台詞である。

憎しみが因《もと》の騒動も相当だが、恋が因だともっと大きい。
何のことはない、ああ、憎みながらの恋、恋ゆえの憎しみ。
ああ、そもそも無から生まれたもの！
ああ、憂いに沈む浮気心、深刻な軽薄さ、
形の整ったものの中のゆがんだ混沌！
鉛の羽根、明るい煙、冷たい炎、病んだ健康、
眠りとも呼べない醒めた安眠！
恋をしながら少しも楽しめない。
笑えるだろ？（松岡和子訳）

恋の神キューピッドは西洋の伝統的図像では目隠しの姿で描かれているが、その矢はなんという皮肉、不倶戴天の両家の息子と娘の胸を射ぬいてしまった。この撞着語法は人間を拉致しさる理不尽な恋の魔力をよく表現している。こんな大向こうを狙った派手やかな撞着語法ではないが、私の印象に残っているものがある。

「寒い胸」という表現を耳にしたのは、二十年ほど前のこと（一九九〇年代初め頃）だった。

当時私は高知の大学で教えていた。単身赴任ということもあって、夜の街に繰り出すこともあった。そんなある時、行きつけのスナックで飲んでいると、ひとりの若い女性客（すごい美人だった）がカラオケで歌いはじめた。たぶんポップス系の曲だと思っていたら、案に相違して演歌が流れてきた。おやと思いながら聞いていると「寒い胸」という歌詞が耳に飛び込んできた。最初は「冷たい胸」の聞き違いかなと思ったけれども、聞いているとやはり「寒い胸」なのだ。気になる表現だなと思った。このフレーズが胸底にわだかまった……。

問題の曲は香西かおりのヒット曲「流恋草《はぐれそう》」（一九九一年）だった。

この曲は題名からしてかなり凝っているが、歌詞も同様で、恋人から「はぐれて」浮き「草」のように「寒い」街を孤独をかみしめながらさすらう女の悲しさ・寄る辺なさを実にレトリカルに歌いあげている。問題のフレーズは歌の「さび」の箇所で「あゝお酒ください／あゝ寒い胸に」「あゝ抱いて下さい／あゝ寒い胸を」というように繰り返されている。とうぜん、作詞家はその効果を十分に意識しながら使っていることは間違いない。

身体の一部を「物」に見立てて「冷たい」と形容することは「隠喩的な」用法で、ごく普通に見られる用法だ。「冷たい胸」だとか「冷たい心」だとか。しかし、「寒い」胸とは言うだろうか。通常の言語感覚からすればちょっとひっかかる、いや、かなりひっかかる表現だろう。「誤用」と言って差し支えない。

ところでこの場合、胸は容器で中身を示す「換喩」表現で「心」を指している（同時に「寒い」の隠喩化も指摘できるが）。「寒い胸」は「寒い」心、「寒々とした」心を表現している。言い換えれば「寒い胸」は許容表現の「冷たい胸」と「冷たい心」を意味論的にたぐり寄せながらも、同時に微妙な距離を保っている。恋人から捨てられ悲しみを酒に紛らす女の胸の内、その「寒々とした」心象風景を「寒い」と形容することはそれなりの詩的効果が感じられる。だからこそ「さび」の部分で繰り返されることになったのだろう。「寒い」と「胸」——普通には結びつきにくい二つの語を結合可能にするのは「意味」がアバウトだからである。

私たちの表現したいことがいわばアナログ的であるとすれば、言葉はデジタル的である。言語表現とは連続しているもの（世界）を非連続的な解読格子（言語）でもって読み取ることにほかならない。それもかなり目の粗い解読格子でもって。私たちの深い思いを——それは込み入っていて微妙なことが多いものだが——言葉にしようとするとき、当然そこからこぼれ落ちてしまうものがある。どういうわけか、切実な思いや大切なものほどその傾きがある。いきおい言語表現とは近似値的にならざるをえない。

これは嘆くべき事態なのだろうか。言葉とは欠陥だらけの道具にしかすぎないのか。いや、そう悲観したものでもない。アバウトさ、それは諸刃《もろは》の剣《つるぎ》だ。アバウトだからこそ言葉はいわく言い難いことを表現できるのかもしれないのだ。詩やレトリックはそんな言葉のアバウトさを逆手にとった表現上の創意・工夫にほかなるまい。

言葉の「意味」というと私たちは辞書の記述を思い浮かべてしまい、何かきっちりと線引きされたもの、事物や観念と一対一的に対応するものをついついイメージしがちだ。しかしながら、「意味」の境界がきっちりと画定されているとしたら、言葉はえり好みの激しい、融通のきかない代物となってしまうだろう。言葉のアバウトさこそが、詩やレトリックの存立基盤であることに思いを致すべきではないだろうか。そう思って言葉を見直すとき、ややもすれば忘れられがちな言葉のある側面が見えてくるはずである。

86 ❖荒川洋治「文学は実学である」より

◉この世をふかく、ゆたかに生きたい。そんな望みをもつ人になりかわって、才覚に恵まれた人が鮮やかな文や鋭いことばを駆使して、ほんとうの現実を開示してみせる。それが文学のはたらきである。

だがこの目に見える現実だけが現実であると思う人たちがふえ、漱石や鷗外が教科書から消えるとなると、文学の重みを感じとるのは容易ではない。文学は空理、空論。経済の時代なので、肩身がせまい。たのみの大学は「文学」の名を看板から外し、先生たちも「文学は世間では役に立たないが」という弱気な前置きで話す。文学像がすっかり壊れているというのに（相田みつをの詩しか読まれていないのに）文学は依然読まれているとの甘い観測のもと、作家も批評家も学者も高所からの言説で読者をけむにまくだけで、文学の魅力をおしえない。語ろうとしない。

文学は、経済学、法律学、医学、工学などと同じように「実学」なのである。社会生活に実際に役立つものなのである。そう考えるべきだ。特に社会問題が、もっぱら人間の精神に起因する現在、文学はもっと「実」の面を強調しなければならない。

漱石、鷗外ではありふれているというなら、田山花袋「田舎教師」、徳田秋声「和解」、室生犀星「蜜のあはれ」、阿部知二「冬の宿」、梅崎春生「桜島」、伊藤整「氾濫」、高見順「いやな感じ」、三島由紀夫「橋づくし」、色川武大「百」、詩なら石原吉郎……と、なんでもいいが、こうした作品を知ることと、知らないことでは人生がまるきりちがったものになる。

それくらいの激しい力が文学にはある。読む人の現実を生活を一変させるのだ。文学は現実的なもの、強力な「実」の世界なのだ。文学を「虚」学とみるところに、大きなあやまりがある。科学、医学、経済学、法律学など、これまで実学と思われていたものが、実学として「あやしげな」ものになっていること、人間をくるわせるものになってきたことを思えば、文学の立場は見えてくるはずだ。

（荒川洋治『忘れられる過去』みすず書房、二〇〇三年）

［作者プロフィール］ 荒川洋治（一九四九―）。詩人、エッセイスト。一九七六年（二十六歳）、詩集『水駅』でH氏賞を受賞し、以降、多くの詩集、エッセー、評論を発表している。その立ち位置は独立独歩、詩とエッセーの両面において犀利な見解を開陳している。

［解説］ 文例は全文を引いた。この文章に逢遇したとき思わず快哉《かいさい》を叫んだことを、今でもありありと覚えている。私の言いたかったことを代弁してくれていると思ったからだ。これは正論である。だが、今日日《きょうび》それが逆説のようにしか響かないのが悲しい。

現在、文学の地盤沈下や退潮が日を追って進行しているのを目にするのは残念なことだ。母親がわが子を虐待する。いじめで友達を自殺に追いやる。ゲーム感覚で人を殺す。一昔前だったら考えられないような尋常でないふるまいが、メディアでしばしば報道される。そして、そんな異常な事件に人びとはしだいに麻痺しているかに見える。

モラルの崩壊だろうか。学校でも家庭でも、もっと躾け(道徳教育)をしっかりとしなければならない。それはそうなのだが、その前になにか忘れていませんか、とつい言いたくなる。文学である。本物の文学作品を「知ることと、知らないことでは人生がまるきりちがったものになる」。

現在、世の中で起こっている異常な行為は、他人の身になって考えることさえできればその多くは避けられる種類のものだ。要するに、想像力の欠如である。想像力を涵養するには文学書をじっくりと読むのが一番である。想像力を思い切り羽ばたかせる。登場人物や状況に自己を投影する。別の人間になる。別の世界を生きる。人間関係の評定が「狂っている」時代だからこそ、文学の力を問い直すべきなのだ。「実学」としての文学を見直すべきなのだ。いま切に需《もと》められているのはしなやかな想像力である。「文学的」想像力である。刻下の喫緊の課題は生徒や学生に(大人にも?)一冊でも多く「本物の」文学を読ませることである。

文語文

❖幸田露伴『五重塔』より　87

●上りつめたる第五層の戸を押明《おしあ》けて今しもぬつと十兵衛半身あらはせば、礫《こいし》を投ぐるが如き暴雨の眼も明けさせず面《おもて》を打ち、一ツ残りし耳までも扯断《ちぎ》らむばかりに猛風の呼吸《いき》さへさせず吹きかくるに、思はず一足退《しりぞ》きしが屈せず奮《ふる》つて立出でつ、欄を握《つか》むで屹《きつ》と睥《にら》めば天《そら》は五月《さつき》の闇より黒く、ただ囂々《ごうごう》たる風の音のみ宇宙に充《みち》て物騒がしく、さしも堅固の塔なれど虚空《こくう》に高く聳《そび》えたれば、どうどうどつと風の来る度《たび》ゆらめき動きて、荒浪の上に揉まるる棚なし小舟《おぶね》のあはや傾覆《くつがえ》らむ風情《ふぜい》、さすが覚悟を極《きわ》めたりしもまた今更におもはれて、一期《いちご》の大事《だいじ》死生の岐路《ちまた》と八万四千の身の毛竪《よだ》たせ牙咬定《きばかみし》めて眼《まなこ》を睜《みは》り、いざその時はと手にして来し六分鑿《ろくぶのみ》の柄《え》忘るるばかり引握《ひっつか》むでぞ、天命を静かに待つ〔後略〕

（幸田露伴『五重塔』岩波文庫、一九九四年）

［語注］◇棚なし小舟＝船板〔和船の外側に張ってある板〕のない小舟、丸木船

［作者プロフィール］幸田露伴（一八六七—一九四七）。東京の下町、下谷の生まれ。尾崎紅葉とともに紅露時代と呼ばれる一時代を築いた小説家。『風流仏』『五重塔』『運命』などの擬古典主義的、浪漫的な作風の文語体作品で知られる。また漢籍や日本の古典、仏教に造詣が深く、考証や史伝、随筆なども多く書いた。

［解説］文例の主人公は、腕はありながら世故にたけず、つまらない仕事ばかりあてがわれて

貧乏暮らしの「のっそり十兵衛」。谷中感応寺五重塔建立の噂を聞きつけて棟梁の川越の源太を差し置いて自分が請け負いたいと思いつめ、寺の上人に直談判する。棟梁が申し出る援助（共同でやること、材料調達に便宜を図ることなど）もきっぱりとはねつけ、十兵衛は一人で仕事をすることに固執する。源太との確執・いざこざはあったけれども（「一ッ残りし耳」は源太の弟子に片耳を斬られたことへのほのめかし）、十兵衛は谷中感応寺の五重塔を立派に完成させた。ところがあいにくなことに、落成式の前夜、江戸の町は大嵐に襲われる。まわりの人たちは五重塔が倒壊するのではないかと心配して、十兵衛に塔の見回りを促す。自分の仕事に満腔の自信を抱く十兵衛はまるでそんな懇請には洟も引っかけない。しかし、自分を信頼して仕事を任せてくれた高徳の住職のお召しとあれば（実は、頑固な十兵衛を誘《おび》き出すための狂言だった）、さすがに断りきれず、万が一塔が倒れることがあれば「頂上《てっぺん》より直ちに飛んで身を捨てむ」覚悟で十兵衛は五重塔に駆けつける。

　文例は嵐と対峙して十兵衛がいわば「見得を切る」場面である。荒々しい直喩（傍線部）だけでなく、誇張法（波線部）にも注目しよう。

　モデルとなったこの五重塔はその後東京の名所（谷中霊園）の一つになったが、昭和三十二（一九五七）年七月六日の早朝に焼失した。実は私は、この「谷中の五重塔」（私たちはそう呼んでいた）の最後の頃を知っている。「谷中の墓地」にほど近い町内に住んでいたので、この塔の周辺まで繰り出して遊んだことがよくあったからだ。事件のあった当日、通っていた中学の国語の教師が授業中に五重塔が焼失したことを話してくれたが、その悲憤慷慨する表情を今でもよく覚えている。『五重塔』を読むたびに私の目交《まなか》いに、今はない塔のイメージが髣髴と揺曳する。

❖高山樗牛『瀧口入道』より 88

◉世に畏るべき敵に遇はざりし瀧口も、恋てふ魔神には引く弓もなきに呆れはてぬ。無念と思へば⑴心愈々乱れ、心愈々乱るるに随《つ》れて、乱脈打てる胸の中に⑵迷ひの雲は愈々拡がり、果は狂気の如くいらちて、時ならぬ鳴弦の響、剣撃の声に胸中の渾沌を清《すま》さんと務むれども、心茲《ここ》にあらざれば⑶見れども見えず、聞けども聞えず、命の蔭に蹲踞《うづくま》る一念の恋は、玉の緒ならで断たん術もなし。

⑷誠《まこと》や、恋に迷へる者は猶《な》ほ底なき泥中に陥れるが如し。⑸一寸上《いつすんうへ》に浮ばんとするは、一寸下に沈むなり、一尺岸《いつしやくきし》に上《のぼ》らんとするは、一尺底《そこ》に下《くだ》るなり、所詮自ら掘れる墳墓に埋《うも》るる運命は、悶え苦《くる》しみて些《いささか》の益もなし。されば悟れるとは已れが迷を知ることにして、そを脱《だつ》せるの謂《いひ》にはあらず。⑹哀れ、恋の鴆毒《ちんどく》を渣《かす》も残さず飲み干《ほ》せる瀧口は、只々坐して致命の時を待つの外なからん。

（高山樗牛『瀧口入道』岩波文庫、一九六八年）

［語注］◇恋てふ魔神＝恋という魔神◇いらち＝いらだつ◇玉の緒ならで＝玉を通した細ひも、宝玉の首飾りではないので◇鴆毒＝中国の山中にすむ鴆《ちん》という鳥の羽にある猛毒。その羽を

ひたした酒は甘く美味で、人を殺すといわれる◇致命の時＝「致命」は命を失うこと。命を失う時

［作者プロフィール］ 高山樗牛（一八七一―一九〇二）。明治時代の文芸評論家、思想家。東京帝国大学在学中に『読売新聞』の懸賞小説に「瀧口入道」が入選し注目されたが、これが唯一の小説で、以後、学究の道を選び、論客として健筆をふるった。評論に『美的生活を論ず』（一九〇一）がある。墓碑銘にも刻まれた言葉「吾人《ごじん》は須《すべか》らく現代を超越せざるべからず」が有名。

［解説］『瀧口入道』は『平家物語』の悲恋を自由に展開した歴史小説で、その華麗な美文でもって知られる。

心なき武骨一途な、瀧口（宮中警護）の武士、斎藤時頼は平家一門の花見の宴で艶やかに舞う横笛に心を奪われたが、武士にあるまじき恋煩いと、素性卑しき女との婚姻とに父が猛反対したので、仏門に走る。横笛は時頼の決断を知って「あたら武士《もののふ》に世を捨てさせた」と後悔の念に苛まれる。懊悩の末、時頼が身を寄せる庵に足を運び、自分の真心と謝罪の気持ちを必死に訴えるが、相手は門を閉ざしたまま顔を合わせようともしない。そのつれない仕打ちに、横笛は悲しみのあまり髪を下ろしたが、間もなく病に伏し、亡くなった。ふとしたことから横笛の死を小耳にはさんだ瀧口入道はその「恋塚」を回向し、ますます仏道修行に精進することになる。

文例は、花宴で舞った美少女に一目惚れした無骨な武士の恋の惑乱・懊悩を叙す。その行

文はきわめてレトリカルだ。（1）は「前辞反復」（尻取り文）、（2）は隠喩で、「迷い」という抽象観念を自然物の「雲」になぞらえる。（3）と（5）は「対照法」（対句）、（4）と（6）は「感嘆法」である。

❖徳冨蘆花「寒月」『自然と人生』より　89

◉夜《よる》九時、戸を開けば、寒月《かんげつ》昼の如《ごと》し。風は葉もなき万樹《ばんじゅ》をふるひて、飄々《ひょうひょう》、颯々《さつさつ》、霜を含める空明《くうめい》に揺動《ようどう》し、地上の影《かげ》木と共に揺動す。其処此処《そこここ》に落ち散る木《こ》の葉、月光《げっくわう》に閃めいて、簌《さく》、々《さく》、々《さく》、玉屑《ぎょくせつ》を踏む思《おもひ》あり。

仰ぎ見れば、高空《かうくう》雲なく、寒光千万里《かんくわうせんばんり》。天風《てんふう》吹いて、海《うみ》鳴り、山《やま》騒ぎ、乾坤皆《けんこんみな》悲壮の鳴《めい》をなす。

耳を側《そばだ》立つれば、寒蛩籬下《かんけうりか》に鳴きて、声、絶たむとす。風に向ひて、月色《げつしょく》霜の如き往還《わうくわん》を行く人の屐歯《げきし》戛然《かつぜん》として金石《きんせき》の響《ひびき》をなすを聞かずや。月下《げっか》に狂ふ湘海《しょうかい》の彼方《かなた》に夜目《よめ》にも富士の白くさやかに立てるを見ずや。

月は照りに照り、凩《こがらし》は弥《いや》吹きに吹く。大地《たいち》吼《ほ》へ、大海《たいかい》哮けり、浩々《こうこう》又浩々たり。

大《おおい》なる哉《かな》自然の節奏。此《この》月と此《この》風と、殆《ほと》んど予《よ》をして眠《ねぶ》る能《あた》はざらしむ。


（徳冨蘆花『自然と人生』ワイド版岩波文庫、二〇〇五年）

【語注】◇寒月＝冬の月◇飄々＝風が物をひるがえすように吹くさま◇颯々＝風の音◇空明＝

透き通った明るさ◇揺動＝ゆれ動くこと◇簌、々、々＝「簌簌」は普通は「蔌蔌」の字を宛て、「そくそく」と読む。珍しく「たけかんむり」の字体で項を立てている『新潮日本語漢字辞典』には「がさがさという音」とある◇玉屑＝玉の粉末◇乾坤＝天と地。天地◇寒蛩＝「蛩」はこおろぎ。ちなみに『字通』には「寒蛩」は「晩秋の虫」とある◇籬下＝垣根の下。『字通』は〔釈名、釈宮室〕を引いて「籬は離なり。柴竹を以て之れを作る。壁（あら）きこと離離たるなり」とし、「粗いまがきをいう」と注す◇往還＝道路。街道◇屐歯＝下駄の歯◇戛然＝高く鳴り響く音◇湘海＝湘南の海◇弥＝いよいよ、ますます◇浩々＝広々としているさま。光の輝くさま◇節奏＝リズム。律動

【作者プロフィール】徳冨蘆花（一八六八―一九二七）。小説家。兄・徳富蘇峰の下で修業し、一八九八年、長篇小説『不如帰《ほととぎす》』を発表、ベストセラーになった。続いて発表した随筆『自然と人生』で名声を確立した。しだいにトルストイの博愛主義に傾倒、国粋主義的考え方に傾いた兄と絶縁し、都塵を離れて宗教的半農生活を実践した。

【解説】『自然と人生』は発表時、その文章が評判になった。メリハリのきいた漢文のリズムが、冬の月が紡ぎ出す、凜とした硬質のイメージを点出する。自然を人に見立てた擬人法が全体を支配しているが、視覚と聴覚に訴えるレトリックが駆使されている。「戸を開けば」「仰ぎ見れば」「耳を側立《そばだ》つれば」は平行法、傍線部「聞かずや（↓聞く）」「見ずや（↓見る）」は設疑法（修辞疑問）である。二重傍線部「海《うみ》鳴り、山《やま》騒ぎ」「月は照りに照り、凩《こがらし》は弥《いや》吹きに吹く。大地《たいち》吼《ほ》へ、大海《たいかい》哮《た》けり」は対照法（対句）、「大《おお》いなる哉《かな》（、）自然の節奏」は

詠嘆法＋倒置法である。

ここで特に注意をうながしたいのは、オノマトペである。エッ、どこにと思われた読者も多いにちがいない。語注に拾った「飄々《ひょうひょう》」「颯々《さつさつ》」「簌《さく》、々《さく》、々《さく》」「戛然《かつぜん》」「浩々《こうこう》」がそうだ。それと知らずに私たちは漢語のオノマトペをよく使っている。「と」「として」「たる」などを添えて用いられ一群の漢語である。たとえば「断乎」「突如」「騒然」「嬉々」「安閑」「正々堂々」など。和語のオノマトペと違って、漢語のオノマトペは文章に凜とした張りをもたらす。文例はその効果をいかんなく発揮している。

90

❖尾崎紅葉『金色夜叉』より

◉車は駛《は》せ、景は移り、境《さかひ》は転じ、客は改まれど、貫一《くわんいち》は易《かは》らざる其《そ》の悒鬱《いふうつ》を抱きて、遣《や》る方《かた》無き五時間の独《ひとり》に倦《う》み憊《つか》れつつ、始《はじめ》て西那須野《にしなすの》の駅に下車せり。

直《ただ》ちに西北に向ひて、今尚茫々《いまなほばうばう》たる古《いにしへ》の那須野原《なすのがはら》に入《い》れば、天は濶《ひろ》く、地は遐《はるか》に、唯平蕪《ただへいぶ》の迷ひ、断雲の飛ぶのみにして、三里《さんり》の坦途《たんと》、一帯の重巒《ちようらん》、塩原《しほばら》は其処《そこ》ぞと見えて、行くほどに跡《みち》は窮《きはま》らず、漸《やうや》く千本松《せんぼんまつ》を過ぎ、進みて関谷村《せきやむら》に到れば、人家の尽《つく》る処《ところ》に淙々《そうそう》の響有《ひびきあ》りて、之《これ》に架《かか》れるを入勝橋《にふしようけう》と為《な》す。

輙《すなは》ち橋を渡りて僅《わづか》に行けば、日光冥《につくわうくら》く、山厚く畳み、嵐気冷《らんきひやや》かに壑《たに》深く陥《おちい》りて、幾廻《いくめぐり》せる葛折《つづらをり》の、後《うしろ》には密樹に声々《せいせい》の鳥《とり》呼び、前には幽草歩々《ほほ》の花を発《ひら》き、逾《いよい》よ躋《のぼ》れば、遥《はるか》に木隠《こがくれ》の音のみ聞えし流の水上《みなかみ》は浅く露《あらは》れて、驚破《すは》や、斯《ここ》に空山《くうざん》の雷《いかづち》白光を放ちて頽《くづ》れ落ちたる乎《か》と凄《すさま》じかり。

道の右は山を劉《き》りて長壁と成し、石幽《いしいう》に蘚碧《こけあを》うして、幾条《いくすぢ》とも白糸を乱し懸《か》けたる細瀑《ほそたき》小《こ》瀑《たき》の珊々《さんさん》として濺《そそ》げるは、嶺上《れいじやう》の松の調《しらべ》も、定《さだめ》て此緒《このを》よりやと見捨て難し。

俥《くるま》を駆りて白羽坂《しらはざか》を踰《こ》えてより、回顧橋《みかへりばし》に三十尺《さんじツしやく》の飛瀑《ひばく》を蹻《ふ》みて、山中の景は始て奇なり。之《これ》より行きて道《みち》有《あ》れば水有《みづあ》り、水有れば必ず橋有《はしあ》り、全渓《ぜんけい》にして三十橋《さんじツけう》。山有れば巌《いは》有り、巌有れば必ず瀑《たき》有り、全嶺《ぜんれい》にして七十瀑《しちじふばく》。地《ち》有れば泉《いづみ》有り、泉有れば必ず熱《ねつ》有り、全村《ぜんそん》にして四十《しじふ》五湯《ごたう》。猶《なほ》数ふれば十二勝《じふにしよう》、十六名所《じふろくめいしよ》、七不思議、誰《たれ》か一々《いちいち》探《さぐ》り得《う》べき。

抑《そもそ》も塩原の地形たる、塩谷郡《しほやごほり》の南より群峯《ぐんぽう》の間《あひだ》を分けて深く西北に入《い》り、綿々《めんめん》として箒川《ははきがは》の流《ながれ》に泝《さかのぼ》る片岨《かたそば》の、四里《より》に岐《わか》れ、十一里《じふいちり》に亘りて、到る処巉巌《ざんがん》の水を夾《はさ》まざる無きは、宛然《さながら》青銅の薬研《やげん》に瑠璃末《るりまつ》を砕くに似たり。

先づ大網《おほあみ》の湯を過《すぐ》れば、根《ね》本山《もとやま》、魚止滝《うをどめのたき》、児ヶ淵《ちごがふち》、左靭《ひだりうつぼ》の険《けん》は古《ふ》りて、白雲洞《はくうんどう》は朗《ほがらか》に、布滝《ぬのだき》、竜ヶ鼻《りうがはな》、材木石《ざいもくいし》、五色石《ごしきせき》、船岩《ふないは》なんどと眺《ながめ》行けば、鳥井戸《とりゐど》、前山《まへやま》の翠衣《みどりころも》に染《そ》みて、福渡《ふくわた》の里に入《い》るなり。

途《みち》すがら前面《むかひ》の崖の処々《ところどころ》に躑躅《つつじ》の残り、山藤《やまふぢ》の懸《かか》れるが、甚《はなは》だ興《きよう》有りと目《め》留《と》まれば、又此辺《このあたり》殊《こと》に谿《たに》浅く、水澄みて、大いなる古鏡《こきやう》の沈める如く、深く蔽《おほ》へる岸樹《がんじゆ》は陰々として眠るに似たり。貫一は覚えず踏止《ふみとどま》りぬ。

（『日本近代文学大系　第5巻　尾崎紅葉集』角川書店、一九七一年）

【語注】◇平蕪＝雑草の生い茂っている平野◇坦途＝平らな道◇重巒＝重なっている山々◇淙々の響＝水の流れる音◇嵐気＝山中に立つもや◇葛折＝幾つにも折れ曲がっている坂道や山道◇声々の鳥呼び＝さまざまな鳥の鳴き声を聞き◇幽草＝深く生い茂った草◇歩々の花を発き＝一歩ごとに開く花を見て◇驚破や＝さては◇空山＝人気のない山◇石幽に＝岩石も黒く◇珊々として＝さらさらと◇此緒よりや＝「緒」は糸口、始め。「此緒」は前出の「細瀑小瀑」を受ける◇回顧橋に三十尺の飛瀑を踊みて＝「飛瀑」は高いところから落ちる滝。ここは「飛瀑に架かる回顧橋で飛瀑を踏んで」、つまり「飛瀑に架かる回顧橋を渡って」の意◇片岨＝がけ、断崖◇巉巌＝険しくそびえ立つ大岩◇薬研＝漢方医などが生薬を粉末にするために用いる金属製の器具。細長い舟形で、中央がV字形にくぼんでいる。くぼみに薬種を入れて軸のついた円板形の車で押し砕く。薬研を苔むした岩石に、くぼみを流れる滝に見立てている

【作者プロフィール】尾崎紅葉（一八六八―一九〇三）。明治期の小説家。一八八五（明治十八）年、山田美妙らと硯友社を設立し「我楽多文庫」を創刊。『二人比丘尼色懺悔』で認められ、写実主義を深め、その一方で井原西鶴に傾倒。『伽羅枕』『二人女房』『多情多恨』などを書き、幸田露伴とともに「紅露時代」と呼ばれ文壇の大御所となった。一八九七（明治三十）年から『金色夜叉』を書きはじめ、大変な評判を呼んだが、未完のまま没した。日本古典や外国文学の摂取、「である」調の文体的模索、芸術性と大衆性の統合など日本近代小説の確立に貢献した。

［解説］寛一は『金色夜叉』の主人公。自分を裏切った許嫁、お宮ゆえに心の煩悶にさいなまれる。

貫一の父に大恩ある宮の父は、恩人の子を引き取り、ゆくゆくは二人を結婚させ、家督を譲ろうと考えていた。ところが、さる金満家が宮を器量好みで嫁にほしいと強く迫ってきた。宮の父は寛一をなんとか説得しようとするが、寛一ははねつけ、お宮に翻意を迫る。恋か金か。玉の輿を選んだお宮のふるまいに対して、寛一は一念発起、お宮を見返すべく、金色（黄金）に憑かれた、鬼（夜叉）と化し、血も涙もない高利貸しとなる。

文例は、高利貸しの貫一が急を要する取り立ての用事にかこつけて、気分を紛らわすために塩原の温泉郷に足を向ける場面だ。この場面は話の筋とは切り離して、明媚な風光を叙した美文として鑑賞できる。じじつ、このくだりは第二次大戦前まで、明治の代表的名文としてよく教科書などに採られた文章である。かつての日本人がどういう文章をよしとしていたかの実例として写した。

難しい言葉はいちいち気にせず、文章の勢いでけっこう読める（そこが漢語のいいところだ）。この文章を読み下せば（出来れば音読せよ）、なんとも言えない心地よいリズムが感じ取れるはずだ。最初の二つの傍線部は対称法（対句）だが、最後の部分は全篇中でも屈指の美文と評せられた。平行法（似たような構文の並置）と前辞反復法（尻取り文）を駆使した、華麗にして流麗な文章である。

91 ※大町桂月「日の出」より

◉邦人多く月を賞すれども、未《いま》だ太陽を賞する者あるを聞かず。自然に対する審美眼、欠乏せるに(1)非《あら》ずや。

いらかの浪うつ都の中にのみ住める人は、ただ太陽の益を知りて其《その》美を知るに由《よし》なかるべけれど、一たび高山の巓《いただき》にのぼりて、日の出を(2)見よ。又海辺にゆきて、日の入を(2)見よ。そこに太陽がいかに美しきかを(2)見よ。日出日没の際には、太陽は爛射《らんしゃ》する光線を収めて親しきなり。其《その》大《おお》きさも昼間見ゆる所に幾倍するなり。而《しか》して水に映じ、朝霞暮靄《ちょうかぼあい》に映じ、粲然として陸離、その色彩の霊妙美麗なること、到底《とうてい》人間の手にては企て及ぶべからざる自然の大丹精なり。

〔中略〕

日の出を見るは、高山をよしとす。されど日没は海岸に於て見るに若《し》かず。其気象、景致、日の出と同じけれど、而も暗より明に移ると、明より暗に移るとの差ありて、これを見る人の感情、また従つて一様なるを得ず。(3)昼を光明の世界とせば、(4)日の出に希望の色あり、日没に悲哀の色あるべし。(3)夜を理想の世界とせば、即ち之に反せむ。要するに、太陽は其の出没の際に、美観を呈す。其間短くして、満月の終夜かがやくが如くなるを得ざれども、変化神異、気象雄偉、つぶさに宇宙の神秘をあらはす、余は彼を以て此にかへざるなり。

（『新選　大町桂月集』改造社、一九三〇年）

［語注］◇いらか＝屋根瓦◇爛射＝爛はかがやく、やく◇朝霞暮靄＝朝もや、夕もや◇陸離＝光が入り乱れ美しくかがやくこと◇丹精＝心をこめてていねいに物事をすること◇気象＝様子◇景致＝風景◇神異＝不思議なこと◇雄偉＝すぐれていて、大きいこと

［作者プロフィール］大町桂月（一八六九―一九二五）。詩人、随筆家、評論家。韻文・随筆・紀行・評論など著作は多岐にわたったが、その和漢混交体の美文で知られた。

［解説］文例は難しい漢語が鏤《ちりば》められている。この種の文章はわからない漢語にいちいち拘泥する必要はない。勢いで読めばいいのだ。おおよその意味は文脈で判断できる。それに象形文字のありがたさ、イメージはなんとなく伝わってくる。

まず冒頭で結論を提示している。次いで傍線部（1）の設疑法（修辞疑問）でそれを補強している。続いて傍線部（2）の「呼びかけ法」が来て、読者を誘っている。読者に命令している。その狙いは読者を自分の同調者に仕立てあげることである。

このあとに描出される日の出と日の入りの光景は、対照法が駆使され、極めてレトリカルだ。月と太陽の対照、そして日の出と日の入りの対照、太陽の出没の短さと満月の持続性という具合に。さらに、傍線部（3）は平行法＋首句反復法、傍線部（4）は対照法である。

文例は典型的な美文である。

❖文語訳『新訳聖書』（「マタイ伝」第七章）より　92

◉求めよ、然《さ》らば与へられん。尋《たず》ねよ、さらば見出《みいだ》さん。門を叩《たた》け、さらば開かれん。すべて求むる者は得《え》、たづぬる者は見いだし、門をたたく者は開かるるなり。汝等《なんじら》のうち、誰《たれ》かその子《こ》パンを求めんに石を与へ、魚《うお》を求めんに蛇《へび》を与へんや。さらば、汝《なんじ》ら悪《あ》しき者《もの》ながら、善《よ》き賜物《たまもの》をその子らに与ふるを知る。まして天にいます汝らの父は、求むる者に善き物を賜《たま》はざらんや。さらば凡《すべ》て人《ひと》に為《せ》られんと思ふことは、人にも亦《また》その如《ごと》くせよ。これは律法《おきて》なり、預言《よげん》者《しゃ》なり。

狭き門より入《い》れ、滅《ほろび》にいたる門は大《おおき》く、その路《みち》は広く、之《これ》より入《い》る者おほし。生命《いのち》にいたる門は狭く、その路は細く、之を見出すものすくなし。

（『舊新訳聖書』日本聖書協会、二〇一〇年〔大型文語聖書〕）

【新共同訳】求めなさい。そうすれば、与えられる。探しなさい。そうすれば、見つかる。門をたたきなさい。そうすれば、開かれる。だれでも、求める者は受け、探す者は見つけ、門をたたく者には開かれる。あなたがたのだれが、パンを欲しがる自分の子供に、石を与えるだろうか。魚《さかな》を欲しがるのに、蛇を与えるだろうか。このように、あなたがたは悪い者でありながらも、自分の子供には良い物を与えることを知っている。まして、あなたがたの天の父は、求める者に良い物をくださるにちがいない。だから、人にしてもらいたいと思うことは何でも、あなたがたも人にしなさい。これこそ律法と預言者である。

狭い門から入りなさい。滅びに通じる門は広く、その道も広々として、そこから入る者が多い。しかし、命に通じる門はなんと狭く、その道も細いことか。それを見いだす者は少ない。


【解説】文語訳『聖書』の代表は、旧約部分は「明治訳」、新約部分は「大正改訳」から成る日本聖書協会刊行の『舊新約聖書』である。文例もこの翻訳によっている。この文語訳は現代の聖書学の知見からすれば多くの誤り・不備がある。たとえば口語訳で「主」と訳しているものを、文語訳は一貫して「エホバ」とするが、誤った表記で「ヤハウェ」とすべきだろう。さらに差別語の問題もある。解釈の問題点も多々ある。しかしそうした欠点はあるもの の、それを不問に付しても、まだおつりが来るほどの美点がある。それは訳文の日本語の格調高さ（品位）だ。このことは参考としてあげた新共同訳聖書の訳文を読むだけでも首肯されるはずだ。まさしく鴻業《こうぎょう》である。文語訳聖書は明治以来の文語文の最良の成果の一つに数えることができる。全部とは言わない、その一部なりと、この機会にぜひ目を通すことをおすすめする。

ちなみに、文例中の「律法《おきて》なり、預言者《よげんしゃ》なり」は旧訳聖書を指す。この言葉は聖書全体を総括するものとして古来「黄金律」と呼ばれてきた。「マタイ伝」第二十二章には次のようなイエスの発言が読める。「「心を尽くし、精神を尽くし、思いを尽くして、あなたの神である主《しゅ》を愛しなさい。」これが最も重要な第一の掟である。第二も、これと同じように重要で

ある。「隣人を自分のように愛しなさい。」律法全体と預言者は、この二つの掟に基づいている。」（新共同訳）

93

❖永井荷風『断腸亭日乗』より

◉三月九日。天気快晴。夜半空襲あり。翌暁《よくぎよう》四時わが偏奇館焼亡す。火は初《はじめ》長垂坂中ほどより起り西北の風にあふられ忽《たちまち》市兵衛町二丁目表通りに延焼す。余は枕元の窓火光《かこう》を受けてあかるくなり鄰人の叫《さけ》ぶ声のただならぬに驚き日誌及草稿を入れたる手革包《てかばん》を提《さ》げて庭に出《い》でたり。谷町辺にも火の手の上るを見る。また遠く北方の空にも火光の反映するあり。火星《ひのこ》は烈風に舞ひ紛々として庭上に落つ。余は四方を顧望し到底禍《わざわい》を免るること能《あた》はざるべきを思ひ、早くも立迷ふ烟《けむり》の中を表通に走出で、木戸氏が三田聖坂《みたひじりざか》の邸に行かむと角の交番にて我善坊《がぜんぼう》より飯《いい》倉《ぐら》へ出る道の通行し得べきや否やを問ふに、仙石山神谷町《かみやちよう》辺焼けつつあれば行くこと難《かた》かるべしと言ふ。道を転じて永坂に到らむとするも途中火ありて行きがたき様子なり。時に七、八歳なる女の子老人の手を引き道に迷へるを見、余はその人々を導き住友邸の傍より道源寺坂を下り谷町電車通に出で溜池《ためいけ》の方へと逃しやりぬ。余は山谷町の横町より霊南坂上に出で西班牙《スペイン》公使館側の空地に憩ふ。下弦の繊月《せんげつ》凄然として愛宕山《あたごやま》の方に昇るを見る。荷物を背負ひて逃来る人々の中に平生《へいぜい》顔を見知りたる近鄰の人も多く打まぢりたり。余は風の方向と火の手とを見計り逃ぐべき路の方角をもやや知ることを得たれば麻布の地を去るに臨み、二十六年住馴れし偏奇館の焼倒るるさまを心の行くかぎり眺め飽《あ》かさむものと、再び田中氏邸の門前に歩み戻りぬ。巡査兵卒宮家の門を警《いま》しめ道行く者を遮《さえぎ》り止むる故、余は電信柱または立木の幹に身をかくし、小径のはづれに立ちわが家の方を眺る時、鄰家のフロイドルスペルゲル氏褞袍《どてら》にスリッパをはき帽子もかぶらず逃げ来るに逢ふ。崖下より飛来りし火にあふられその家今まさに焼けつつあり、君の家も類焼を免れまじと言ふ中、わが門前の田島氏そのとなりの植木屋もつづいて来り先生のところへ火がうつりし故もう駄目だと思ひ各《おのおの》その住家を捨てて逃来りし由を告ぐ。余は五、六歩横町に進入りしが洋人の家の樫の木と余が庭の椎の大木炎々として燃上り黒烟風に渦巻き吹つけ来るに辟易《へきえき》し、近づきて家屋の焼け倒るるを見定ること能はず。唯火焔の更に一段烈しく空に上るを見たるのみ。これ偏奇館楼上少からぬ蔵書の一時に燃るがためと知られたり。火は次第にこの勢に乗じ表通へ焼抜け、住友田中両氏の邸宅も危く見えしが兵卒出動し宮様門内の家屋を守り防火につとめたり。蒸汽ポンプ二、三台来りしは漸くこの時にて発火の時より三時間ほどを経たり。消防夫路傍の防火用水道口を開きしが水切《みずぎれ》にて水出でず、火は表通曲角まで燃えひろがり人家なきためここにて鎮まりし時は空既に明く夜は明け放れたり。

（『摘録　断腸亭日乗（下）』ワイド版岩波文庫、一九九一年）

［作者プロフィール］↓文例19

［解説］東京市をほとんど烏有《うゆう》に帰せしめた、アメリカ軍の無差別空中爆撃のあった一九四五（昭和二十）年三月九日の日記。騒然とした状況を観察する荷風の目はあくまでも冷静であ

る。長いあいだ住み、著述に励んだ自宅、「偏奇館」の焼失も淡々と語る。翌日の日記にはさすがに愛惜の情が吐露される。「されど三十余年前欧米にて購《あがな》ひし詩集小説座右の書巻今や再びこれを手にすること能はざるを思へば愛惜の情如何《いかん》ともなしがたし」と。

漢文の凜とした筆致が印象的である。語注はあえて割愛した。分からない語句や固有名詞は気にせず、まずはゆっくりと音読すべき文章である。

94 ❖吉田満『戦艦大和ノ最期』より

◉本作戦ハ、沖縄ノ米上陸地点ニ対スルワガ特攻攻撃ト不離一体ニシテ、更ニ陸軍ノ地上反攻トモ呼応シ、航空総攻撃ヲ企図スル「菊水作戦」ノ一環ヲナス
特攻機ハ、過重ノ炸薬（通常一瓲《トン》半）ヲ装備セルタメ徒《イタズ》ラニ鈍重ニシテ、米迎撃機ノ好餌トナル虞《オソ》レ多シ　本沖縄作戦ニオイテモ米戦闘機ノ猛反撃ハ必至ナレバ、特攻攻撃挫折ノ公算極メテ大ナリ
シカラバソノ間、米迎撃機群ヲ吸収シ、防備ヲ手薄トスル囮《オトリ》ノ活用コソ良策トナル　シカモ囮トシテハ、多数兵力吸収ノ魅力ト、長時間拮抗ノ対空防備力ヲ兼備スルヲ要ス
「大和」コソカカル諸条件ニ最適ノ囮ト目サレ、ソノ寿命ノ延命ヲハカッテ、護衛艦九隻ヲ選ビタルナリ

沖縄突入ハ表面ノ目標ニ過ギズ　真ニ目指スハ、米精鋭機動部隊集中攻撃ノ標的ニホカナラズ
カクテ全艦、燃料搭載量ハ往路ヲ満タスノミ　帰還ノ方途、成否ハ一顧ダニサレズ
世界無比ヲ誇ル「大和」ノ四十六糎《センチ》主砲、砲弾搭載量ノ最大限ヲ備エ気負イニ気負イ立ツモ、
ソノ使命ハ一箇ノ囮ニ過ギズ　僅カニ片路一杯ノ重油ニ縋ル
勇敢トイウカ、無謀トイウカ
万一、沖縄上陸地点到達ノ場合ノ積極作戦モ、企図セラレタルハ言ウマデモナシ　「大和」主砲ニヨル上陸軍攻撃、コレナリ
砲弾満載量（千二百発）ノウチ、徹甲弾ヲモッテ輸送船団ノ覆滅ヲ期シ、三式弾ヲモッテ人員殺傷ヲ期ス
徹甲弾ハ重量一瓲《トン》半、艦船撃沈ノタメニ用イラレ、貫徹力大、マタ海面突入時ノ水柱ハ百五十米《メートル》ニ達ス　三式弾ハ時計信管ニヨル榴散弾ニシテ、通常航空機撃墜ノタメニ用イラレ、対空射程ハ三十粁《キロ》、弾片ハ六千箇ニ細分シ隈ナク四散ス　一斉射ニヨリ編隊十機撃墜ノ実績アリ

本作戦ノ大綱次ノ如シ——先ズ全艦突進、身ヲモッテ米海空勢力ヲ吸収シ特攻奏効ノ途ヲ開ク
更ニ命脈アラバ、タダ挺身、敵ノ真只中ニノシ上ゲ、全員火トナリ風トナリ、全弾打尽《ウチツク》スベシ
モシナオ余力アラバ、モトヨリ一躍シテ陸兵トナリ、干戈《カンカ》ヲ交エン　カクテ分隊毎ニ機銃小銃ヲ支給サル
世界海戦史上、空前絶後ノ特攻作戦ナラン

（吉田満『戦艦大和ノ最期』講談社文芸文庫、一九九四年）

［作者プロフィール］吉田満《みつる》（一九二三―一九七九）。日本銀行に勤めるかたわら大日本帝国海軍での体験をもとにした作品を残した。とりわけ奇跡的生還を果たした体験を小説化した代表作『戦艦大和ノ最期』で知られる。この作品は映画化され、またテレビドラマ化もされた。

［解説］一九四五（昭和二十）年三月二十九日、その当時世界最大の不沈戦艦といわれた「大和」は広島の呉軍港から出撃し、一路沖縄本島を目ざして進む。しかしその途中で手ぐすね引いて待っていたアメリカ軍最新型戦闘機の集中砲火を浴びて、沖縄の手前の洋上で巨体を九十度の角度に傾け轟沈される。

吉田満は二十一歳の海軍少尉として戦艦に乗り込み、戦闘の渦中に身を置き、その壮絶な最期を目撃し、奇跡的に生還した。学生出身（東京帝国大学法科を繰り上げ卒業）海軍士官は敗戦直後、その見聞とその思いを漢文体文語でもって綴った。初稿はほぼ一日で一気に書き上げたといわれる。『戦艦大和ノ最期』に見られるのは真摯な自己への問いかけである。死を覚悟した悽愴な自己との対決である。「ワレ果シテ己ノ分ヲ尽センカ　分ニ立ッテ死ニ直面シタルカ」。

戦艦大和は「世界海戦史上、空前絶後ノ特攻作戦」を遂行する任務を帯びている。作戦発動を前にして「ワレ」は「艦橋ニテ作戦談ヲ聞ク」。文例は「ワレ」が要約したその「作戦談」である。

漢文体文語調、片仮名、凝縮されたパラグラフ、たっぷりとった余白――独特な文体である。なぜこの文体なのか。当然なされるであろう疑問に対して著者は、昭和二十七年に書かれた「初版あとがき」で次のように説明している。

「全篇が文語体を以《もつ》て書かれていることについて、私に特に嗜好があるわけではない。初めから意図したのでもない。第一行を書き下した時、おのずからすでにそれは文語体であった。何故そうであるのか。しいていえば、第一は、死生の体験の重みと余情とが、日常語に乗り難いことであろう。第二は、戦争を、その只中に入って描こうとする場合、〝戦い〟というものの持つリズムが、この文体の格調を要求するということであろう。」

つまり、この文体は語ろうとする内容にとって必然的であった。硬質な内容は硬質な文体を要求するということだ。それにしても、ここに見られるのは、抑制された凜とした文章である。格調高い達意の日本語である。「弱冠二十二歳」の手になる、この日本語の見事さにただ瞠目するばかりだ。なぜこんなことが可能だったのか。二十二歳の若者がなぜかくも明晰で折り目正しい日本語を書きえたのか。「曲りなりにもこの筆馴れない文体と修辞をもって全篇を貫きえたことを、戦前の行きとどいた国語教育の賜物として感謝したい」（「鎮魂戦艦大和」あとがき」昭和四十九年）と、著者の吉田はあくまでも謙虚だが、実はここには言語表現の本質的な問題が関わっている。言い換えれば言語表現と伝統（規範）の関係である。

『戦艦大和ノ最期』の漢文体文語調の見事さを前にしたとき私は、二十代の半ばにして死んだ樋口一葉の和文脈日本語の見事さを思った。この連想は決して偶然ではない。伝統をうまく受け継ぐことがよい文章を書くことの真諦なのである。一葉や吉田が若くして完成度の高い文章を書くことができたのは古典のしっかりとした素養があったからだ。問題は文章の規範であり、表現の型である。以前にも写したが、次に引く山本夏彦の一葉評は文章表現の本質を衝いて余蘊《ようん》がない。

「一葉は数え二十五で死んでいる。二十四や五でどうして「たけくらべ」以下のような美しい文章が書けるのだろうと怪しむ人があるが、書けるのである。あれは一葉ひとりで書いたのではない。平安以来千年の伝統が尻押しして書かせたのである。

　あの時代の女流は年上の田辺花圃（のち三宅雪嶺夫人）でも年下の小山内八千代（のち岡田三郎助夫人）でもみんな一葉みたいな文章を書いたのである。ただ残っていないだけである。」（山本夏彦『完本　文語文』）

　ところで、禁欲的なまでに事実に就こうとしている文体に時に破調が走る。たとえば文例中の短いコメント「勇敢トイウカ、無謀トイウカ」。このコメントには作者の万感の想いが込められている。そしてまた、この作品の掉尾を飾る突き放したコメントも印象的である。

「徳之島ノ北西二百浬ノ洋上、「大和」轟沈シテ巨体四裂ス　水深四百三十米
今ナオ埋没スル三千ノ骸《ムクロ》
彼ラ終焉ノ胸中果シテ如何」

　戦争の愚かさをとことん真摯に生き抜いた人間だからこそ吐ける感慨だろう。

古典

❖清少納言『枕草子』より

95

◉春はあけぼの。やうやうしろくなりゆく山ぎは、すこしあかりて、紫だちたる雲のほそくたなびきたる。

夏は夜《よる》。月のころはさらなり、やみもなほ蛍《ほたる》飛びちがひたる。雨などの降るさへをかし。

秋は夕暮。夕日花やかにさして山ぎはいと近くなりたるに、烏《からす》のねどころへ行くとて、三つ四つ二つなど、飛び行《ゆ》くさへあはれなり。まして雁《かり》などのつらねたるが、いと小さく見ゆる、いとをかし。日入《い》り果てて、風の音《おと》、虫の音《ね》など。

冬はつとめて。雪の降りたるは言ふべきにもあらず。霜などのいと白く、またさらでもいと寒きに、火などいそぎおこして、炭持《すみも》てわたるも、いとつきづきし。昼になりて、ぬるくゆるびもて行けば、炭櫃《すびつ》、火桶《ひおけ》の火も、白き灰がちになりぬるはわろし。


（『日本古典文学全集11　枕草子』小学館、一九七四年）


［現代語訳］春は夜明け。だんだん白んでゆく山ぎわが少し明るくなって、紫がかった雲が細くたなびいているのは（よろしい）。

夏は夜。月の出ているときは言うまでもない。闇夜も、蛍が乱れ飛んでいるのはやはり。雨などの降るのさえおもしろい。

秋は夕暮れ。夕日がはなやかに射して山ぎわにぐっと近づいた頃合、烏がねぐらに帰るとて三つ四つ二つなど、飛んでゆくのさえ趣がある。ましてや雁などが列をなしているのがひどく小さく見えるのは、実におもしろい。日が沈みきってしまって、風の音、虫の音など(は甚だよろしい)。

冬は夜明け。雪が降っているのは言うまでもない。霜などがたいそう白く、またそうでなくてもひどく寒いのだけれども、火などを急いで起こして炭を持って廊下を渡るのも、とてもこの場にふさわしい。昼になって寒さがどんどんゆるんでくると、囲炉裏と火鉢の火も、つい白い灰がちになってしまうのはどうも感心しないことだ。

[語注] ◇さらなり=「いふもさらなり」の略◇やみも=月の出ていないとき◇飛びちがひたる=乱れ飛んでいる◇雨などの降るさへ=本来「をかし」くない「雨までも」の意◇をかし=趣がある。心地よい感動をあらわす。以下に出てくる「あはれ」との違いに注意◇山ぎは=このあと「に」が欠落か◇飛び行くさへ=烏が飛び行くことなどもともと大したことでないのに、それ「さえ」もの含み◇あはれ=印象深い。しみじみとした感動をあらわす◇つとめて=夜明け◇言ふべきにもあらず=言うまでもない◇つきづきし=ふさわしい、ぴったりだ◇ぬるくゆるびもて行けば=寒さがどんどんゆるんでくると◇炭櫃=いろり◇火桶=丸火鉢◇わろし=みっともない、見劣りがする。「あし」(悪い、卑しい)よりは消極的な否定

[作者プロフィール] 清少納言(九六六?—一〇二五?)。平安時代の女性文学者、歌人。九九三年頃から宮廷に仕え、その和漢の教養で聞こえ、紫式部と併称された。『枕草子』の完成は宮仕えを退いてから。清少納言の名声はひとえに『枕草子』による。家集に『清少納言

集』があり、「小倉百人一首」にも選ばれている。

［解説］ 四季折々の好ましい時分を繊細な感性で感じ取り、その情趣を簡潔な表現で剔出する。「春はあけぼの。……夏は夜。……秋は夕暮。……冬はつとめて。……」——大きく見ればこの文章は「物尽し」に通じる列挙法である。「物尽し」は『枕草子』にその例が多く見られる。たとえば「山は　小倉山《をぐら》。三笠《みかさ》山。このくれ山。……」（十一段）「すさまじきもの　昼ほゆる犬。春の網代《あじろ》。三四月の紅梅の衣《きぬ》……」（二十二段）。

この文章にはいろいろな仕掛けが埋め込まれている。まず四季を四つの段落に配当する構成（対称）が見事である。ついでその段落の頭で意外性のある結論を提示しているのがよろしい。おまけに、省略法を駆使した表現が簡にして勁、実に小気味いい。

その省略法を追ってみよう。

●春はあけぼの（がよろしい）。以下、夏、秋、冬については同じパターンなので省略する。

●雲のほそくたなびきたる（のがよろしい）

●飛びちがひたる（のもよろしい）

●風の音《おと》、虫の音《ね》など（は甚だよろしい）

しめて数にして七つ、大胆な省略法の使用だ。

大胆な、といえば、文例の末尾に配された「わろし」の効果にも注目しなければならない。「をかし」「あはれ」「つきづきし」と肯定的判断が続いたところで、最後で「わろし」とどんでん返し。これは対照法のバリエーションと見ることができるかもしれない。全体への目配りがきちんとできる作者にしてはじめて可能な芸当だ。また、細かいことを言いだせば、夏の段以下の記述が微妙な漸層法になっている。

ともあれ、巨細《こさい》にわたる心憎いばかりの結構である。鋭敏な感受性と理知的な構成力——もしかのパスカルが清少納言を知ったならば、「繊細の精神」と「幾何学精神」を兼備する才女として必ずやオマージュ（讃辞）を捧げたにちがいない。

96 ❖鴨長明『方丈記』より

◉ゆく河の流れは絶えずして、しかももとの水にあらず。よどみに浮ぶうたかたは、かつ消え、かつ結びて、久しくとどまりたるためしなし。世の中にある人と栖《すみか》と、またかくのごとし。たましきの都のうちに棟《むね》を並べ、甍《いらか》を争へる高き賤《いや》しき人の住《すま》ひは、世々を経《へ》て尽きせぬものなれど、これをまことかと尋ぬれば、昔ありし家は稀なり。或《あるい》は去年《こぞ》焼けて、今年《ことし》作れり。或は大家《おほいへ》ほろびて小家《こいへ》となる。住む人もこれに同じ。所も変らず、人も多かれど、いにしへ見し人は、二三十人が中《なか》にわづかにひとりふたりなり。朝《あした》に死に夕《ゆふべ》に生《うま》るるならひ、ただ水の泡《あわ》にぞ似たりける。知らず、生れ死ぬる人いづかたより来《きた》りて、いづかたへか去る。また知らず、仮《かり》の宿り、誰《た》がためにか心を悩まし、何《なに》によりてか目を喜ばしむる。その主《あるじ》と栖《すみか》と無常を争ふさま、いはばあさがほの露《つゆ》に異ならず。或は露落ちて、花残れり。残るといへども、朝日《あさひ》に枯れぬ。或は花しぼみて、露なほ消えず。消えずといへども、夕を待つ事なし。

（『新編日本古典文学全集44 方丈記 徒然草 正法眼蔵随聞記 歎異抄』小学館、一九九五年）

［現代語訳］ ゆく河の流れは涸れることがないけれども、いま流れているのはもとの水ではない。淀みに浮かんでいる水の泡も、こちらで消えたかと思えばあちらで生まれ、永くそのままでいるものはない。世の中の人間と住居もまた似たようなものだ。花の都で棟を並べて屋根瓦を競う富貴の人、下賤の人の住まいは何代もなくならないものだが、それを本当にそうかとよく調べてみると昔あった家はほとんどない。去年焼けて、今年建てたとか。大きな家が没落して小さな家となるとか。住んでいる人も同じこと。場所も同じで人も大勢いるが、むかし会った人は二、三十人のうちでわずかに一人か二人。朝方に死ぬ者がいて夕方に生まれる者がいるのが世の常、まさしく水の泡にそっくりだ。ああ私は知らない、生まれ死ぬ人がどこから来てどこへ去るのか。また知らない、かりそめの住まいであるこの世の中で誰のために心を悩ませ、どういうわけで豪奢を求めるのか。主人と建物がはかなさを競うようすは、いうならば朝顔に置く露と異なることはない。ある時は、露が落ちて花が残る。残るといっても朝日がさせば凋れてしまう。ある時は、花がしぼんでも、露がまだ消えない。消え

ないといっても、夕方まで待つことはない。

［語注］◇うたかた＝水の泡◇たましきの＝玉を敷いたように美しいこと◇仮の宿り＝かりそめの住まい。また、無常なこの世も意味する

［レトリック］◇かつ消え、かつ結びて＝接続語多用法◇棟を並べ、甍を争へる高き賤しき人＝《棟―甍》《高き―賤しき》による対照法◇或は去年焼けて、今年作れり。或は大家ほろびて小家となる＝接続語多用法と対照法◇朝に死に夕に生るるならひ＝対照法◇知らず……また知らず……＝転置法と反復法◇或は露落ちて、花残れり。残るといへども、朝日に枯れぬ。或は花しぼみて、露なほ消えず。消えずといへども、夕を待つ事なし＝《或は……或は……》は接続語多用法、《残れり。残る》《消えず。消えず》は反復法（前辞反復＝尻取り文）

［作者プロフィール］鴨長明（一一五五―一二一六）。鎌倉初期の歌人、文人。中世隠者の代表的人物の一人。賀茂神社の神職の出で、和歌にすぐれ『新古今和歌集』にも十首入集。ままならぬ世間に見切りをつけて、五十歳のとき遁世し、洛東、洛南で方丈の草庵を構え数寄を愛する生活を送った。この体験をもとにして書かれたのが随筆文学の傑作『方丈記』である。

［解説］文例は接続語多用法、反復法、対照法が多用され、全文きわめてレトリカルな文章だが、特に注意を喚起したいのは直喩（のよう）である。世の無常は流れる川に、よどみに浮かぶうたかたに、水の泡に、朝顔の露にと次々にたとえられる。まさしく直喩のオンパレー

ドである。にもかかわらず平板さを免れている。それを可能にしたのは、ひとえに比喩指標（のよう）の巧みな変奏（かくのごとし→これに同じ→似たりける→異ならず）である。『方丈記』は古典のなかの古典である。しかしながら、どういうわけか学者や批評家からの評価が低い。深遠な思想が開陳されていないからだろうか。なるほど語られていることに独創は見当たらない。しかしその話題の選び方、その語り方はすばらしい。華麗なレトリック、流麗な音調、畳み込むような歯切れのいい短文——簡勁な美文である。長いものではない。ぜひ全文を読む（読み返す）ことをお薦めする。

ところで、文例のように日本人は歴史を川の流れにたとえる。そういえば、日本語には「歴史の流れ」という言い方もある。こうした喩えや言い方を私たち日本人はなんの抵抗もなく使っているけれども、実をいえば、これはそんなに普遍的な発想ではない。むしろ、かなり特異なタイプだと考えるべきだろう。

歴史は水の流れのように淡々と自然に流れてゆくものなのか。歴史はもっとダイナミックなものではないのか。人間は歴史に流されるだけではない。人間が歴史を作るということもまた言えるのではないか。じじつ、ある西洋史の碩学は次のように注意している。「日本人が歴史を川の流れに喩えるのに対して、西洋人は歴史を何か構築物のようなものと見ているようである。〔中略〕そして、もしも歴史が人間の努力によって作られて来たものだとすれば、それは決して流れのようなものではなく、何かに喩えるとすれば、ピラミッドのごとき構築物だということになるであろう。」（藤縄謙三『ギリシア文化と日本文化』）

とても大切な指摘である。ヨーロッパの人々は数百年をかけて営々とゴチック式教会の大伽藍を築き上げた。そこでは、人は「歴史」を作っているのだ。それは、時の流れに抗する持続する営みである。

それにひきかえ、日本人は素直に歴史の流れに身をゆだねる。大きな歴史的変化を「自然なもの」として従容として受け容れる。たとえばアメリカの進駐軍は、日本に来る前は日本人の徹底抗戦を心配していた。ところが日本人は、昨日まで「鬼畜米英」と敵視していたアメリカ軍を手のひらを返したように友好的に迎え入れた。

こうした日本人のこだわりのなさ（忘れっぽさ？）はヨーロッパの人びとにとっては理解しがたいことだろう。日本人は戦争で破壊された都市に「新しい」町並みを次々と作り上げた。明確な都市計画案もなく。ところがヨーロッパでは多くの都市で、残された資料を基にして出来るかぎり「古い」町並みを復元しようとした。人間の「歴史」に対する働きかけ（人為）にこだわるのか、働きかけられること（自然）に甘んじるのか。それによって人々の考え方も、生き方も大きく変わってくるはずである。

97 ❖吉田兼好『徒然草』より

●花はさかりに、月はくまなきをのみ見るものかは。雨にむかひて月を恋ひ、たれこめて春の行方《ゆくへ》知らぬも、なほあはれに情《なさけ》ふかし。咲きぬべきほどの梢、散りしをれたる庭などこそ見所《みどころ》多けれ。歌の詞書《ことばがき》にも、「花見にまかれりけるに、はやく散り過ぎにければ」とも、「障《さは》る事ありてまからで」なども書けるは、「花を見て」と言へるにおとれる事かは。花の散り、月の傾《かたぶ》くを慕ふ習ひは、さる事なれど、ことにかたくななる人ぞ、「この枝、かの枝散りにけり。今は見所なし」などは言ふめる。

万《よろづ》の事も、始め終りこそをかしけれ。男女《をとこをんな》の情《なさけ》も、ひとへに逢《あ》ひ見るをばいふものかは。逢はでやみにし憂さを思ひ、あだなる契りをかこち、長き夜をひとりあかし、遠き雲井《くもゐ》を思ひやり、浅茅《あさぢ》が宿《やど》に昔をしのぶこそ、色好《この》むとは言はめ。

望月《もちづき》のくまなきを千里《ちさと》の外《ほか》までながめたるよりも、暁近くなりて待ち出《い》でたるが、いと心深《こころふか》う、青みたるやうにて、深き山の杉の梢に見えたる、木《こ》の間《ま》の影、うちしぐれたる村雲《むらくも》がくれのほど、またなくあはれなり。椎柴《しひしば》・白樫《しらかし》などの濡れたるやうなる葉の上にきらめきたるこそ、身にしみて、心あらん友もがなと、都《みやこ》恋しう覚ゆれ。

すべて、月・花をば、さのみ目にて見るものかは。春は家を立ち去らでも、月の夜は閨《ねや》のうちながらも思へるこそ、いとたのもしう、をかしけれ。よき人は、ひとへに好《す》けるさまにも見えず、興ずるさまも等閑《なほざり》なり。片田舎《かたゐなか》の人こそ、色こく万《よろづ》はもて興ずれ。花の本《もと》には、ねぢ寄り立ち寄り、あからめもせずまもりて、酒飲み連歌して、はては、大きなる枝、心なく折り取りぬ。泉には手足さし浸《ひた》して、雪にはおり立ちて跡つけなど、万の物、よそながら見ることなし。

(『新編日本古典文学全集44 方丈記 徒然草 正法眼蔵随聞記 歎異抄』小学館、一九九五年)

［現代語訳］桜の花は、満開に咲いているのだけを、月は満月のくまなく照りわたるのだけを見ればいいというものではない。雨に降りこめられながら月を恋い慕い、簾《すだれ》をたれた部屋にひきこもって、春がどこまで更けていったのかを知らないのも、やはり、しみじみとした感じがし、情趣の深いものだ。いまにも咲きそうな頃合いの桜の梢、花の散りしおれている庭などが、特別に見どころの多いものだ。和歌の詞書《ことばがき》にも、「花見に出かけましたところ、もう、すっかり散ってしまいましたので」とも、「さしさわりがあって出かけないで」などとも書いてあるのは、「花を見て」と書いてあるのに、劣っているといえようか。花の散るのを、また、月の西に傾くのを惜しみ慕う世の習わしは、もっともなことであるが、なかでもとくに、ものの情趣を解さない人に限って、「この枝もあの枝も、散ってしまった。もう見るだけの値うちもない」などというようだ。

総じて何事でも、始めと終わりが特別におもしろいものなのだ。男女間の恋愛でも、ただ逢って契りを結ぶことだけをいうものだろうか。あるいは、添い遂げられず契らないで終わった恋のつらさを思い、あるいは、誓いながら果たされなかった逢瀬《おうせ》を恨み嘆き、あるいは、恋する人を待ちながら長い夜をひとりで明かし、あるいは、はるかに隔たった身分違いの人を想い、あるいは、今は落ちぶれて浅茅の茂っている荒れた住居にあって、恋人と語らった昔をなつかしく思い出したりする。こういうのをこそ、恋のなんたるかを知っているということなのである。

満月のかげりもないのを、はるか遠い千里のかなたまで眺めているのよりも、明け方近くなって、待ちに待ってやっと出てきた月が、たいそう趣深く、青みをおびているさまで、深い山の杉の梢に見えているさま、木々の間の月の光、さっと時雨を降らせている一群の雲にかくれている月の様子などが、このうえなく情趣深いものである。椎《しい》の木や白樫《しらかし》の木の、濡れたような葉の上に、きらきら光っている月の光は、まったく身にしみ入るようで、この時ばかりは世捨て人の身でありながら、情趣を解する友がいてほしいものだと、友のいる都が恋しく思われる。

総じて、月や花をば、ただ目でばかり見ればいいというものではない。春には家を出て花見に行かなくとも、月の夜は寝室にひきこもったままでも、月や花を心のうちで想像しているだけで、それこそ興趣もつきず、まことに頼みがいがあって、おもしろいものだ。情趣を解する人は、ただ一途に熱中するふうにも見えず、おもしろがる様子も、あっさりしている。片田舎の人間にかぎって、万事あくどくもてはやすものだ。花見に行けば、遠くから眺めればいいものを、人をかきわけ花の下に近寄り、脇目もせずに見つめて、酒を飲んだり連歌を詠んだりして、ついには、大きな花の枝を、考えもなく折り取ってしまう。泉のほとりを散策すれば、手足をさし入れひたし、雪見をすれば、地面におりて足跡をつけたりなど、なにごとにつけても、さりげなく見るということができない。

[語注] ◇たれこめて＝垂れ込む。(病気のため)帳やすだれを垂れて、その中にこもる◇障る事ありて＝「さはる」は差し支える、妨げられる◇まからで＝「まかる」は「行く」「来る」の謙譲語◇かたくなる人＝「かたくな」は「物の情趣を解しない」「教養がない」◇

雲井＝雲のある遠くの空。はるか離れたところ。宮中◇浅茅が宿＝ちがが生えている荒れはてた家。「浅茅」は丈の低いちがや。多く荒れ野に生える◇望月＝陰暦で、十五夜の満月◇くまなき＝くまなし。かげがない、暗いところがない◇千里の外まで＝はるか遠い千里のかなたまで◇村雲＝むらがり立つ雲。一群《む》れの雲◇もがな＝……があってほしい◇たのもしう＝「たのもし」は頼りになるさまである。心豊かな感じを起こさせるさまである◇色こく＝しつっこく。あくどく◇ねぢ寄り＝身をひねらせて、大げさに、むやみに立ち寄る◇あからめ＝ちらと目をそらすこと。脇見をすること

［作者プロフィール］吉田兼好（一二八三？―一三五二？）。鎌倉時代末期から南北朝時代にかけての歌人、随筆家。下級官吏の出自で、三十歳頃に出家。現在はもっぱら『徒然草』の作者として知られるが、生前はむしろ歌人として通っていた。私家集『兼好法師家集』がある。

［解説］文例は「下巻」の巻頭を飾る一三七段から抜いたが、この章段は『徒然草』のなかで最長である。文例は冒頭から五分の二ほどまでに相当する。引用箇所はトピック・センテンスで始まる次の三つの部分に分けることができる。

①花はさかりに、月はくまなきをのみ見るものかは。
②万《よろづ》の事も、始め終りこそをかしけれ。
③すべて、月・花をば、さのみ目にて見るものかは。

まず①から。

満開の華麗な桜の美しさや満月のさやかな美しさについては誰しも心を惹かれる。それはいわば「プラスの美」である。伝統的な美、様式化された美だ。それは必然的な美と言ってもよろしい。ところが、ここで開陳されているのはいわば「マイナスの美」の宣揚である。むろん、兼好は伝統的な美意識を認めるのにやぶさかではないけれども（「をのみ見るものかは」の「のみ」に注目すること）、そうしたことは重々承知しながらも、人々が看過しがちな「新しい美」に注意を喚起する。確かにここで賞美・賞揚されている美意識はかなりユニークであることは事実だ。人情として人は「花は散らず、月は曇らないこと」を念じるはずだからである。

無常の美学を唱道する一三七段の「新しさ」をきちんとした形で初めて指摘したのは一世紀ほど後の室町前期に活躍した歌人だ。妖艶・幽玄の作風で知られる正徹（一三八一―一四五九）である。正徹はその歌論書『正徹物語』で次のように口を極めてほめる。

「花はさかりに月はくまなきをのみ見る物かはと、兼好が書きたるやうなる心根をもちたる者は、世間にただ一人ならでは無きなり。この心は生得にて有るなり。」

正徹の炯眼には敬意を表するが、こうした美意識の持ち主が世間にただひとり兼好あるのみだとする判定には与しがたい。生得のものであるにもせよ、現に正徹本人が同じような美意識をもっているではないか。正徹は『正徹物語』の別の個所では次のような意見を吐く。

「月に薄雲のおほひたるや、山の紅葉に秋の霧のかかれる風情を幽玄の姿とするなり。是《これ》はいづくか幽玄ぞと問ふにも、いづくといひがたきなり。」

正徹はいわく言い難しと説明を避けたが、余情の美にとっては想像力がすべてである。盛りの花があってこその「散りしおれた花」であり、曇りなき満月があってこその「雨の月」である。あくまでも対比・対照の効果だ。この想像力の重要性は幽玄・余情を求めた藤原定家（一一六二―一二四一）の次の歌を想い起こさせる。

見わたせば花も紅葉《もみじ》もなかりけり浦の苫屋《とまや》の秋の夕暮

〔見渡すと春の花も秋の紅葉もないよ。苫葺きの海女の粗末な小屋が散らばるこの浦の夕暮れは〕

次に②の「万《よろづ》の事も、始め終りこそをかしけれ」を見ることにしよう。兼好は開口一番「総じて何事でも、始めと終わりが特別におもしろいものなのだ」と主張を要約する。すべてのものは、かすかなその兆しにおいて、またその名残の余情において、かえって情趣が深まる。まさしく恋愛心理がその格好の例である。兼好は「男女間の恋愛でも、ただ逢って契りを結ぶことだけをいうものだろうか」と問いかけ、恋愛のしみじみとした情趣を唱道する。注意すべきは、花の観賞と同じく、想像力が大きな役割を果たすことである。

恋愛の後は月の鑑賞法が伝授される。ここでもまた想像力が鍵となる。月はその醸しだす風情だけではなく、その盈虧《えいき》が人生の無常・変化を示すものとして兼好の心を惹いたのである。

最後に③の「すべて、月・花をば、さのみ目にて見るものかは」。

ここでも話題は余情の美、不在の美であり、想像力の賞揚であるが、このくだりの狙い目はそうした美のありかたを、想像力のかけらもない人間たちの無粋なふるまいと比較してその本質をくっきりと描き出すことだ。ここに開陳された「花」と「月」に対する鑑賞法は遠く時代を下った芭蕉の紀行文『笈の小文』の冒頭にその反響を見いだすことができる。「見る処花にあらずといふ事なし。おもふ所月にあらずといふ事なし。〔中略〕造化にしたがひ、造化にかへれとなり。」

ところで、食物について食べ頃があるように、書物についても「読み頃」があるようだ。特に「古典」と言われているものにその例が多い。私の場合でいえば、『論語』しかり、モンテーニュしかり、アランしかりである。これらはある時期まで敬して遠ざけていた。実は『徒然草』もその一冊だった。少年のみぎり教科書で断章を読んで以来、原典に当たることはついぞなかった。いや、あったことはあったが、必要な個所を拾い読みする程度だった。

ところが、五十の坂を越えてから、ひょんなことから暇にまかせて読みだしたら、実に面白かった。教科書に採られるのは当たり障りのない箇所ということもあるだろうが、全篇を通して読んだということも幸いしたように思う。『徒然草』は章段から章段への話題の転換が連歌の「つけあい」を思わせる絶妙な呼吸である。ぜひ『徒然草』全篇の通読をおすすめする。

98

❖『平家物語』より

◉祇園精舎の鐘の声、諸行無常の響あり。娑羅《しやら》双樹《そうじゆ》の花の色、盛者必衰《じやうしやひつすい》の理《ことわり》をあらはす。おごれる人も久しからず、(1)唯《ただ》春の夜《よ》の夢のごとし。たけき者も遂にはほろびぬ、(2)偏《ひとへ》に風の前の塵に同じ。(3)遠く異朝をとぶらへば、秦《しん》の趙高《てうかう》、漢《かん》の王莽《わうまう》、梁《りやう》の周伊《しうい》、唐の禄山《ろくさん》、是等《これら》は皆旧主先《きうしゆせん》皇《くわう》の政《まつりごと》にもしたがはず、楽しみをきはめ、諫《いさめ》をも思ひいれず、天下の乱れむ事をさとらずして、民間の愁《うれ》ふる所を知らざッしかば、久しからずして、亡《ばう》じにし者どもなり。(4)近く本朝をうかがふに、承平《しようへい》の将門《まさかど》、天慶《てんきやう》の純友《すみとも》、康和《かうわ》の義親《ぎしん》、平治《へいぢ》の信頼《のぶより》、此等《これら》はおごれる心もたけき事も、皆とりどりにこそありしかども、まぢかくは六波羅《ろくはら》の入道前太政大臣《にふだうさきのだいじやう》平朝臣清盛公《たひらのあつそんきよもりこう》と申しし人の有様《ありさま》、伝へ承るこそ、心も詞《ことば》も及ばれね。

（『日本古典文学全集29　平家物語（一）』小学館、一九七三年）

［現代語訳］祇園精舎の鐘の音は諸行無常と響く。娑羅双樹の花の色は盛者必衰の真理を表現している。わがままに振る舞った人も永くはつづかない、ただ春の夜の夢を思わせるばかり。勢力のあった人もいつかは滅びてしまう、まさに風の前の塵も同然だ。遠く外国の例を調べてみると、秦の趙高、漢の王莽、梁の周伊、唐の禄山、これらの人々はみな旧主・前皇帝の政治にも従わず、遊楽を極め、人の忠告にも耳を貸さず、天下が乱れていることにも気がつかず、民衆の苦しみ嘆きを知らなかったので、程なくして滅び去ったやからである。近くわ

が国を調べてみると、承平の将門、天慶の純友、康和の義親、平治の信頼。これらの人々はわがままな心も勢力もみないろいろであったけれども。もっと最近では、六波羅の入道前太政大臣平朝臣清盛公と申した人のありさまを伝え聞くと、想像することも言葉で表すこともできないほどである。

［語注］◇祇園精舎＝インドのシュラーバスティーにあった大寺院で、祇《ぎ》樹給孤《じゅぎっこ》独園《どくおん》精舎の略称。この精舎で釈尊は多くの説法をおこなった◇鐘の声＝精舎の中にある無常堂の四隅の鐘は、病を得た僧たちが臨終のとき自然と鳴りだし、「諸行無常」以下の四句を説くという。それを聞きながら僧たちは苦悩を忘れて往生する◇諸行無常＝万物は常住不変ではなくて、はかないことをいう◇娑羅双樹＝サラソウジュ。フタバガキ科の常緑高木。インド北部原産。無憂樹および菩提樹とともに仏教の三大聖木とされる。仏教伝説ではインド、クシナガラ城外、娑羅の林の中、釈迦の病床の四方に二本ずつ相対して生えていたという娑羅の木。釈迦が入滅した時、鶴のように白く枯れ変じたという。ここでは無常の象徴◇遠く異朝をとぶらへば＝「とぶらへば」は「尋ねると、さがすと、調べると」。以下挙げられている四人はいずれも君寵につけこんだ悪臣たち◇近く本朝をうかがふに＝「うかがふに」は「調べてみると、尋ねてみると」。以下、平将門、藤原純友、源義親、藤原信頼はいずれも時の権力に反旗を翻して乱を起こした人々◇六波羅＝京都東山区の六波羅蜜寺の近辺。出家した平清盛がこの地に邸宅を構えた◇心も詞も及ばれね＝想像することも言葉で表すこともできない

［解説］『平家物語』は栄耀栄華を極めた平家一門の没落を物語る鎮魂歌である。そこに基調

低音として流れているのは「無常の美学」だ。歴史の無常が硬軟こき混ぜた和漢混淆文の美文で語られている。そのことは文例でも認められる。傍線部（1）（2）のたとえ（直喩）も見事であるが、傍線部（3）（4）の対照法の助けを借りた挙例法もまたすばらしい。

文例がレトリック（文彩）を駆使した美文であることは注目に値する。たとえば比較の意味で『方丈記』（文例96）の冒頭を写すことにしよう。

「ゆく河の流れは絶えずして、しかももとの水にあらず。よどみに浮ぶうたかたは、かつ消え、かつ結びて、久しくとどまりたるためしなし。世の中にある人と栖《すみか》と、またかくのごとし。」

『方丈記』と『平家物語』の冒頭が期せずしてレトリカルな美文であることは看過できない現象だ。無常は本来、厭うべき対象のはずだが、ここでは詠嘆の対象になっている。これはとても異常なことだ。すぐれて日本的な現象だと言わなければならない。唐木順三の言葉を借りていえば、「無常を語る場合、きはだつて雄弁になり、それを書く場合、特に美文調になるといふ傾向がきはめて顕著であるといふことが、日本人のひとつの特色といつてよいだらう。」（『無常』）

無常（滅び）の美学――これはヨーロッパ的な発想からすれば不可解なことだ（その証拠はすぐに挙げる）。腑に落ちないことだ。唐木順三の言葉を重ねて引く。

「その変で奇妙なことが、ふりかへつてみれば、日本ではむしろ当り前のこととなつてゐる。〔中略〕古くから「無常美感」などといはれてゐるやうに、無常をいふとき、日本人の心の琴線は、かなしくあやしき音をたてる。我々のセンチメントは無常において、最もふさはしくみづからの在り所に在るといふ観を呈してゐる。『平家物語』や『方丈記』がいはば国民文学として愛誦される所以も、その祇園精舎の鐘であつたり、かつ消えかつ結ぶ水の泡だつたりする。さういふことは既に常識にさへなつてゐるのだが、これは随分奇妙なことといはねばならぬ。」（同前）

「その変で奇妙なこと」「随分奇妙なこと」の集約的表現が『徒然草』第七段の「世はさだめなきこそいみじけれ」である。

「あだし野の露きゆる時なく、鳥部《とりべ》山《やま》の烟《けぶり》立ちさらでのみ住みはつるならひならば、いかにもののあはれもなからん。世はさだめなきこそいみじけれ。」

ここには悲壮感の表出は見られない。世界はあるがままに受け容れられる。無常だからこそ、この世界は素晴らしいのだ。面白味もあるのだ。世界を恬然《てんぜん》と肯定するしなやかで、したたかな現世主義。この現世主義はこの世界の有限性に甘んじる。キリスト教の「天国」や仏教の「西方浄土」のように「背後世界」（ニーチェ）を定位して、魂の救済、心の平安を獲得しようとはしない。あくまでも「この世」に踏みとどまる。無常の「この世」のなかに進んで美（素晴らしさ・面白さ）を見いだす。ここに示された無常の美学は鎌倉時代の一法師の個人的な感慨ではない。現代の日本人も共有する、すぐれて日本的な美学である。

そのことを如実に示す格好の事例がある。

二〇〇七年ベルギーで『フランダースの犬』を取り上げたドキュメンタリー映画が制作さ

れて、なぜ日本でだけこの作品が人気があるのかを検証した。この映画が日本のメディアで紹介されて、話題になったことがある。

なぜか。

『フランダースの犬』は日本では児童文学の定番だ。とても人気がある。一九七五年にはアニメとして一年にわたって「世界名作劇場」で放映されたくらいだ。ところが、「所変われば品変わる」。その『フランダースの犬』がヨーロッパではまったく人気がない。悲惨な「負け犬の死」の物語なんて真っ平というわけだ。また、アメリカでは物語の最後をハッピー・エンドに改作して読ませているとか。こうした彼我の落差を説明するために、番組制作者は日本人の「滅びの美学」を指摘した。この指摘は正しい。

この事例を見ても分かるように、日本人の美意識は非常に特異なものだ。平家一門の栄枯盛衰を描いた『平家物語』、非業の最期を遂げた源義経や西郷隆盛への共感。いずれも無常（滅び）の美学のなせる業だ。日本人の常識が世界では非常識になる好例である。

❖上田秋成「貧福論」『雨月物語』より 99

◉陸奥《むつ》の国蒲生《がまふ》氏郷《うぢさと》の家に、岡左内といふ武士《もののふ》あり。禄《ろく》おもく、誉《ほまれ》たかく、丈夫《ますらを》の名を関の東に震《ふる》ふ。此の士《し》いと偏固《かたは》なる事あり。富貴をねがふ心常の武扁《ぶへん》にひとしからず。倹約を宗《むね》として家の掟をせしほどに、年を畳《つみ》て富み昌《さか》へけり。かつ軍《いくさ》を調練《たなら》す間《いとま》には、茶味《さみ》翫香《ぐわんかう》を娯《たの》しまず、庁上《ひとま》なる所に許多《あまた》の金《こがね》を布班《しきなら》べて、心を和《なぐ》さむる事、世の人の月花にあそぶに勝《まさ》れり。人みな左内が行跡《ふるまひ》をあやしみて、吝嗇野情《りんしよくやじやう》の人なりとて、爪《つま》はぢきをして悪《にく》みけり。

家に久しき男《をのこ》に黄金《わうごん》一枚かくし持ちたるものあるを聞きつけて、ちかく召《めし》ていふ。「崑山《こんざん》の璧《たま》もみだれたる世には瓦礫《ぐわれき》にひとし。かかる世にうまれて弓矢とらん軀《み》には、棠谿《たうけい》・墨陽《ぼくやう》の剣《つるぎ》、さてはありたきもの財宝《たから》なり。されど良剣《よきつるぎ》なりとて千人の敵《あた》には逆《むか》ふべからず。金の徳は天《あめ》が下の人をも従《したが》へつべし。武士たるもの漫《みだり》にあつかふべからず。かならず貯へ蔵《をさ》むべきなり。儞《なんぢ》賤《いや》しき身の分限《ぶげん》に過ぎたる財《たから》を得たるは嗚呼《をこ》の業《わざ》なり。賞《しやう》なくばあらじ」とて、十両の金を給ひ、刀《かたな》をも赦《ゆる》して召《めし》つかひけり。人これを伝へ聞きて、「左内が金をあつむるは長啄《ちやうたく》にして飽《あか》ざる類《たぐひ》にはあらず。只《ただ》当世の一奇士なり」とぞいひはやしける。

（『日本古典文学全集48　英草紙　西山物語　雨月物語　春雨物語』小学館、一九七三年）

［現代語訳］陸奥《むつ》の国、蒲生氏郷の家中に岡左内という武士がいた。禄もおもく、誉れもたかく、立派な武士の名を東国にひびかせた。この人物にはひどく片寄ったところがあった。富をもとめるこころ根が通常の武士と違っている。倹約を第一として家を取り締まったので、年を重ねるにつれ富みさかえるようになった。また兵法鍛練につとめるひまには、茶をたて香をきくなどというたのしみもしないで、一室にたくさんの金貨を敷き並べて、心をなぐめること、世間の人が月をめで花にあそぶ以上であった。人はみな左内のふるまいを不思議に思い、けちで卑しい根性の人と、爪《つま》はじきして憎んだ。

あるとき左内は、家に長年つかえる男のなかに、小判一枚を隠し持っている者がいることを小耳にはさんで、その男をちかくに呼びよせて言った。「あの崑山《こんざん》の名玉といえども、乱世にあっては瓦礫にひとしい。このような世に生まれて弓矢をとろうほどの身には、望ましいものは棠谿《とうけい》・墨陽《ぼくよう》の名刀であり、それ以上に欲しいのは財宝だ。しかし、どんなによい剣でも、千人の敵を相手にすることはできない。お金の徳は天下の人をも従わしめようぞ。武士たるものは、これをあだやおろそかに扱ってはならない。かならず貯え置くべきだ。なんじ、賤しい身分には過ぎた宝をもっているのは、愚か千万、褒美をとらせないわけにはいくまい」と、十両の小判を与えて、帯刀をも許して召しつかった。人々はこれを伝え聞いて、「左内が金《かね》を集めるのは、欲深で飽くことを知らぬからではなかった。まことに当世の一奇人であることよ」とほめそやした。

［語注］◇丈夫＝立派な武士◇関の東＝関東地方以北◇偏固なる＝片寄った◇武扁＝武家、武士◇宗として＝第一として◇家の掟をせし＝家を取り締まった◇調練す＝「手馴らす」に同じ。思い通りに動かす。訓練する◇茶味翫香＝茶道と香道◇庁上＝一室◇和さむる＝「慰める」に同じ◇月花にあそぶ＝月を見、花を愛で楽しむ◇吝嗇野情＝けちで賤しい根性。武士階級では清貧を尚び、金銭を卑しんだ◇崑山＝中国の伝説に出てくる名山で、名玉を産する◇瓦礫＝かわらと小石で、価値のないもの◇棠谿・墨陽＝ともに中国の地名で、名剣を産した◇さては＝それ以上に◇逆ふ＝対抗する、戦う◇分限＝分際、ほど◇嗚呼の業＝愚かしい所業、ばかげた振舞◇刀をも赦して＝帯刀を許して、つまり士分に取り立てて◇長啄＝「長

頸長喙〔啄〕」の略。首が長く口が尖っていること、貪欲なこと◇奇士＝奇人

【作者プロフィール】 上田秋成（一七三四―一八〇九）。江戸時代後期に活躍した国学者、歌人。また、浮世草子、読本の作者でもある。学者として本居宣長とたびたび論争した。著作に、読本『雨月物語』『春雨物語』、随筆『胆大小心録』、歌文集『藤簍冊子《つづらぶみ》』などがある。

【解説】 文例に語られたエピソードはいわばマクラのようなもので、物語はその夜の出来事を語りだす。黄金《かね》の価値を正しく理解している左内の振舞いに感心して枕もとに「黄金の精霊」である老翁が現れて、左内と金銭論をたたかわせる。品性賤しい富者の存在に疑念を呈する左内に精霊は、黄金の集散をつかさどる原理は神仏の教えとも善悪とも関係なく、勤勉な人の味方であると、ことを分けて諄々と説く。ここに見られるのは、金銭に対する徹底した合理主義だ。最後に話題は飛んで戦国武将比較論に及ぶが、勤勉な家康が天下を取ることがほのめかされる。「貧福論」は『雨月物語』の中では毛色の変わった短篇だが、現代にも通じる、なかなか興味津々の考え方が披瀝されている。ぜひ全篇を読まれることをお薦めする。

　問題は左内の「儞賤しき身の分限に過ぎたる財を得たるは鳴呼の業なり。賞なくばあらじ」という言葉である。文字どおりに取れば「なんじ、下賤の身分をもわきまえず過分の財貨を持っているとは愚かしいふるまいだ。褒美をとらせないわけにはいくまいぞ」となるはずだが、ちょっと、いや、すごく引っかかる。発話環境（コンテクスト）との齟齬は皮肉法のサインである。「鳴呼の業」は反対の意味、「天晴れなふるまい」とか「立派な心がけ」を

含意しているのだ。ストレートに言わないところに、左内という人物の偏屈ぶりがよく表現されているだろう。

❖曲亭馬琴『南総里見八犬伝』より　100

◉さる程に、犬塚信乃は、侮《あなどり》かたき見八が、武藝《ぶげい》に敵を得たりけり、と思へば勇気弥倍《いやまし》て、刀《きつ》尖《さき》より火出《いづ》るまで、寄《よせ》ては返す、大刀《たち》音被声《おとかけこゑ》、両虎深山《りやうこしんざん》に挑《いど》むとき、錚然《しやうぜん》とし風発《おこ》り、二龍青《じりやうせい》潭《たん》に戦ふ時、沛然《はいぜん》として雲起《おこ》るも、かくぞあるべき。春ならば、峯《みね》の霞歘《かすみか》、夏なれば、夕《ゆふべ》の虹《にじ》歘《か》、と見る可《ばかり》なる、いと高閣《たかきや》の棟《むね》にして、死を争ひし為体《ていたらく》、よに未曾有《みぞうう》の晴業《はれわざ》なれば、見八は被籠《きこみ》の鏁《くさり》、肱当《こて》の端《はづれ》を裏欠《うらかく》までに、切裂《きりさか》れしかど、大刀《たち》を抜かず、信乃は刀の刃も続かで、初に浅痍《あさて》を負ひしより、漸々《しだい》に疼《いたみ》を覚《おぼゆ》れども、足場を揣《はかり》て、撓《たゆ》まず去らず、畳かけて撃《うつ》大刀を、見八右手《めて》に受《うけ》ながして、かへす拳につけ入りつつ、「ヤッ」、と被《かけ》たる声と共に、眉間《みけん》を望《のぞみ》て礑《はた》と打《うつ》、十手《じつて》を丁《ちやう》と受留《うけとむ》る、信乃が刃《やいば》は鍔除《つばきは》より、折れて遥《はるか》に飛失《とびう》せつ。見八「得たり」、と無《む》手《づ》と組むを、そが随左手《ままゆんで》に引著《ひきつけ》て、迭《かたみ》に利腕《ききうで》楚《しか》と拿《と》り、捩倒《ねぢたふ》さん、と曳声《ゑいこゑ》合《あは》して、揉《もみ》つ揉《もま》るるちから足、此彼斉《これかれひとしく》一踏辷《ふみすべら》して、河辺のかたへ滾滾《ころころ》と、身を輾《まろば》せし覆車《ふくしや》の米苞《たわら》、坂より落すに異ならず、高低《かうべり》険しき桟閣《がけつくり》に、削成《けづりなし》たる甍《いらか》の勢ひ、止《とどま》るべくもあらざめれど、迭《かたみ》に拿《とつ》たる拳を緩めず、幾十《と》尋《ひろ》なる屋《や》の上より、末遥《すゑはるか》なる河水《かはみづ》の底には入《い》らで、程《ほど》もよし、水際《みきは》に繋《つなげ》る小舟《こふね》の中《うち》へ、うち累《かさな》りつつ撞《だう》と落《おつ》れば、傾《かたふ》く舷《へり》と、立浪《たつなみ》に、氼《ざんぶ》と音す水烔《みづけふり》、纜《ともつな》丁《ちやう》と張断《はりきり》て、射る矢の如き早河《はやかは》の、真中《ただなか》へ吐出《はきいだ》されつ、尒《しか》も追風《おひて》と虚潮《ひくしほ》に、誘ふ水なる洄舟《くだりふね》、往方《ゆくへ》もしらずなりにけり。

（『新潮日本古典集成別巻　南総里見八犬伝（二）』二〇〇三年）

［現代語訳］　そうしている間にも、犬塚信乃は、侮りがたい見八の武芸に好敵手を得たと思えば、勇気はますます増して、切っ先より火が出るほど、寄せては返す大刀の音と掛け声、「両虎が深山で対するとき、錚然《そうぜん》とし風が起こり、二龍が青い淵で戦うとき、沛然として雲が起こる」とはこのことを言うか。春ならば峯の霞か、夏ならば夕べの虹か、と思われるほどの、いと高い楼閣の棟の上で、死を争うありさまはまことに未曾有の大立ち回り、見八は被籠《きこみ》の鎖、肱当《こて》の端の裏を欠くまでに、切り裂かれたけれども、大刀を抜かず、信乃は信乃で刀の刃も続かず、初めに浅傷《あさで》を負ってから、しだいに痛みを覚えたけれども、足場を見計らって、ぐっと踏みとどまり、畳みかけて打ちおろす大刀、それを見八は右手に受け流して、相手の引く拳《こぶし》につけこんで、ヤッとの掛け声とともに、眉間を狙ってハタと打つ十手、それをハッシとばかり受けとめた信乃の刃は鍔ぎわより、ポキリと折れてはるか遠くに飛び失せた。見八は得たりやおうとむんずと組むのを、そのまま左手に引きつけて、お互いに利腕《ききうで》をしっかりと取ってねじ倒そうとエイ、ヤーと揉みつ揉まれつ踏む力足、両者ともに踏み滑らして、河辺のほうへころころと、まるでひっくりかえった車から飛び出た米俵が坂を転げ落ちるよう。高低の急な崖造りに加えて、えぐりとったような甍《いらか》の傾斜、踏みとどまれるはずもないけれど、互いに取った拳を緩めず、幾十《いくと》尋《ひろ》の屋根の上より、あわや、はるか遠くの河

水の底にと思われたが、折しも水際に繋いであった小舟の中へ、うち重なってどうと落ちれば、傾く舷《へり》と、立つ浪に、ざんぶと音を上げる水煙。舟は、纜《ともづな》がぷつりと切れて、矢のように早く流れる河の、その真ん中へ吐き出されて、折からの追風と引き潮に誘われて流れを下り、その往方《ゆくえ》もわからなくなってしまった。

[語注] ◇錚然＝正しくは「そうぜん」か。金玉の音、すんだ音◇青潭＝青い淵◇沛然として＝激しくふき出たり、広がったり、降ったり、流れたりするさま◇迭に＝お互いに◇覆車＝車が転覆すること、またその車◇桟閣＝懸造り、崖造りに同じ。水面や傾斜地の上に張り出して作った建物◇尋＝一尋はおよそ一・五メートルほど

[作者プロフィール] 曲亭馬琴（一七六七―一八四八）。江戸時代後期の戯作者。武家の生まれであるが、若くして戯作を志し、山東京伝の門をたたく。師の庇護を受けながら作家修業に専心し、当時起こりつつあった読本に活路を見いだし、新機軸をひらいた。和漢の博覧強記、因果応報と勧善懲悪の世界観、伝奇幻想趣味をこき混ぜた、おどろおどろしい波乱重畳の物語世界を繰り広げ、多くの読者の心を捕らえた。代表作は『椿説弓張月』『近世説美少年録』『南総里見八犬伝』。原稿料のみで生計をまかなった本邦初の物書きである。

[解説] 『南総里見八犬伝』は二十八年の歳月をかけて書かれた馬琴畢生の、波瀾万丈の大伝奇小説。物語は室町時代、安房の小領主となった里見家の家臣、八犬士の運命を中心に進展する。妖犬の気を受けて生まれ落ちた八犬士はそれぞれ仁・義・礼・智・忠・信・孝・悌の徳目を体現している。八犬士は艱難辛苦をものともせずに互いに求め合い、引かれあい、不

思議な縁《えにし》の糸で結ばれて、里見家再興のために一致協力して活躍する。

　八犬士は最初は相手が同志であると知らずに戦うのを常とする。そしてお互いの力量（真価）を認め合って義兄弟の契りを結んでいくのだが、文例の場面もその一つである。いや、全篇中でも最高の見せ場と言って差しつかえない。

　犬塚信乃は、家を再興した古河城主足利成氏に、旧臣である亡父の遺言を守り、宝剣・村雨丸を献じに出かけたところ（その途次に悪者に偽物とすり替えられたことを知らなかった）、偽物と判明し、逆に間諜と間違えられ、追われて高楼に逃げる。いっぽう、犬飼見八は死んだ養父の忌があけるとその職をついだが、間もなく獄舎長に任ぜられた。見八は悪政の犠牲となって罪なくして獄につながれる人を見るに忍びず、敢えて役を辞したが、それがお上の逆鱗に触れて禁獄の憂き目に遭う。しかしその武勇を買われて信乃捕縛の命を仰せつかる。「舞台」は高楼の屋上、「観客」は並み居る主従の面々、背景は波荒い大利根河。対峙するは二人の勇者。十手を振りかざして下から迫ってくる見八、上で迎え撃つ信乃。信乃がえたりと切り込めば、それを見八がはっしと十手の秘術で受けとめる。相譲らぬ竜虎の対決を叙する馬琴の筆は雄渾華麗にして流麗な和漢混交文。これは音読してよさが分かるタイプの文章である。

　細かい字義の詮索は抜きにしてとにかく声に出して読んでみよう。独特のリズムが感じられるはずだ。そのリズムは基本的には五音と七音の繰り返しからもたらされるものだ。リズム（律動）とは音のパターン（リズム単位）が繰り返されることである（律動とは律せられた、つまり規律ある動きという意味）。日本語の定型詩では七五だとか五七だとかいうが、文字数ばかりを数えてみてもことの真相には迫れない。むしろリズム（拍）を問題にしなければならない。

日本語のリズムについては諸説あるが、基本的には四拍子と考えて大過ない。文字二字で一拍である。言い換えれば仮名一文字は八分音符に相当する（ちなみに「ぎゃ」とか「しゅ」も一文字とみる）。しかしこのことを余り厳密にとる必要はない。かなりルーズで構わない。定型詩だったら要するに全体で八分音符八つ（四拍子）に収まればいいのだ。たとえば芭蕉の「古池や蛙《かわず》飛びこむ水のおと」は次のようなリズムに分析できるだろう。

ふるいけや×××
かわづ×とびこむ（かわづとびこむ×）
みずの×おと××（みずのおと×××）

ご覧のとおり、日本語の音節（リズム単位）は五音節でも七音節でもほぼ同じ時間で発音されること（等時性）に注意しよう。特に詩の場合は。散文の場合でも可能ならなるべくこの二つのリズム単位におさめようとする傾向が見られる。

音節の数え方について念のため次のことを付言しておく。撥音（はねる音＝ン）、促音（つめる音＝ッ）、長音（引く音＝ー）はみな一音節として数える。たとえば「投手」を意味する「ピッチャー」は「ピ・ッ・チャ・ー」で四音節だが、それに相当する英語のpitcherはpitch・erで二音節である。

ところで、あまり注意されないが、リズムのある文章を読むときは、あるいは文章をリズムをつけて読む時は、日本人は字余りは適当に長音、ないしは休音（休符）で処理している（例外扱いされているだけで、定型詩も基本的には同じ対応をしている）。音節組織が単純な日本語ではリズムをもたらす手段は五音と七音の音パターンに頼るしかない（アクセントも韻もほとんど詩的機能を果たさない）。

リズムに関連して少し注意を喚起しておきたいことがある。それは、場合によっては文章にリズムを調えるために一見むだと思える語句——程度を表す副詞だとかオノマトペが多い——嵌め込むことがあるということだ。むろん強意をこめてという意識が働いていることもあるだろうが、それ以上に音調のためという場合が多いようだ。文章は意味だけではなく音も大切である。

リズムに注意しながら、文例をもう一度ゆっくり読み直してみよう。

レトリック小辞典

❖暗示的看過法――こんなこと言いたくないけど

暗示的看過法は言わない、あるいは言えないと主張しておきながらその実しっかりと言うことである。ちょっとだけ見せて残余のすごさは受け手の想像に丸投げする。黙説法よりもずっと屈折した、一癖も二癖もある表現法で、ねらっている効果はヌードのチラリズム、その心は「胸に一物」である。

❖隠喩――人生はドラマである

隠喩とは類似性に基づく「見立て」である。言い換えれば「XをYとして見る」こと。XとYは普通は結びつかない異質なもの同士である。この点で直喩と似ているが、直喩とは異なり喩えを指示する指標（「のよう」）がない。隠喩とは「喩えが見えない、隠されている」という意を含んでいる。比喩があることを言わない。たとえば「人生はドラマのように波瀾万丈である」（直喩）と言わずに「人生はドラマである」という凝縮した表現法をとる。喩えの存在を見分けるのは聞き手（読者）の役目となる。暗示とか含意が働くぶん、直喩より隠喩のほうがインパクトが強い。

❖引喩――今太閤

引喩は引用の特殊なケースである。「よく知られている対象」（旧情報）を暗に踏まえながら表現する言葉の工夫だ。引喩というよりは「暗示的引用」（ほのめかし）と呼んだほうが実態に則するかもしれない。この文彩は読者の知識（教養）を前提（当て）にしている。「よく知られた対象」にはさまざまなものが考えられる。成句、名句、格言、諺、詩歌、神話、物語、小説などの言語作品ばかりでなく、時事、社会、歴史などの人事・文化の百般に及ぶ。予備知識が求められるぶん、知的な文彩である。地口やパロディーも引喩の一種である。

❖迂言法――美の助言者（＝鏡）

迂言法は簡潔な固有の言い方があるのにわざわざ回りくどい言い方をすること。遠回しな表現ということで確かに婉曲法と重なる点があるけれども、異なる点は表現対象がそれほど忌避すべきでない場合でも使われるということだ。礼節さとか上品さとかとはまったく関係なく、諷刺や皮肉をこめて使われることがある。たとえば某大学のことを「高級官僚養成機関」と表現する場合。

❖**詠嘆法**——ああ無情

詠嘆法は心の内なる感動を伝えて聞き手（読み手）の共感を取りつける文彩である。他者への思惑が意識されているので、単なる自己陶酔とは異なる。いわば大向こうを狙った自己演技だ。問題の感動は喜び、悲しみ、恐怖、憎悪、賞賛、願望、呪詛、祈り、憐憫、苦悩、絶望などさまざま。一応の目安は感動詞（「ああ」「おお」「かなし」など）や終助詞（「かな」「や」「よ」「な」など）、抑揚・強勢（呪われた人生！）などの使用である。

❖**婉曲法**——無言の帰宅

婉曲法は差しさわりのある、露骨な表現をあたりさわりのない穏やかな表現に代えること。そのための手立ては、問題の表現を「ぼかす」か、別のカテゴリーに「移す」か、関連するものに「ずらす」か、だ。

この文彩は糞尿性、セックス、死の三大タブーと切っても切れない関係にあるが、それ以外でも伝達内容が不快だったり、不吉だったり、下品だったり、要するに言葉にするのが憚られる時に使用される。

❖**オノマトペ**…声喩

❖**活写法**——三年前、あの女に再会する。ぎょっとする。

る文彩。

活写法は過去あるいは未来の出来事をあたかも眼の前でおこっているかのように生き生きと描写する文彩。

活写法は主に次の三つの方法がある。

（1）人物・状況の絵画的描写

（2）会話形式の採用

（3）現在形の使用（いわゆる「歴史的現在」「物語の現在」）

活写法は小説や物語だけでなく、エッセーや手紙などにも出て来る。出来事をわかりやすく具体的に説明しようとする場合、この文彩をうまく使うとまさしく話が「生きる」。

❖含意法…転喩

❖換語法——あの男は人間ではない、悪魔だ

対照法のバリエーションに換語法がある。

換語法は「Aではなくて、Bである」というふうに否定表現を介して対象の本質に迫る文彩である。この文彩は「Bである」といえばすむのにわざわざ「Aでない」と付言する。結果として「AとB」を対照して強調することになる。

❖緩叙法——ちょっと話がある

緩叙法は表現の上ではぐっと押さえて（より少なく言って）その実、しっかりと強調する（より多く言う）。「より少なく言う」ために三つの方法がある。

（1）弱く言って強める（誇張的）——「ちょっと話がある」（＝折り入って相談がある）

（2）否定して反対を肯定する（反語的）——「それはつまらない仕事ではない」（＝それは重要な

仕事である）

（3）漠然と言って特定する（婉曲的）――「あの二人は関係がある」（＝あの二人は性的関係がある）

要するに「見せかけだけの弱め」で、本音は強意である。

❖換喩――ペンは剣よりも強し

換喩は二つの事物のあいだにみられる隣接性（有縁性）に基づく文彩で、一方で他方を指示（暗示）する。隣接性は空間的なものに限らず、時間的なもの（継起性・共存性）も、観念的なもの（百科辞典的知識）も含む。隣接性は主に次の六つのケースにまとめられる。

（1）全体―部分（大陸→中国）

（2）容器―中味（お銚子→酒）

（3）産地―産物（九谷→九谷産焼き物）

（4）原因―結果（冷汗が出る→恥ずかしい）

（5）主体―属性（赤ずきんちゃん→赤ずきんをかぶった少女）

（6）人―物（漱石を読んだ）

ここでいう人は「作者」「所有者」「使用者」「制作者＝製作会社」などさまざまなケースを表す。

❖擬人法――災害は忘れた頃にやってくる

擬人法は抽象物、無生物、動植物、つまり人間でないものを人間に見立てる文彩で、人間ではない事物に人間的感情を投影する。この文彩は隠喩を基礎にしている。抽象物や動植物が人間的事象に置き換えられるので、親近感が増す。

❖奇先法――強烈な先制パンチ

奇先法はまず結論を突きつけて人を驚かせ、その後でおもむろに理由（根拠）を示す文彩。「機先を制する」からの命名。解説つきの警句。奇先法は強烈な先制パンチの効果がある。

❖逆説法――損して得取れ

逆説法は人の意表を突く見解を主張すること。世の通念に反するように一見思われるけれども、指摘されてみると、なるほどと納得できるような真実だ。ただし、逆説法は発想だけではなくて表現の上でも刺激的であること、つまり思考の上でも表現の上でも奇抜であることが求められる。

❖挙例法――論より実例

挙例法は一般的＝抽象的な話題（主張）を説明するために分かりやすい例を挙げること。「似ている」例を引合いに出すのだ。微妙なもの、複雑なもの、抽象的なものはなかなか相手に納得してもらうのが難しい。そんなとき身近なものから具体例を挙げて説明すると理解度がぐんと増す。具体例は主張を補強し、話を生き生きとさせる。ただし、挙例法はいいことずくめではない。留意すべきは、例として挙げられたものが本当に「似たもの」であるか、また、もし「似たもの」であったとしても本当に「ふさわしい」かどうかを慎重に吟味する必要がある。

❖形容語名詞化法

形容語名詞化法は形容語を名詞化して強調する文彩。これは欧米語の影響を受けた文彩で、翻訳調文体から生まれたものである。直訳と「こなれた」訳を併記する。その違いを確かめてほしい。

（1）彼女の眼の清澄さ

（1*）清澄な彼女の眼

（2）乳房の温かい裸がはだけたシャツの白さのあいだから見える

（2*）なにも着けていない温かい乳房が、はだけた白いシャツのあいだから見える

❖懸延法——じらして、つかむ

懸延法は結論（結末）を先送りにして読み手（聞き手）を宙づり状態にして期待感を高める文彩。文単位の短いものから一篇の作品までその規模はさまざまだ。この文彩の効果は小出しにされる情報（ヒント）と答え（謎）のあいだの落差にかかっている。情報を与えすぎても、答えが平凡すぎても懸延法は不発に終わる。懸延法の逆が奇先法である。

❖誇張法——雲突くような大男

誇張法は表現対象を極端に大きく表現する（雷のような声）か、極端に小さく表現する（ノミのような心臓）かのどちらかだ。多くは前者のケースが多い。人は自分の思っていることをしっかりと伝えようとして敢えて極端に走ることがある。表現の真実を求めるあまりの嘘（極端化）である。「意あまって言たらず」である。いずれにしても「極端に」ということが肝腎で、誇張法は「嘘っぽく」なければならない。この点で最初から相手をだますつもりの「嘘」とは似て非なるものだ。誇張法は場合によってはユーモアや皮肉に通う。

❖言葉遊び——疲労宴（→披露宴）

言葉遊びは語音の連想によってほかの語（表現）をたぐり寄せる文彩。つまり一つの語（表現）に複数の意味を担わせる技法で、主なものに次の三つがある。

（1）駄洒落——その手はくはな〔→桑名〕の焼き蛤

（2）掛詞——み吉野は山も霞みて白雪のふり〔降り／旧り〕にし里に春は来にけり〔吉野は山も

かすんで、白雪の降っていたこの古い里（古都）にもやっと春が訪れてきたことだ」

（3）地口――恩を肌で返す〔↓恩を仇で返す〕

要するに、駄洒落、掛詞、地口は関係のない語を音だけの同一性（類似性）によって力ずくで「出会わせる」。いってみれば「言葉のいたずら」。ステレオタイプ化した日常的言語表現（惰性）の攪乱であり、その規則性からの逸脱である。

❖冗語法――知らぬ存ぜぬ

冗語法は同一の語句、節、文のなかにすでに表現されている観念、つまり文法的＝意味的には必要とされない表現をあえて付加することである。この文彩は確信犯的ミス、無駄を承知の上での繰り返し。

誤用すれすれの表現である冗語法にあえて訴えるのは次の二つの狙いがあるからだ。

（1）繰り返して強調する（信じて疑わぬ）

（2）意味をより明快にする（真っ赤な鮮血）

❖省略法――春はあけぼの

省略法は文章を引き締めて、余情・余韻をねらう文彩。しかし省略法が対象とするのは語句であることに注意しよう。つまり構文的＝文法的省略が問題になるということだ。したがって省略された語句は容易に復元可能である（文を越えた省略や、もっと手の込んだ省略はほかの文彩、黙説法、暗示的看過法などが受け持つ）。体言止めは代表的な例。この文彩はヨーロッパ語に比べて余情・余韻を尊ぶ日本語が得意とするものかもしれない。

❖声喩――ささの葉さらさら

声喩はオノマトペを効果的に利用する文彩である。オノマトペには擬音語と擬態語の二種類がある。擬音語とは外界の音を写す。たとえば「わんわん」とか「ごろごろ」とか。擬態語とは生物・無生物の動き・状態を表すばかりでなく人間の心の状態を音的に翻訳する言葉である。たとえば「ひらひら」「ぱたぱた」「うじうじ」（「うじうじ」のように心の状態を表すものを特に「擬情語」と区別する場合もある）。日本語は動詞の表す意味が漠然としていることが多いので、声喩は有効である。

❖**設疑法**——日本はこのままでいいのだろうか

設疑法は言い切らずにあえて聞き手＝読み手（まれには自分）に疑問を投げかけて、最終的な判断をゆだねる文彩。通常の疑問とは異なり、答えはあらかじめ用意されていて、その答えに聞き手＝読み手を誘導する。設疑法は「装われた」疑問である。修辞疑問は定型化した設疑法である。その狙いは、断定的に述べるよりも、聞き手＝読み手にイニシアチブを預けることによって、こちらの主張をよりすんなりと受け容れ（同意）させることだ。設疑法は強制的指示よりは自主的判断をよしとする人間の心理にあざとく訴える。呼びかけ法と併用されることが多い。

❖**接続語多用法**——人々はあるいは手を打ち、あるいは足を鳴らす

接続語多用法は必要以上に接続語を使用すること。語の次元ではおのおのの要素を強調するためであるが、文の次元では論理関係を明示するためである（しかし／その一方で）。

❖**漸層法**——あいつは意志が弱い、欲が深い、金の亡者だ、友を売り、国を売る人非人だ

漸層法は語や観念を段階的に強めたり、あるいは逆に段階的に弱めたりする文彩である。前者は「上昇的」漸層法、後者は「下降的」漸層法だ（当然ながら前者のタイプが多い）。漸層法は心理的「誘導」にほかならない。

❖挿入法――例の女優が、いつも人騒がせな女だが、またまた浮気騒動を引き起こしたとか

挿入法は、文の流れをいったん中断して暫定的に介入すること（余談、コメント、注釈などいろいろな役割を果たす）。問題の介入は統語論的に独立し、意味論的に完結しているので、挿入部分は削除しても基幹文の流れを乱すことはない。挿入法は別の視点を導入し、文章に変化と奥ゆきを与える。また場合によっては劇における傍白のような役割を果たし、読み手への語りかけになる。

❖対照法――聞いて極楽見て地獄

対照法は二つのものを対比関係において両項の特徴や性質を引き立たせる文彩。「対照」（対比）は視点の取り方が鍵である。視点をうまくとると、突き合わされた二つの事物がお互いに引き立つ。

「国破れて山河あり」

対照法は印象的で、説得力に富む。諺や格言、警句、名言にその例が多い。「芸術は長く、人生は短い」「古きを温めて新しきを知る」対照法は表現の対比にとどまらず、巨視的に対比的な物の捉え方に及ぶ。「発想の対照法」である。

❖中断法…→黙説法

❖直喩――光陰矢の如し

直喩は「類似性」を基にして、あるものを別のあるものになぞらえる文彩。隠喩とは異なり、直喩は「のよう」という指標を伴う「ストレートな」比喩表現である。「光陰は矢のごとく（早い）」。比喩指標は「のよう」のほかに「のごとし」「に似ている」「を思わせる」「さながら」「あたかも」など色々なバリエーションがある。

❖追加法…→転置法

❖訂正法——果報は寝て、いや飲んで待て

訂正法はすでに述べたことについて、その表現を和らげたり、強めたり、あるいは修正したり、あるいは取り下げたりする文彩。表現の次元にとどまる場合（字句の訂正）と見解・スタンスの変更にまで及ぶ場合（思考の訂正）がある。訂正法は対照法のバリエーションと見なしうる。訂正したバージョン（正解）だけを示せばいいのにわざわざ間違いを披露して「対照」しているのだから。この効果は、古文書や写本で使われる、誤字・誤記を棒線などを引いて消さないで訂正する「見《み》せ消《け》ち」の工夫を思わせる。

❖提喩——人はパンのみにて生きるにはあらず

提喩は類（グループ）と種（メンバー）の関係（包摂関係）に基づく文彩で、類でもって種を、あるいは逆に種でもって類を表す。前者はゆるく括る用法（ぼかし）であり、後者はきっちり括る用法（挙例）である。「ぼかし」はたとえば「花」で「桜」、「酒」が「日本酒」を意味する場合。「挙例」は「人はパンのみにて生きるにはあらず」の場合で、「パン」は一番ふさわしい例として「食べ物」を代表している。ラーメンを食べても「ご飯」を食べたというのも同じ発想である。

この二つの用法は一見したところ矛盾するように見えるかもしれないが、同一の原理が働いている。それはプロトタイプ（代表例＝桜・日本酒・米・パン）への注目だ。問題のプロトタイプに対してズームインするかズームアウトするかの違いである。提喩表現の「ぼかし」は婉曲表現に通じる。

❖転位修飾法

転位修飾法は、修飾語を本来かかるべき語とは別の語に割り振る文彩。語学のほうでは「転位形容詞」と呼んでいるが、形容詞に限らないので「転位修飾法」という呼称を採用する。場合によっては

誤用の判定を受けたり、奇異な印象を与えることがある。転位修飾法はその多くが人間の身体表現にからんでいる。

（1）女は恋するまなざしでじっと男を見つめる。

これは普通の表現では次のようになるだろう。

（2）恋する女はじっと男を見つめる。

（1）と（2）の違いはなにか。フォーカスの違いである。（1）は「目」（見ること）に焦点を絞っている。

この文彩は日本語の次のような独特な慣用句を説明する。

（3）小耳にはさむ

（4）耳にちょっとはさむ

（5）小首をかしげる

（6）首をちょっとかしげる

この「ちょっと」は緩叙法で「ちょっとでない」含意がこめられている。議論の多い「小股の切れ上がった（女）」という慣用句は転位修飾法と解すれば「股がちょっと切れ上がった（女）」、つまり「足のすらりと長い女」ということになるだろう。

❖転置法——語順をいじる

転置法は、文の構成要素を一般的＝慣用的な語順に逆らって「普通でない」位置に配する文彩で、倒置法（たとえば主語と動詞を逆にする）と追加法（句点のあとに追加する）をカバーする。前者は一文のなかでの転置。たとえば「やってきた、その日が」。後者は二文にまたがる転置。たとえば

「その日がやってきた。私の人生を変えることになったのだが／私の人生を変えることになったその日が」。文末が単調になりがちな日本語では、転置法をうまく使うと、文末の単調さを避けることができる。

❖転喩――夜明けのコーヒーを一緒に飲もう

転喩は換喩の拡大バージョンである。

転喩（含意法）は、或るものに先行したり、後続したり、随伴したりするもの、あるいは付加的、状況的なもの（付帯的なもの）でその或るもの（本体）を指示する文彩。換喩が語と語の小さい単位を問題とするのに対して転喩はもっと大きな単位（出来事や行動）を問題にする。転喩は「ずらした」表現であるから、遠回しな表現になる。男性が女性に「夜明けのコーヒーを一緒に飲もう」と誘えばベッドインを求めている。

❖同格法――百獣の王、ライオン

同格法は名詞あるいは代名詞に補足的＝説明的名詞を連結語なしに追加すること。同格語が名詞の前に来るか、後に来るかはケースバイケース（たいていは前に来る）。「桜と紅葉の名所、吉野は／吉野、桜と紅葉の名所は」。名詞と同格名詞の境界は文章では主に読点で示される。同格法はうまく使うと文章を引き締める。

❖倒装法

倒装法は修飾関係を逆転させる文彩である。転位修飾法を極端に押し進めた文彩といえる。

漢詩からこの手法を学んだ芭蕉の例をあげる。

髭風を吹いて暮秋嘆ずるは誰が子ぞ（正しくは「風髭を吹いて」とすべきだ）

鐘消えて花の香は撞《つ》く夕《ゆふべ》かな（正しくは「鐘撞《つ》いて花の香消ゆる夕かな」）

倒装法は常識を打ち破る、意表に出る文彩である。

❖倒置法…転置法

❖撞着語法――有難迷惑

撞着語法は常識的には結合不可能と見なされている語と語をあえて結びつけること。矛盾関係あるいは反対関係にある語を結びつけることが多い。対照法の極端な事例と見なすことができる。たとえば「冷たい情熱」「沈黙が語る」など。撞着語法はいわば「誤用」を逆手にとった文彩である。

❖トートロジー――いいものはいい

「AはA」のように主語と述語に同じ言葉を繰り返す文彩。主語のもつ特性の一つにスポットライトを当て、念を押して相手の注意をうながす。「仕事は仕事」「（鯛は）腐っても鯛」。

❖パロディー――かれ井戸へ飛《とび》そこなひし蛙かな（鬼貫）

パロディーは引喩の一種で、よく知られた作品や詩文の文体・表現（語句・韻律など）を巧みに改竄して模倣的作品を作ることである。戯文、もじり詩、狂歌、ざれ句などがある。多くは滑稽や諷刺をねらう。

❖反語法…皮肉法

❖反復法――松島や　ああ松島や　松島や

反復法は同じ（ような）音、あるいは同じ（ような）語句を繰り返すこと。反復法は何が繰り返されるのか（音か、語句か）、どのような形で繰り返されるのか（単純か、複雑か）などによって色々なパターンに分かれる。

「音の反復」は主に次の三つがある。

（1）同母音反復——「なんである、アイデアル」（一九六三年にはやったテレビCM。「アイデアル」は折り畳み傘の商品名。「アイデア」「愛である」も含意）

（2）同子音反復——「なくてななくせ（七癖）」

（3）類音語反復——「惚れた腫れた」「短気は損気」

「語句の反復」は主に五つがある。

（1）畳語法（同じ語句を単純に繰り返す、一番基本的な反復法）——「雨はふるふる城ヶ島の磯に利休鼠の雨がふる」

（2）首句反復（文頭の語句を、次の文の文頭でも繰り返す）——「恋ゆえに喜び、恋ゆえに悲しむ」

（3）結句反復（文末の語句を次の文の文末でも繰り返す）——「空には雲が流れる。心には涙が流れる」

（4）前辞反復（いわゆる尻取り文。前文の最後の語句を次の文の頭で繰り返す）——「独立の気力なき者は必ず人に依頼す、人に依頼する者は必ず人を恐る、人を恐るる者は必ず人に諂うものなり」（福沢諭吉）

（5）交差反復法（同じ語句〈文〉を、逆の語順で反復すること〈AB—BA〉）——「さらば故郷《ふるさと》故郷さらば」（唱歌）

❖皮肉法——すごく個性的なお仕事ですね

皮肉法は「XはYである」と言いながら「Xは反Yである」と暗示すること（反語法はあくまでも

語の次元、語の「意味の反転」と考えて別の文彩とする立場もある）。皮肉法のサインは文の表面的な意味と発話状況のずれである。聞き手（読み手）は発言の裏を「推理」しなければならない。
皮肉法には話し手＝書き手の強い感情（毀誉褒貶・好悪）が込められる。皮肉法の射程は広く、ユーモアや諷刺にも通じる。

❖**諷喩**――実るほど頭《あたま》の下がる稲穂《いなほ》かな

諷喩は抽象的な主題をより具体的で卑近な話題（自然や動物、人間など）に仮託して展開する文彩。たとえ話である。あることを話題にしながら、実は別のあることをそれとなく諷している。諷されていることが真意である。したがって諷喩は二つの意味、文字通りの意味と比喩的な意味をもつことになる。諷喩があることに気づかなければごく普通の意味で解されて、平凡な内容になる。たとえば「実るほど頭《あたま》の下がる稲穂《いなほ》かな」。これは、「稲穂が実ると、重くなってたわむ」という具体的事実を述べているのではなくて、「学問や徳行が深くなると、人はかえって謙虚になる」という教え（一般的真理）を述べているのである。諷喩は格言とか警句、金言に多用される。

❖**平行法**――立てば芍薬座れば牡丹

平行法は似たような表現形式（A―B、A′―B′）を並置して平行性の「形式美」を求めること。平行法はあくまで「構文」の形を問題にする。その点で意味的な対照（対比）を求める対照法と異なる。しかしながら意味的な対照性は形式的な平行性を伴うことが多いので、この二つの文彩の境界は必ずしもはっきりしない。両者が相まって効果を高めている場合も多い。

❖**黙説法**――言わぬは言うに勝る

黙説法は文の途中で言い止める、そうすることで言い残した部分をほのめかす文彩。言わないことによって言った以上のことを言う。思い入れたっぷりの中断、豊かな沈黙。言いさすことで感情の高まりや内面の動揺、相手に対する強い働きかけを表現する。場合によっては言わざるは言うにまさるのだ。

黙説法とごく近いものに中断法がある。こちらは飽くまで一時的な休止であり、言い残した部分に立ち戻る。言い落とされた部分がたどられるか、たどられないかは発話環境次第である。

❖問答法——敷島の倭《やまと》ごころを人とはば朝日ににほふ山ざくら花

問答法は平叙文でも表現可能な内容を敢えて問答形式に仕立てる文彩。つまり仮構の問い—答えである。その狙い目は強意にあるが、論点が整理されるという効果もある。

❖呼びかけ法——春よ来い

呼びかけ法は話をとつぜん中断して、多くは不在あるいは架空の受け手に話しかける文彩。心の高揚を表現する文彩だが、その基本的スタンスは「証人の要請」ということだ。「証人」としてはいろいろなものが呼び出される。「不在の人物」（亡き友よ）「擬人化された事物」（わが祖国よ）「聞き手」（読者よ）、時には本人自身の場合もある。その目的は「激励」「命令」「庇護」「助言」「非難」などさまざまである。呼びかけ法は心の高ぶりと関係している文彩だけに、詠嘆法と連動することが多い。

❖類語法——下手な鉄砲も数うてば当たる

類語法は一つの対象を力強く印象的に記述・描写するために類義語を重ねること。たとえば「彼女はきれいで、かわいらしくて、愛らしくて、魅力的で、……」。

しかし類語法にはもう一つの重要な用法がある。捉えがたい対象への試行錯誤的＝近似的アプローチだ。「彼の精悍な顔つきは、うちに秘められた情熱というか、野望というか、闘志というか、怨念という名状しがたい或るものを表現していた」。

❖**列挙法**――老若、男女、皆こぞって涙にむせんだ

列挙法は語や観念を次々に繰り出し、畳みかける文彩。列挙のタイプとして同類のものを動員する場合と異種のものを動員する場合とに分けることができる。いずれにせよ、列挙法はあれもこれもと欲張って表現することで、そこに見られるのは細部（部分）へのこだわりだ。列挙法は時に猥雑で粘着的な印象をもたらす。稚拙なようであくの強い表現法である。

野内良三（のうち　りょうぞう）
一九四四年東京に生まれる。東京教育大学文学部仏文科卒。同大学院文学研究科博士課程中退。
静岡女子大学助教授、高知大学教授、関西外国語大学教授を歴任。専門はフランス文学・レトリック。

主な著書――
『ステファヌ・マラルメ』（審美社、一九八九年）
『ヴェルレーヌ』（清水書院、一九九三年）
『レトリック辞典』（国書刊行会、一九九八年）
『レトリック入門』（世界思想社、二〇〇二年）
『実践ロジカル・シンキング入門』（大修館書店、二〇〇三年）
『うまい！日本語を書く12の技術』（生活人新書、NHK出版、二〇〇三年）
『日本語修辞辞典』（国書刊行会、二〇〇五年）
『レトリックのすすめ』（大修館書店、二〇〇七年）
『偶然を生きる思想』（NHKブックス、二〇〇八年）
『発想のための論理思考術』（NHKブックス、二〇一〇年）
『日本語作文術』（中公新書、二〇一〇年）
『伝える！作文の練習問題』（NHKブックス、二〇一一年）
『ランボーの言葉』（中央公論新社、二〇一二年）
『無常と偶然』（中公選書、二〇一二年）ほか

日《に》本《ほん》語《ご》文《ぶん》例《れい》集《しゅう》

名文・佳文・美文百選

二〇一三年五月一五日初版第一刷印刷
二〇一三年五月二三日初版第一刷発行

著　者　野内良三
発行者　佐藤今朝夫
発行所　株式会社国書刊行会
東京都板橋区志村一－一三－一五　〒一七四－〇〇五六
電話〇三－五九七〇－七四二一
ファクシミリ〇三－五九七〇－七四二七
URL：http://www.kokusho.co.jp
E-mail：sales@kokusho.co.jp
装訂者　東幸央
印刷所　株式会社シナノ パブリッシング プレス
製本所　株式会社ブックアート
ISBN978-4-336-05681-8 C0000

日本語修辞辞典

野内良三

四六判／三八六頁／定価三九九〇円

古典から現代の若い作家まで、日本語の美しさと豊かさを伝える、数多くの名文を文例として収録した、ことばの表現技術にみがきをかける辞典。日本語を読み、書く際に役立つ、必須の修辞法八十七項目を収録。

レトリック辞典

野内良三

四六判／三八〇頁／定価三九九〇円

「隠喩」「誇張法」「提喩」「パロディ」ほか、約百項目を、詩歌、小説、歌詞、ジョーク、仏典などからの豊富な文例を交えて解説した、本邦初の辞典。豊かなことばの表現技術を身につけてみませんか。

ユーモア大百科

野内良三

四六判／四二〇頁／定価三九九〇円

時事風刺からエスニック・ジョークまで、三十四のテーマ別に八五四ものジョーク・ユーモアを集めた、必携の大百科！　腕によりをかけましたるユーモアのフルコース、遠慮なく、たんと召し上がれ。

妖術使いの物語

佐藤至子

四六判／三四〇頁／定価二五二〇円

読本、合巻、歌舞伎、浄瑠璃、マンガなど様々なジャンルに登場する、妖しくも魅力的な妖術使いたちと、彼らが駆使する妖術の数々を、妖術を使う場面を描いた魅力溢れる図版とともに、縦横無尽に語り尽くす。

税込価格。定価は改定することがあります。